刑事司法变革的多元图景

The Diversified Prospects for Criminal Justice Reform

泰安市人民检察院
宋远升 著

法律出版社
LAW PRESS · CHINA
北京

图书在版编目（CIP）数据

刑事司法变革的多元图景 / 宋远升，泰安市人民检察院著. -- 北京 : 法律出版社，2024. -- ISBN 978-7-5197-9697-6

Ⅰ. D925.204

中国国家版本馆 CIP 数据核字第 2024RX7567 号

刑事司法变革的多元图景
XINGSHI SIFA BIANGE DE DUOYUAN TUJING

宋远升
泰安市人民检察院 著

责任编辑 赵明霞
装帧设计 汪奇峰

出版发行 法律出版社
编辑统筹 法商出版分社
责任校对 王晓萍
责任印制 胡晓雅
经　　销 新华书店

开本 A5
印张 9.125　**字数** 236 千
版本 2024 年 12 月第 1 版
印次 2024 年 12 月第 1 次印刷
印刷 唐山玺诚印务有限公司

地址：北京市丰台区莲花池西里 7 号（100073）
网址：www.lawpress.com.cn
投稿邮箱：info@lawpress.com.cn
举报盗版邮箱：jbwq@lawpress.com.cn

销售电话：010-83938349
客服电话：010-83938350
咨询电话：010-63939796

书号：ISBN 978-7-5197-9697-6　**定价**：58.00 元

凡购买本社图书，如有印装错误，我社负责退换。电话：010-83938349

目录

第一编　多元视角下的司法改革

第一章　经济视角下的司法改革　3

一、导言　3

二、我国基于经济因素进行司法改革的现实原因　7

三、以经济为目标进行司法改革是现代国家普遍的趋势　12

四、我国基于经济压力进行司法改革的范例　17

五、以经济为根据进行司法改革的局限　23

六、我国以经济为考量因素的司法改革的导向　27

第二章　社会心理视阈下的司法改革　32

一、导言　33

二、中国社会心理与司法改革关系的现状考察　36

三、根据社会心理进行司法改革的正当性分析　51

四、以社会心理为依据进行司法改革的限度　57

五、我国社会心理与司法改革的合理互动　61

第三章　政治视角下的司法改革　66

一、导言　66

二、我国政治与司法改革关系的现状考察　68

三、政治与司法改革的互动关系分析　73

四、以政治为根据进行司法改革的限度 80
五、调和我国政治与司法改革关系的路径选择 86

第二编 刑事诉讼法修法

第四章 第四次《刑事诉讼法》修改背景下我国无效辩护制度的适度引进 97
一、无效辩护制度引入与否观点的冲突 99
二、美国无效辩护标准的演变及评价 101
三、无效辩护的基础性支撑原理 106
四、无效辩护制度确立的背景及必要性 110
五、我国无效辩护制度的建构 116
第五章 我国涉案财物处置制度的反思及建构 124
一、导言 124
二、我国涉案财物处置制度的现状及反思 126
三、涉案财物处分制度的比较考察 132
四、我国涉案财物处置制度与基础性原理的悖反 135
五、我国审前涉案财物处置制度的完善 142
第六章 “强奸盾牌条款”的有限适用 150
一、作为切入点的“强奸盾牌条款” 150
二、我国强奸案件中被害人性品格证据适用的实践维度 153
三、美国等英美法系国家被害人性品格证据的适用历史与“强奸盾牌条款”立法模式 158
四、美国采取原则——例外方式适用被害人性品格证据的法理基础 166
五、强奸案件中禁止适用被害人性品格证据与基础性理论的悖反 170

六、强奸案件中被害人性品格证据的有限适用 177

第七章 科学证据之于案件的迷思、悖反与建构 182

一、问题提出 182

二、科学证据的专门价值及迷思 183

三、我国科学证据之于案件的风险 189

四、美国等域外国家中科学证据导致错案的理论与实践 205

五、科学证据的适用与刑事诉讼基础原理的悖反 220

六、以审判为中心的防控科学证据导致错案的路径 223

第三编 检察组织和文化

第八章 组织行为学视角下的检察官权力运行及界限 235

一、组织的运作效果及组织对检察权运行的影响 237

二、检察机关科层制组织的发展及调适:比较法的视角 240

三、我国检察机关科层制组织形式的缺失 246

四、我国检察权组织视角的重构 249

第九章 中国化检察文化建设的路径选择 253

一、检察文化的支撑性理论支柱 254

二、检察文化的功效 256

三、检察文化比较考察 260

四、我国检察文化建构中的缺失 262

五、我国检察文化的建构 265

参考文献 268

第一编

多元视角下的司法改革

第一章
经济视角下的司法改革

一、导言

传统法理学的研究是和“效益”一词无缘的，这不仅在中国，而且在西方国家中也是如此。因为传统法理学几乎一直将正义(或公正)视为法律的唯一价值目标，法一直被视为维护和促进正义的工具……随着西方资本主义社会的高度发展，社会日益经济化的趋势不断加剧，法与经济的联系越来越紧……最终引起了法学家们也开始注重一直被忽视了的对法律的经济性进行分析，这突出地表现在以波斯纳等为代表的一些著名法学家开创了法律的经济分析这一当今法学最新流派的理论体系上。[①] 法经济学是法律与经济混生和交叉的一门学科，是以波斯纳和科斯等美国学者为代表人物创立的新生学科，这些学者通过对法经济学思想的研究，不仅条理清晰地给出了他们的基本思想，而且从另一个角度展现了法经济学的发展过程——从对法律因素的关注转向对法律经济逻辑的关注，从而更加全面、深刻地表征了法经济学的演进逻辑，为法律和经济的连接架起了一道桥梁。这样，法经济学不但在短短几十年里迅速在美国各大

① 郭宗杰:《论法的效益》，载《法律科学》1995 年第 3 期。

法学院登堂入室，而且也从一个少数派蔚然成为一大独立学派。① 法经济学分析在节省司法成本方面具有重要的方法论意义。当然，法经济学分析只是法律分析方法的一种，其具有积极性的一面，同时也具有局限性。这是因为，法经济学没有注意到法律对社会的综合影响，“经济分析对法律的实质影响，在于它使效益观导入于法律——导入于法律意识、法学理论和法律制度。形成这种影响的原因是简单而直接的：经济学的全部内容都是在效益这一主题下展开的，无论各经济学流派对社会经济运行的见解怎样，其出发点与归宿都只能是效益。同样，经济学家对实存法律的贬褒、对于法律制度改善的构想与描绘，也都是（只能是）以效益为本位或价值尺度的。对此需要把握的只是：不同经济方法和角度以及不同的经济主张和见解在分析和评价法律时是怎样统一在效益这一基点上的。② 法经济学只是从狭义功利主义的观点出发，仅仅表达了对法律行为效益的关注，而没有看到法律的其他效益。这样就暴露出其实证性较强而涵盖性单一的弱点。首先，它将经济学作为唯一的评价原则来分析法律，排斥其他原理和方法在法学研究中的应用。其次，并非任何法律问题都可以复原为一定的货币单位来计算比值的”③。但无论如何，法经济学派为我们全面认识法律运作打开了一扇走向迥异的大门，它告诉我们，法律的效益可以通过经济效益的标尺来衡量。④

公正、秩序及效益都是现代刑事司法制度追求的核心价值目标。

---

① 宋远升：《侦查行为经济效益探析》，载《福建公安高等专科学校学报》2006 年第 5 期。

② 参见顾培东：《效益：当代法律的一个基本价值目标——兼评西方法律经济学》，载《中国法学》1992 年第 3 期。

③ 时显群：《西方经济分析法学在中国》，载《现代法学》2002 年第 1 期。

④ 参见宋远升：《侦查行为经济效益探析》，载《福建公安高等专科学校学报》2006 年第 5 期。

效益就是对刑事司法经济成本因素的考量。现代刑事司法制度的效益目标也是伴随法经济学诞生而确立的。这也是刑事司法改革应当重视的核心标准。法经济学的重要作用之一就是可以为司法改革设计者提供一种经济分析的思路,那就是在司法改革的具体司法制度或者程序的设计中,如何能获得最大的经济利益,或者说如何能使司法过程中经济成本耗费最小。根据经济耗费理论代表人物波斯纳的观点,最大限度地减少法律实施过程中的经济耗费是评价和设计法律程序时所应考虑的重要价值,也是法律活动所要达到的价值目标。为了实现这一价值,两种耗费应当尽量地减少:一是直接耗费(direct cost),即在法律实施过程中所耗费的经济资源,包括公共耗费和私人耗费两部分,前者包括法官的薪金,陪审员和证人的报酬,法庭的设施损耗等;后者包括当事人委托律师的费用,聘请鉴定人的费用等。二是错误耗费(error cost),即由于法院作出的错误判决而发生的经济耗费。对于法律程序的分析就是降低上述经济耗费的总和。[①] 目前我国司法改革主要的思路是减少直接耗费。当然,错误耗费的减少也是不容忽视的问题。

在司法改革中引入法律经济学的分析方法的直接原因是现代国家普遍面临的司法成本压力。基于司法资源供应有限的现实,同时,现代司法也面临诉讼大爆炸的压力,特别是在案件数量、案件复杂程度都与日俱增的困境中,作为经济人及理性人,就会选择一种节约型的司法来应对,因此,通过法经济学的方法分析司法改革具有一定的必要性及合理性。司法资源有限及诉讼压力剧增的两方面压力,让我国本来就单薄的司法力量更难以承受,这也是我国采取一系列符合经济原则的司法改革措施的原因,包括简易程序、普通程序简易

---

① 陈瑞华:《刑事审判原理论》,北京大学出版社 1997 年版,第 38 页。

审、刑事和解制度以及认罪认罚制度等。这些都是从经济学或者司法成本角度进行的司法改革。以经济成本分析司法改革可以在某种程度上实现被告人等诉讼主体的正义。其实,经济成本的考量和公正或者正义也具有一定的契合性,庞德认为:"我们以为正义并不意味着个人的德行,它也并不意味着人们之间的理想关系。我们以为它意味着一种制度。我们以为它意味着那样一种关系的调整和行为的安排,它能使生活和满足人类对享有某些东西和做某些事情的各种要求的手段,能在最少阻碍和浪费的条件下尽可能多地给予满足。"①波斯纳也指出:正义的第二种含义——也许是最普遍的涵义——是效率。② 通过速裁程序、辩诉交易及认罪认罚等程序或者制度,可以在相对更短的时间内,让案件得到及时的终局解决。在节约司法资源的情况下,也使正义或者说是效率意义上的正义得以彰显。对于国家而言,过于迟滞的诉讼程序本身就是对司法资源的过多耗费,这会让国家宝贵的司法资源不能用于最需要的地方,也就不能实现司法成本的优化配置。其实,不仅刑事司法改革把经济成本作为一个重要的考量因素,就是刑法修正也会考虑到经济成本的问题。在我国最近几次刑法修改中,不少种经济犯罪之所以取消死刑,其中就有经济方面的考虑。当然,这也与我国司法文明以及刑法谦抑性价值理念的发展有关系。但是,无论如何,不可否认的是,一部分经济犯罪取消死刑也是出于经济利益的考虑。这是因为,如果某种经济犯罪的被告人可能被判处死刑,那么,其就不会主动地退还赃款,这不仅会进一步造成国家经济的损失,同时,也不利于被害人经济损

① [美]罗斯科·庞德:《通过法律的社会控制——法律的任务》,沈宗灵等译,商务印书馆1984年版,第35页。

② [美]理查德·A.波斯纳:《法律的经济分析》(上),蒋兆康译,中国大百科全书出版社1997年版,第31页。

失的弥补。

二、我国基于经济因素进行司法改革的现实原因

在我国,之所以把节省经济成本作为司法改革的重要目标导向,这主要是因为“案多”“人少”的现实司法困境。“案多”不是决定性的因素,“人少”同样也不是决定因素。但是,如果这两个因素累加,则决定了经济成本在司法改革中的关键地位。当然,除了上述原因外,我国司法效率比较低下也导致司法成本有效利用率偏低。在我国司法资源不足的情况下,这些因素叠加在一起则更是雪上加霜。

(一)“案多”“人少”的突出问题

在诸多现代国家中,基于宪法基本权或者人权保障等理念,对程序公正的追求属于一种“政治正确”的事情,在法学研究领域这也是属于主流或者占优势地位的观点。在司法改革领域,主流观点也认为,基本诉讼权利保障是要超过对诉讼经济追求的。然而,基于司法成本控制的需要,如何在司法资源不变或者变化不大的情况下应对不断增长的诉讼浪潮,这也是现代国家政治精英需要考虑的难题。基于司法现实压力,现代国家的立法者或者政治精英都会在价值观上坚持程序正当或者基本权保障的同时,实际上却更为关注司法成本。我国也同样面临现代国家普遍存在的巨大诉讼压力。根据《中国法律年鉴》公布的统计数据,自 1986 年至 2013 年,全国检察机关起诉案件的数量由 257219 件增加到 958727 件,净增倍数为 2.73 倍,而同期检察机关人数由 140246 人增加到 250879 人,净增倍数仅为 0.79 倍。法院的情况也基本类似,自 1986 年至 2013 年,全国法院受理一审案件的数量由 1611282 件增加至 8876733 件,净增倍数为 4.5 倍,而法院人数由 16.3 万人增加到 33.8 万人,净增倍数仅为 1.07 倍。由此可见,案件数量的增长幅度远超工作人员的增长幅度,办案

人员的工作压力可想而知。[①] 可以说,我国案件数量增长率是与经济社会发展的多样化、复杂化成正比例的。这种案件数量的不断增长趋势不仅体现在民事经济领域,在刑事领域亦不例外。在 2014 年,"全国法院刑事一审收案 104 万件,比上年上升 7.09%,占刑事一审、二审、再审案件总数的 89.32%;审结 102.3 万件,上升 7.24%;判决生效被告人 118.5 万人,上升 2.24%。刑法规定的十大类刑事一审案件除危害国家安全罪下降外,均有不同程度上升。"[②]我国在《刑法修正案(八)》颁行后,犯罪圈有相当程度的扩大,这包括醉驾及扒窃的入刑。本来醉驾等罪名以前只是属于行政规范调整的领域,醉驾入刑则极大地扩展了此类轻微刑事案件的数量。譬如,在 2015 年,江苏法院系统审理的案件有 1/7 都属于醉驾案件。[③] 另外,基于劳教的废除,原先属于劳教的案件皆实行犯罪化处理,这无疑也增加了法院的审判案件的压力。[④] 在民事案件或者刑事自诉案件领域,这种案件数量的井喷现象也与我国立案制的变革有着直接的勾连。2015 年 4 月 1 日,中央全面深化改革领导小组第十一次会议审议通过了《关于人民法院推行立案登记制改革的意见》。最高人民法院也印发该意见,改革人民法院案件受理制度,变立案审查制为立案登记制。这在保障当事人诉权及解决"立案难"问题的同时,也带来了案件数量的迅速增长。根据原最高人民法院新闻发言人孙军工介绍,自 2015 年 5 月 1 日至 9 月 30 日,共登记初审案件(一审案件)620 万余件,同

---

① 陈永生、白冰:《法官、检察官员额制改革的限度》,载《比较法研究》2016 年第 2 期。

② 袁春湘:《依法惩治刑事犯罪,守护国家法治生态——2014 年全国法院审理刑事案件情况分析》,载《人民法院报》2015 年 5 月 7 日,第 5 版。

③ 《江苏 1/7 一审审结刑案为醉驾,高院院长吁立法入刑门槛要严》,载搜狐网,http://news.sohu.com/20160311/n4401 35212.shtml。

④ 宋远升:《技术主义司法改革与法治现代化》,上海人民出版社 2017 年版,第 139—141 页。

比增长31.9%，其中民事案件同比增长22.9%，行政案件同比增长75.8%，刑事自诉案件同比增长60.5%。[①] 因此，诉讼成本的节俭或者司法效率的提升属于我国现实的迫切需求。实际上，这是不得不选择的结果，也是对不断攀升的案件数量的一种正常司法改革反应。否则，国家政治管理者就有使司法运作失控之虞。

（二）法官人均案件数量多的现实难题

在我国，法官人均案件数量多属于现在普遍存在的现象。当然，如果仅从表面上看，我国法官人均案件数量并不多。根据州法院中心（National Center for State Courts，NCSC）出台的年度报告，2010年全美地方法院系统共有法官30319名，该年度地方法院系统共受理案件103480348件，法官年均办案3413件。2011年出版的《中国法律年鉴》中显示，2010年我国法官人数为19.3万，该年度法院处理案件总数为1099.9万件。以此为标准，2010年我国法官的人均年办案数为57件，仅为美国法官年均办案数的1/60。然而，对于中美法官人均办案率的比较，应结合具体制度背景的差异进行，上述的NCSC的数据仅代表了全美各州法院立案数，这与实际结案数还是存在相当区别，因为美国立案后的案件有相当大一部分并不需要通过完整的诉讼程序/环节予以处理；在受理案件类型上，美国法院受理案件的类型也与我国法院存在明显差别，其会采取简略、迅捷的程序审理大量的交通违章等轻微刑事案件，而此类案件在我国则属于公安管辖的治安案件；在法庭辅助人员方面，美国每个法官皆配备一定数量的辅助人员，相关的判决书撰写或者其他文书处理都是由法官辅助

---

① 罗书臻：《最高法院通报立案登记制改革实施情况》，载《人民法院报》2015年11月16日，第1版。

人员负责,等等。这都大大减少了法官实际工作量的承担。①

可以说,我国司法资源短缺的原因主要来自两个维度。这就是说,在案件数量不断上升的同时,实际上从事审判工作的法官数量却并没有明显上升。特别是实行法官员额制以后,我国法院员额制法官数量按照要求一般不能超过法院编制的39%。实际上员额制实行后审判法官数量却有一定幅度的回落。这也意味着我国各地法官人均办理案件数量的一定程度的上升(见图1.1)。因此,上述两个方面因素的叠加加剧了我国的司法压力。此外,随着程序保障理念的提升,以及司法精致化趋势的发展,在我国的刑事诉讼过程中,对程序正当性或者证据的标准等方面的要求更高。因此,法官需要花费更多的时间/精力来控制案件的质量,这也意味着法官单位时间内办理的案件数量更少,因此,程序公正与司法效率的冲突更为加剧。上述因素皆加剧了我国司法成本/司法资源的紧张态势,这都是实行司

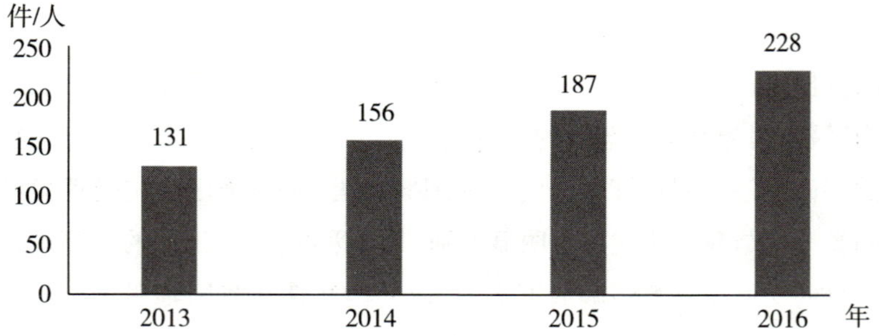

图1.1　2013—2016年上海法院法官人均办案走势

资料来源:上海高院:《[图说]2016年上海法院工作"成绩单"》,载上观,http://www.jfdaily.com/news/detail?id=42553,最后访问日期:2017年2月17日。

① 王禄生:《美国法官年均办案3400件,究竟咋回事》,载http://data.tsci.com.cn/News/HTM/20160802/1000758327.htm;王禄生:《中美法官年均办案数的真实差距有多大?》,载http://www.21ccom.net/articles/qqsw/qyyj/article_2012111471013.html。

法改革的基本动力所在,同时,也使司法改革具有更为直接的现实意义。①

(三)司法效率相对较低

国家司法运作成本或者司法效率问题,不仅是司法管理者所考虑的对象,一些学者也纷纷表示了对司法成本攀升的忧虑以及对刑事诉讼效率的关注。我国台湾地区学者陈朴生曾指出:"刑事诉讼法之机能,在维持公共福祉,保障基本人权……唯为寻求事实真相,维持公共福祉,或为保全程序的公正,保障人权不计程序之烦琐,进行之迟缓,亦属于个人无益,于国家社会有损。故诉讼经济于诉讼制度之建立实不可忽视。"②这也体现了刑事诉讼从对程序公正的过度追求到向诉讼效率追求的适当调整。这也是程序经济性的要求。易言之,刑事司法程序亦需要满足经济效益的要求。因此,这需要刑事诉讼制度或者程序的设计符合司法经济原则,从而满足司法产出达到最大限度效能的要求。

在我国,之所以法官办案压力巨大或者诉讼成本高企,这主要是因为我国的司法成本/耗费具有不同的诉讼流程及制度背景等方面的因素。一般包括:首先,在具体诉讼流转时间及诉讼文书方面的耗费。在我国的刑事诉讼程序中,相当一部分时间被耗费在无效诉讼流转、繁冗/重复诉讼文书的准备等方面,从而导致诉讼案件繁简不分、程序琐碎,真正用于办案的有效时间却相对减缩。譬如,根据北京市海淀区检察院对某些案件的调研,70%以上的时间消耗于案件在各机关内部及各机关之间的流转(含在途时间、等候时间、反复时间)。例如,"收案"环节,在检察院及法院均占用1天时间,既无诉讼

① 宋远升:《刑事速裁程序的理论反思与重构》,载《上海政法学院学报》2017年第4期。

② 陈朴生编著:《刑事经济学》,台北,正中书局1975年版,第327页。

文书也无证据材料，纯属内部消耗。此外，除仅有 5 天与犯罪嫌疑人、被告人发生直接关系之外，大部分时间均系各机关各自进行书面审核、审理工作，这些多环节、多部门的审查，对于一个犯罪嫌疑人认罪的简单案件没有多少实质性意义。① 其次，法官在政治性任务方面的耗费。在我国，业务庭法官或者业务科室检察官除本职法律业务之外，还会承担着大量的非法律本职任务。其中就包括法律调研、论文写作等与法律本职相近的工作，也包括完全与法律本职没有关系的政治性任务，其中包括政治宣传、接待上访、维护治安，甚至上街执勤等，这占据了相关法官或者检察官大量的办案时间，从而成为造成司法成本高企或者非法律性耗费的增加。②

三、以经济为目标进行司法改革是现代国家普遍的趋势

在司法成本中，包括警察、检察官、法官及其相关辅助人员的工资，包括具体刑事执法或者司法所需要的基础设施的成本，还包括国家为提供法律援助律师的费用，以及当事人聘请律师的费用或者自己参与刑事诉讼所耗费的资源。这些也是刑事诉讼的主要成本支出。经济上的效益极大化、均衡、效率原则使我们应当在刑事诉讼的成本上精打细算。如果考虑到国家财政预算上的限制的话，强调这点尤其重要。③ 对于国家而言，其进行司法改革真正目的之一就是让司法成本最小化。可以说，节省司法成本及提高诉讼效率是现代国家司法改革时普遍考虑的一个重要因素，不仅在中国如此，在美国等

---

① 北京市海淀区人民法院课题组：《关于北京海淀全流程刑事案件速裁程序试点的调研——以认罪认罚为基础的资源配置模式》，载《法律适用》2016 年第 4 期。

② 宋远升：《认罪认罚从宽制度设计的困境与边界》，载《探索与争鸣》2017 年第 1 期。

③ 马贵翔：《公正 · 效率 · 效益——当代刑事诉讼的三个基本价值目标》，载《中外法学》1993 年第 1 期。

国家中经济成本也是其司法改革中一个重要考量因素，譬如辩诉交易中就是典型的基于经济成本节省而进行的司法改革。司法资源是有限的，有限性的司法资源不可能承载所有的诉讼要求，包括经济发达国家在内的世界各国都无法承受刑事诉讼所带来的重负。[①] 不仅是英美法系国家，大陆法系国家也把经济成本节省作为司法改革的重要目标。两大法系代表国家都不约而同地采取审前分流的形式来实现以经济为导向的司法改革目标。

由于犯罪发案率的上升，以及节省司法资源和打击严重犯罪的需要，当今两大法系的诸多国家纷纷采取了一些分流措施，不仅从侦查阶段就开始使用案件分流措施，而且延续到刑事诉讼其他阶段。国外进行案件分流的方式主要有两种模式，英美法系国家大力发展替代性解决纠纷机制（ADR），把一部分案件分流出去，保证那些进入司法程序的案件得以获得高成本投入而精雕细琢；大陆法系国家的做法则是把这些案件划入司法范围，通过对案件进行层次化、类型化的分流，不同程序体现不同的价值取向，以不同的成本投入生产出不同类型的司法产品。

1. 侦查阶段。侦查阶段的分流表现为警察具有一定的裁量权。在警察侦查阶段就可以把一部分案件分流出去。在英国，一直到1985 年的《犯罪起诉法》颁布前，是否起诉由警察决定。当然，当时警察也有权决定不起诉。

在大陆法系的一些国家，一直到 20 世纪 90 年代初，还保持着警察对轻微案件是否起诉的决定权。丹麦可以说是警察具有裁量权的典型欧洲国家，一直到现在，警察对相当一部分案件具有起诉决定权。例如，对于一些轻微案件，丹麦警察可以进行一个称为“罚金和

① 余双彪：《诉讼经济视野中的公诉政策》，载《人民检察》2012 年第 5 期。

解程序”。如果被处罚人按期交纳罚金，则免去其刑事责任，否则案件就会进入一般诉讼程序中。在俄罗斯，对于一些轻微的违法案件，警察可以有权决定不经过诉讼程序而予以拘留或者罚款处理。

2. 起诉阶段。在起诉阶段，在英美法系国家的刑事程序中，分流现象更加明显。在美国、英格兰和威尔士、爱尔兰等使用辩诉交易程序的国家中，犯罪可以通过认罪交易的方式进行解决。在美国罪状认否程序中，被告人可以做出三种答辩：有罪答辩、无罪答辩和不予争辩的答辩。有罪答辩就是辩诉交易，它是指在案件的审理过程中可以完全不进入正式的审判程序，而直接根据检察官的请求直接作出处罚。有罪答辩在英美国家当事人主义诉讼中赋予当事人处分主义，自白不仅仅具有证据价值，而且与陪审团的有罪裁决具有同等的效力，案件不再经过正式审理而直接进入量刑程序。无疑上述这些制度或者程序对节省诉讼成本不无裨益。在美国，大部分有罪判决是由有罪答辩所构成的。可以说，如果不针对性地进行司法改革，那么，整个美国的司法机关可能就会陷入繁杂的诉讼中，从而不堪重负。这也是美国确立辩诉交易制度的关键原因。美国联邦最高法院的伯格大法官所认为，如果美国辩诉交易的适用率由 90% 减少到 80%，那么司法机关人力和物力的配置——法官、法院判决记录发布人员、法警、书记员、陪审员和审判法庭——就要增加 2 倍。[①] 在英国，大约 90% 的案件通过辩诉交易的方式进行了消化。

在传统的适用法定起诉原则的国家中，如德国和奥地利，特别是德国，尽管没有法律规定适用起诉便宜原则，但是，在司法实践中，德国也采取了认罪交易的方式。尽管这遭到了很多人的指责和批评。在奥地利，法律也规定了必须起诉原则的例外。

---

① [美]伟恩·R. 拉费弗、杰罗德·H. 伊斯雷尔、南西·J. 金：《刑事诉讼法》，卞建林等译，中国政法大学出版 2003 年版，第 1036 页。

3. 审判阶段。两大法系国家在刑事诉讼法中大多规定了简易程序。美国专门设计了刑事诉讼简易程序,该程序除了死刑案件外一切案件都适用。美国的简易程序属于略式程序。在英国治安法院的简易审判程序中,可以不组成陪审团,不须经过预审程序,控辩双方不出庭。

在大陆法系的德国,根据刑事处罚令程序,对于轻罪,法官可以不经审判而依检察官的申请以书面处罚令形式直接予以处罚。简易程序的设置实现了刑事案件合理分流,审判力量合理分配,简化了诉讼程序,提高了办案效率,这既符合诉讼经济原则,也达到了及时惩罚犯罪的目的。在法国,其刑事处罚令程序就属于简易程序。根据法国 1972 年 1 月 3 日的法律,其设立了刑事处罚令程序。该程序在违警法院中进行。根据该简易程序,在审理中,不需给出任何理由,也不用律师在场。刑事处罚令可以针对所有的违警罪,甚至可以是最严重的违警罪,以及那些重复犯罪的案件。但有两个例外:不适用未成年人实施的伤害罪和规定在《劳役法典》(Code de Traivail)里的违警犯罪。刑事处罚令仅能采取罚金刑。

4. 判决执行阶段。在判决执行阶段,两大法系国家的相关法律都对案件分流作出了规定。在执行阶段的分流措施有很多,例如可以采取假释、社区服务、有条件释放等。譬如,在意大利,有两种类型的替代措施代替监狱执行:第一种类型是完全把犯人从监狱系统里分流出去,这可以由审判特别案件的法官决定。第二种类型与已经在监狱里服刑的犯人有关,这由监督监狱执行的法官决定。在丹麦,如果被告人刑期在一年以下,并且该人以前没有犯罪记录,可以予以释放。[①]

---

① 参见宋远升、闵银龙编著:《最新国外刑事司法制度研究》,东南大学出版社 2007 年版,第 4 页。

除了采取审前分流的措施外,两大法系代表国家也采取了其他一些制度或者程序来满足节俭诉讼成本的目的。在美国,其通过庭前证据开示制度,防止突袭裁判,强调集中审理,从而节省法庭审理的时间。在法国,其确立了一系列的制度或者程序,以达到提高诉讼效益的目的,这包括检警一体化制度、审前证据开示制度,等等。此外,缩短诉讼周期也是两大法系诸多国家普遍采用的有效节省诉讼成本的方式。各国刑事诉讼立法均对诉讼周期问题作出了非常严格的规定。如《美国联邦刑事诉讼规则》第5条(a)规定:"特根据控告签发的逮捕令执行逮捕的官员,或者未持逮捕令执行逮捕的其他人员,应当无不必要延误地将被捕人解送至最近的联邦治安法官处。"所谓"无不必要延误"显然是将诉讼周期缩减至最低。此外,大多数国家还在刑事诉讼法中明确规定了不遵守诉讼期间的法律后果。①

尽管英美法系国家属于当事人主义诉讼模式,大陆法系国家属于职权主义诉讼模式,但是,基于其刑事司法面临的经济压力或者诉讼成本压力形势相同,因此,都相应地制定了节省诉讼成本的司法制度或者程序。面对现代社会日益高涨的司法投入和持续高企的犯罪率、积案率,求得诉讼程序的高效而低成本地运作,是各国对传统的刑事诉讼程序进行改革的原动力。总的来看,这方面涉及三个话题:一是适当缩短诉讼周期,二是确立刑事案件的过滤机制,三是建立简易程序。② 两大法系代表国家在以经济为考量因素的司法改革中,也确实实现了司法成本的节省,在减轻司法压力的同时,也在一定程度上提高了诉讼进行的速度,这对刑事司法过程的参与者特别是被告人而言,减少审前羁押的时间和及时终结诉讼也是一种及早解脱,这

---

① 吴卫军、任永芳:《刑事诉讼中的效益原理——以审前程序为视角的比较分析》,载《社会科学研究》2006年第3期。

② 刘仁文:《刑事诉讼的经济分析》,载《国家检察官学院学报》2017年第6期。

也是一种正义的体现形式。欧美现代国家的一些相关刑事诉讼制度或者程序在节省司法资源的同时，也部分兼顾了正义，这都有值得我国司法改革借鉴之处。

四、我国基于经济压力进行司法改革的范例

(一)刑事和解制度

刑事和解，又称加害人与被加害人的和解(victim - offender - reconciliation, VOR)，或加害人与被害人的调解(victim - offender - mediation, VOM)，这是在犯罪发生后，通过加害人和被加害人直接交流协商，达成赔偿协议，最终解决刑事纠纷的制度。刑事和解最核心的价值理念是被害人保护思想，它是诸多解决人类社会纷争的理性选择的一种手段，其从根本上体现出人们对待社会冲突的一种基本价值取向。"每一个社会都有其广泛的选择，以应对由个人纠纷引发的冲突。诉讼只是从回避到暴力等诸种可能的解决方式之一。纠纷解决的各种方式，以及各种文化中的社会制裁的选择，传达出人们所钟爱的理想，表达了他们对自己的看法，也反映了他们与他人关系的质量。它们显示出，人们是希望回避还是鼓励冲突，是压制还是温和地解决这一冲突。最终，社会最基本的价值观在纠纷解决过程中被揭示出来。"①"任何社会和社会发展的任何阶段，都会有这样或那样的纠纷，无一例外，而关键在于社会必须对冲突纠纷进行适当的调节，使冲突不以将会毁掉整个社会的暴力方式而进行。"②因此，和谐只是相对的和谐，而防止社会纠纷向狂暴的方向发展才是解决社会纷争的基本目的，刑事和解无疑是符合这种解决纠纷目的的手段。

---

① [美]博西格诺：《法律之门》，邓子滨译，华夏出版社2002年版，第627页。

② [英]彼得·斯坦、约翰·香德：《西方社会的法律价值》，王献平译，中国法制出版社2004年版，第45页。

通过刑事和解,可以使被害人享有处分自己利益的权利,这可以减少纠纷解决成本,实质上维护其经济利益。“大概不会有人为了使法律在任何时候都百分之百地得到执行,而乐意承担必需的高昂成本。”①

刑事和解是司法改革设计者为了节省司法成本而制定的制度。现代国家在文明和民主发展的同时,刑事案件并没有因此减少,反而呈现不断高涨的趋势。在我国,确立刑事和解制度主要原因是刑事案件的压力。虽然一些轻微刑事案件比较容易处理,但是,其在程序上的要求并不一定少于严重的刑事案件。刑事和解,提高了案件的处理效率,可以使单位司法资源更好地分配到更需要的重大刑事案件中去,从而提高了司法资源的利用质量和效果,这无疑符合人类理性的特征。

根据我国《刑事诉讼法》第 177 条第 2 款的规定,对于犯罪情节轻微,依照刑法规定不需要判处刑罚或者免除刑罚的,人民检察院可以作出不起诉决定。可以看出,这其实是起诉便宜主义原则在立法中的体现,通过该法律条款给予了检察官一定的起诉与否的自由裁量权。在刑事和解中,就是检察官起诉便宜主义原则适用的场域。在 2000 年前后,迫于案件数量的压力,北京市朝阳区检察院开始试行刑事和解制度,因为该检察院办案压力比较大,每年的刑事案件好几千件,而轻伤害案件就有五六百件,刑事检察部门不堪重负。这成为促成通过刑事和解处理案件的重要因素。在实行刑事和解制度后,2006 年朝阳区人民法院刑一庭共审结刑事和解案件 327 件,解决赔偿金额 600 多万元。在某一个两年半时间段内,北京市(笔者加)

---

① S. Macaulay, *The New Versus The Old Legal Realism*: *Things Ain't What They Used To Be*, Wisconsin Law Review, Volume 2005, Number 2, p. 365 – 403. 转引自范愉:《私力救济考》,载《江苏社会科学》2007 年第 6 期。

七区检察院公诉部门共受理各类刑事案件27427件，其中轻伤害案件共4607件，轻伤害案件中，检察机关适用和解结案的共667件，和解适用率为14.5%。轻伤害案件经和解后，作移送公安机关撤回（撤案）处理的共534件，占80.1%；作相对不诉处理的共129件，占19.3%；作起诉处理的仅4件。上海崇明县人民法院适用刑事和解制度后，刑事附带民事（包括自诉）案件调解撤诉率2005年达到94.28%，2006年为81.82%。[①] 由于刑事和解可能使被告人在刑罚上得到法律优惠，国家公权力的威严也可能会受到一定的损害，不过，这也是国家为了节省司法成本而不得不作出的牺牲。

（二）刑事速裁程序

对于我国刑事速裁程序而言，其是基于诉讼经济原则的产物，更是案件累积及司法成本压力的直接结果。我国刑事诉讼程序的简化历程是与诉讼理念及现实司法需要紧密联系在一起的。在1979年刑事诉讼法中，并未规定简易程序或者速审程序，因为当时案件压力相对不大而无对应立法的必要。基于后来急剧恶化的社会治安情状，在1983年，全国人大常委会通过了《关于迅速审判严重危害社会治安的犯罪分子的程序的决定》，这就需要在诉讼程序上进行简化，通过设计"速决程序"（"严打程序""从重从快程序"）来减轻急遽增长的刑事案件数量的压力。当然，这种速决程序与后来的简易程序还是存在一定差距的。这是因为，无论我国后来的哪种简易程序，其基本价值支柱之一都是人权保障，而1983年的"速决程序"则只是对诉讼效率或者打击犯罪的单极价值理念的追求。实际上，我国简易程序正式确立于1996年。基于当时严峻的司法成本压力，我国在1996年《刑事诉讼法》修改中设计了简易程序，规定该程序适用范围

① 韩永：《刑事和解渐入佳境?》，载中国新闻网，http://www.chinanewsweek.com.cn/2007-07-23/1/8589.shtml。

包括被告人可能被判处3年以下有期徒刑、拘役、管制或单处罚金的案件。之所以作出如此相对严格的适用范围的规定,这本身就有谨慎立法的因素蕴含于其中。这是因为,简易程序确实具有节俭诉讼成本之功效,然而,相较普通程序而言,该程序相对简单、粗糙,同时也存在程序正当性不足之困境。因此,简易程序将适用的案件限制在较为狭窄的范围内,即以"案件简单轻微"作为适用简易程序的基本前提。实际上,简易程序在现实操作中实效也并非良好。这本身也与简易程序适用的案件范围等因素有着直接的关系。基于扩大简易程序时效性的考量,在2012年《刑事诉讼法》修改中,将简易程序的中心置于"被告人认罪"方面,从而放宽了对被告人所涉罪行性质及轻重程度的限制。在此次《刑事诉讼法》修改中,规定可能判处25年以下刑罚的案件,均可适用简易程序。可以看出,与1996年《刑事诉讼法》规定简易程序的适用范围限于简单轻微刑事案件不同,在2012年刑诉法中,简易程序适用范围不再限定于简单轻微刑事案件,而是以被告人认罪为基本前提要件。因此,只要案件事实查清,被告人认罪,基层法院就可以通过简易程序判处可能25年以下刑罚的案件。

作为对司法成本节俭理念的承继,以及对案件现实压力的反应,我国在2014年确立了刑事速裁程序。根据第十二届全国人大常委会第九次会议通过的《关于授权最高人民法院、最高人民检察院在部分地区开展刑事案件速裁程序试点工作的决定》,授权最高人民法院、最高人民检察院在部分城市开展速裁程序的试点工作。同时,基于保障此决定实施的需要,2014年8月22日最高人民法院、最高人民检察院、公安部、司法部颁行了《关于在部分地区开展刑事案件速裁程序试点工作的办法》(以下简称《试点办法》),从而以部门立法的形式对刑事速裁程序予以规范。根据《试点办法》,适用刑事速裁程序的案件范围包括：事实清楚，证据充分，被告人自愿认罪，当事人对适用法律没有争议的危险驾驶、交通肇事等11类情节较轻，依法可能判处1年以下有期徒刑、拘役、管制的案件，或者依法单处罚金的案件。同时，对于刑事速裁程序而言，《试点办法》具体规定了8个禁止适用条件（消极条件）以及4个准用的适用条件（积极条件）。可以说，速裁程序并不是孤立出现的，而是与我国简易程序改革的脉络是一贯相承的，其中包括简易程序、普通程序简化审和轻微刑事案件快速办理机制等司法改革，而这一系列的司法改革都具有实质性的内在根据或者共同点，那就是国家不堪忍受不断攀升的司法成本的压力，从而在司法程序改革方面选择了向司法经济价值观倾斜。①

在我国，在总体上案件数量呈明显上升趋势前提下，其体现出"轻升重降"的新的特征，即轻罪案件/轻微案件数量上升明显，重大、恶性案件呈现出下降趋势。因此，基于科学合理配置诉讼资源之要求，就不能再平均分摊诉讼成本，从而使轻重案件资源占有率失调。对于轻罪/轻微案件，在被告人自愿认罪认罚的前提下，就应当采取"快诉速裁"的方式，而将更主要的诉讼资源配置到对社会影响相对巨大的案件中，从而实现诉讼资源的有效利用。这是因为，在较大可能出现疑罪的情况下，通过控方与辩方的认罪认罚协议，对于公诉方而言，本身就可以避免因为疑罪带来的诉讼成本无谓耗费的结果。否则，对于新型或者疑难案件而言，强行追诉不仅可能会使案件久拖不决，从而造成相关机构、人员、配置设施甚至是国家赔偿等物质性直接诉讼成本的耗费。而且，"疑罪从有"也可能造成司法公信力下降等间接、隐形诉讼成本的丧失，因为这可能会损伤民众在将来案件中的配合办案机关的欲望，降低民众的合作程度，这种民众的不合作

---

① 参见宋远升：《技术主义司法改革与法治现代化》，上海人民出版社2017年版，第141—142页。

属于司法耗费虽不明显却是关键的组成部分。如果将我国20世纪七八十年代群众路线贯彻效果良好时的诉讼成本与现在的诉讼成本进行比较,就可以看出民众不同合作程度导致诉讼成本耗费的明显差别。①

（三）认罪认罚制度

认罪认罚制度是我国诉讼成本增加及诉讼压力增大的一种应急性反应。这也说明了我国诉讼压力之大,已经导致诉讼资源分配成为一项国家层面的司法调控措施,这亦体现了一种现实主义的要求。因为诉讼是一种高耗费的司法运作过程,诉讼成本的高企直接决定权力/权利配置或利益调整的程度或方向,认罪认罚制度则是其在刑事诉讼制度设计中的具现。认罪认罚是一种以利益驱动——利益交换为机制核心的通过诉辩双方达成司法协议而实现程序及实体结果的制度。一般而言,虽然不排除我国各地司法实践中曾出现过认罪认罚制度的变种或者萌芽,但是,认罪认罚的正式化、制度化却是自上而下推动进行的。其中既有执政党方面的《中共中央关于全面推进依法治国若干重大问题的决定》,也有全国人大的《关于授权最高人民法院、最高人民检察院在部分地区开展刑事案件速裁程序试点工作的决定》以及各个相关部委的《关于在部分地区开展刑事案件速裁程序试点工作的办法》,等等。可以说,这在制度设计等级及相关机构的位阶方面都体现出了认罪认罚制度的重要性。此外,根据2016年第十二届全国人大常委会第二十二次会议审议最高人民法院、最高人民检察院《关于授权在部分地区开展刑事案件认罪认罚从宽制度试点工作的决定(草案)》,确立认罪认罚从宽制度拟在京津沪等18个城市试点。当然,2014年开展的速裁程序试点就属于认罪

---

① 宋远升:《技术主义司法改革与法治现代化》,上海人民出版社2017年版,第152—156页。

认罚制度的先行探索,而认罪认罚制度则属于刑事速裁程序运行经验的制度性总结。将一项诉讼制度置于如此重要的地位,这在以往的制度设置中属于少见现象。这也说明了认罪认罚制度在我国司法改革中的重要地位以及高层对其的期待之高。

五、以经济为根据进行司法改革的局限

(一)以经济为根据进行司法改革可能与改革制定的制度或者程序的设计目的悖反

以经济为根据进行司法改革可能与改革制定的制度或者程序的目的不符,从而出现目标偏离的现象。这在认罪认罚制度中体现得尤为明显。在我国的认罪认罚制度中,基于对被告人权利的尊重以及对错案风险的顾虑,主流观点和做法都主张赋予被告人庭审前的反悔权。即尽管被告人与公诉方就指控的犯罪事实/罪名达成了协议,其在庭审之前仍然有反悔而放弃先前的认罪认罚承诺的权利。在此情况下,就存在被告人利用法律制度的漏洞最大限度牟取法律利益之可能。这是因为,被告人可能先认罪而获得公诉方量刑建议的表态。然而,这可能是被告人的一种诉讼策略或者试探。如果公诉方的量刑建议达不到其心理预期,在摸清控方的底牌之后,被告人可能在庭审前推翻以前的认罪认罚承诺,而公诉方则需要重新开始诉讼程序准备,导致认罪认罚这种本来以节省诉讼成本或提高诉讼效率为目的的制度,反而可能会导致诉讼运行停滞或诉讼资源的扩大耗费。①

---

① 宋远升:《技术主义司法改革与法治现代化》,上海人民出版社 2017 年版,第 158 页。

（二）主要考虑经济利益的司法改革会导致据此制定的制度或者程序中各种利益的失衡

主要考虑经济利益的司法改革会导致据此制定的制度或者程序中各种利益的失衡。譬如，在适用速裁程序审理案件中，被害人与国家、被告人之间利益分配就会失衡，这直接挑战了平衡原理。平衡，亦称均衡，是指行为主体在互动的过程中，所有的行为主体同时达到价值最大化的目标而趋于持久存在的相互作用形式，并在此作用形式上各行为主体所处的相互作用、制约的状态。① 根据凯尔森的观点，“只有这样一种法律秩序，它并不满足这一利益而牺牲另一利益，而是促成对立利益间的妥协，以便使可能的冲突达到最小的限度，才有希望比较持久地存在。只有这样一种法律秩序才能在比较永久的基础上为其主体保障社会和平。”②可以说，利益冲突是一种普遍现象，应当平衡多元化价值取向的利益，而不是单纯通过牺牲某一方的利益来迁就其他方的利益。只有如此，才能达到冲突利益之间稳定的发展状态。具体到速裁程序中被害人利益与国家利益、被告人利益分配关系上，应当兼顾被害人利益与国家利益、被告人利益的多方诉求，而不能出现利益分配严重失衡的状态。否则，这本身就不属于刑事司法系统利益兼顾的处置方式。如此刑事速裁程序就不具有稳定性，或者说难以持久存在。

可以说，从制度设计的现实性看，制度在设计上必须能够保证各主体所代表的利益大致均衡，只有达到、至少是趋向于利益均衡，制度才能在实践中得到规范而确定的运行，才能趋向于长久稳定，运行

---

① 杨蓉：《法学研究的新视野：对法律的经济学分析》，载《国家检察官学院学报》2001 年第 4 期。

② ［奥地利］凯尔森：《法与国家的一般理论》，沈宗灵译，中国大百科全书出版社 1996 年版，第 13 页。

才能不走样。① 然而,在刑事速裁程序中,主要被关注的是国家利益。之所以确立刑事速裁程序,这是国家基于其司法管理成本的重负而做出的相应调整。因此,即使被告人利益都不属于主要关注的对象,何况是被害人利益。在刑事速裁程序运作的过程中,诚然,根据《试点办法》,其也规定了刑事速裁程序的适用应当以获得被害人同意为前提,然而,如果法官欲达到适用刑事速裁程序的目的,其往往借助公权力而对被害人一方施加不利影响。特别是被害人在刑事判决后难以获得被告人赔偿的情况下,其更难以抵御来自法官欲采取速裁程序而施加的调解压力。②

此外,在认罪认罚制度中,被害人利益也有被国家经济利益遮蔽的可能性。对于被害人而言,作为犯罪的利益直接受损者,其应当在认罪认罚中获得相当的法律地位而不是利益被忽视,此即被害人利益保护实效性的真义。在传统刑事诉讼理论中,犯罪是与国家或者社会公共利益相逆反的行为,无论是刑法、刑事诉讼法还是刑事政策都是以行使公共刑罚权为目标,而被害人的利益作为私利是不能与此目标相违背的。因此,被害人利益或者报应理念被国家制度所统摄。虽然被害人作为实质上的受害者应具有当事人的地位,但是,在刑事程序中,被害人主要是作为证人出现的。这就形成了一种悖论:涉嫌犯罪者处于主体地位或者被保护的核心,而犯罪的侵害对象却呈客体化的趋势,处于刑事程序保护的边缘地带。这将会导致被害人处于双重不利处境,既有犯罪造成的损害,也有刑事程序导致的不

---

① 李蓉:《刑事诉讼分权制衡基本理论研究》,中国法制出版社 2006 年版,第 227—228 页。

② 宋远升:《技术主义司法改革与法治现代化》,上海人民出版社 2017 年版,第 147 页。

公正待遇。[①] 因此,被害人利益被严重忽视,“他们感觉到案件中被告人的权利高于他们的权利,并且指出他们感到‘被遗弃在黑暗中’,在许多时候,人们认为是被害人在受到审判,而不是被告人。”[②]

(三)主要考虑经济利益的司法改革会颠覆一些基本的法律原则及社会朴素的价值理念

对于司法改革者设计的司法制度或者程序而言,即使其在司法成本方面有收益,也要考虑到与法律的一些基本原则相一致,同时,也不应和社会普遍的价值理念相冲突。但是,以经济为导向的司法改革却并不都是如此。在刑事和解制度中就存在一定的这方面的问题,其与法律面前人人平等及罪刑法定等基本原则发生了严重冲突。因为刑事和解是建立在加害人付出一定的金钱等物质利益的前提下在刑罚方面对其减轻或者豁免的制度。这与法律面前人人平等原则、罪刑法定原则以及罪行相适应原则都形成巨大的理念和实践悖论。如此,正义可以用金钱赎买,法律可以为有钱人定作。有钱人可以获得正义和平等,而无钱的人只好因经济原因而远离正义和平等。即使刑事和解是基于被害人利益考虑而采取的一种新型制度和理念,但是,其对人们的法律是公正、平等的信仰的冲击是巨大的。

在认罪认罚制度中也存在上述这种冲突问题。基于该制度中检察官在裁量方面的事实上的决定权,特别是在刑事案件中普遍采取认罪认罚而确立刑罚结果的情况下,则有可能架空法官的事实及法律的最终裁决权,导致法官有演变为检察官“橡皮章”之虞。检察官对于认罪认罚的控制权,实际上成为传统诉讼理念的重大考验。到

---

① 宋远升:《技术主义司法改革与法治现代化》,上海人民出版社 2017 年版,第 161 页。

② 陈光中、郑旭:《追求刑事诉讼价值的平衡——英俄近年刑事司法改革述评》,载《中国刑事法杂志》2003 年第 1 期。

底是基于对诉讼压力的回应及诉讼效率的追求采取具有刑事政策性质的认罪认罚制度(这等于剥夺了法官相当大程度的终局裁决的权力),还是坚持法官保留或者法官最终裁决原则,这是我国认罪认罚制度建构需要面临的困难抉择。

六、我国以经济为考量因素的司法改革的导向

(一)以经济为考量因素进行司法改革应具有综合视角

在以经济为考量因素进行的司法改革中,司法改革设计者应具有综合视角,各项改革制度或者程序之间不能互相矛盾。这主要是指改革者应从宏观角度、整体上进行设计,而不能让一项司法改革内容与另外的司法改革内容互相矛盾,更不能让一项或者几项司法改革设计和司法改革总体目标相矛盾。针对我国近些年来的司法弊病,我国现在的司法改革进行了一系列的制度或者程序调整,然而,这些司法改革的制度或者程序之间亦存在不能解决之矛盾。譬如,在保证审判独立方面,我国司法改革中正式提出"以审判为中心",要求实现庭审实质化。但是,基于我国节省司法成本的需求设计了认罪认罚制度,而认罪认罚制度在我国的司法运作中,已经在事实上剥夺了审判中心主义中的法官地位。在2023年全国检察机关主要办案数据中,提到了我国认罪认罚从宽制度适用情况:已办理的审查起诉案件中,适用认罪认罚从宽制度审结人数占同期审结人数的90%以上;检察机关提出确定刑量刑建议占量刑建议提出数的97.2%;对检察机关提出的量刑建议,法院采纳人数占同期提出量刑建议数的97.5%。从上述数据可以看出,我国2023年绝大多数刑事案件都经过认罪认罚处理,而在认罪认罚中检察机关的量刑建议绝大多数被法官采纳。可以说在绝大多数刑事案件中检察官就是法官。这证明了事实上"审判中心主义"已经成为"检察中心主义"。无论怎么解

释,上述数字已经证明了“以审判为中心”司法改革的失败。

(二)以经济为考量因素进行的司法改革应平衡各方利益

健全、完善的司法改革应当是一辆平稳运行的汽车,利益是保证汽车运行的几个轮子,因此,应当兼顾各方利益,使刑事诉讼中各方利益尽量达成平衡,而不能只是偏重一方利益而导致汽车有倾覆的危险。当然,根据冲突原理,各项具体司法改革制度或者程序之间存在矛盾也是可以理解的。在《社会冲突的功能》一书中,科塞给冲突下的定义是:“有关价值、对稀有地位的要求、权力和资源的斗争,在这种斗争中,对立双方的目的是破坏以至伤害对方”①。在司法改革中,本身就牵涉多方利益,既有刑事诉讼参与主体之间的利益,也有公检法等国家机关之间的利益,各项司法改革制度或者程序背后可能就隐藏着这些主体或国家机关之间的利益。譬如,对于认罪认罚制度,这本身就是国家基于解决案多人少及司法成本过高问题而制定的,可以说,这项制度最有利的一方就是国家,因为这节约了国家司法成本或者管理成本,国家是真正的获益方。当然,被告人由于认罪认罚也获得了刑罚的减免优惠。作为真正利益受损的被害人却可能因为这项制度而双重受害。这是因为,被害人本来就因为犯罪而受到一次伤害,又可能因为在认罪认罚中被告人受到刑罚减免而受到再一次伤害,试问,被害人有什么义务为国家司法成本节省而单独一方做出牺牲?因此,在认罪认罚中,一般应让被告人一方和被害人达成谅解协议,在被告人一方对被害人经济上进行相应补偿的前提下,在被害人对被告人给予谅解后,才能通过认罪认罚给予被告人刑罚优惠,而不是完全忽视被害人的利益。不能让被害人成为国家以节约司法成本为目的的司法改革的牺牲品。如果在审前的认罪认罚

① 谢立中:《西方社会学名著提要》,江西人民出版社 1998 年版,第 230 页。

中忽视被害人的利益，那么，在刑事判决后被告人一方一般不会再赔偿被害人因犯罪遭受的损失，最终在损害被害人利益的同时，也可能会激化社会矛盾。因此，在认罪认罚协议达成的过程中，被害人的有效参与属于一种常规要求。这可以包括应听取被害人及其代理人的意见，以及将被告人与被害人的和解作为重要的量刑考量要素，等等。

（三）警惕司法改革中“唯经济论”的倾向

就经济效益而言，无论从刑事诉讼技术设计的立法上还是从刑事诉讼程序的实际运转来看，我国对经济效益的重视是任何国家无可比拟的。准确及时查明犯罪事实被立法机关规定为刑事诉讼的任务之一，在程序设计上，赋予了国家机关广泛的权力，而作为相对人的诉讼当事人的权利极为有限，在这种诉讼模式下，程序的经济效益价值得以体现。① 但是，即使有节约司法成本的考虑而设计提高诉讼效率的司法制度或者程序，也不能“唯经济论”或者陷入只是考虑经济成本的怪圈。

重视诉讼程序的经济效益性，绝对不是以牺牲程序的其他基本价值为代价的。“刑事诉讼作为一种特殊的社会活动，要通过消耗一定的社会资源方能实现其既定的价值目标。司法资源稀缺与社会需求之间的矛盾，要求在刑事诉讼活动中对可供投入的有限的司法资源进行合理配置。但是，这种以成本收益为基本约束条件的诉讼效益观，不应损害刑事诉讼的基本价值。”②毕竟提高刑事诉讼的经济效益不是国家进行刑事诉讼的终极或者唯一目标，它只能是用以确

---

① 杨杰辉：《公正的渴求与资源的稀缺——略论刑事诉讼的经济效益价值》，载《江西社会科学》2006 年第 7 期。

② 陈卫东、王政君：《刑事诉讼中的司法资源配置》，载《中国法学》2000 年第 2 期。

保正义这一最高法律价值在诉讼过程及结果中同时得到实现的工具,因此把这一价值与正义价值相比,有的学者称之为"次级价值"①。司法成本或者经济耗费在司法改革中只是其中一种衡量因素,却不能是最重要的,更不能只是考虑司法成本或者经济因素,最关键的是在刑事司法改革中,应当把诉讼公正放在第一位。可以说,即使再高的诉讼效率或者再低的司法成本,如果忽视了司法改革中对公正的要求,那么,这都算不上成功。否则,为何现代国家普遍地在刑事诉讼中设置三个国家机关——警察、检察机关及法院,并让这三者之间形成一种制衡状态?如果仅为司法成本节省或者经济因素考量的话,仅设置警察机关不是更好、更能符合降低司法成本的要求?但是,这无疑大大牺牲了当事人特别是犯罪嫌疑人或者被告人的利益,或者说是牺牲了公平、正义的价值。如果仅考量经济因素进行刑事司法制度或者程序设计,那么,犯罪嫌疑人或者被告人的基本权利就难以得到保障,会陷入高度的危险之中,会由于犯罪嫌疑人或者被告人的权利缺失而导致更高的错案风险。因此,从犯罪嫌疑人或者被告人的基本权利角度考虑,再高的诉讼效率或者国家司法成本的节省都不能和前者相提并论。尽管我国可以借鉴西方法经济学的观点进行司法改革设计,但是,法经济学的弊端绝对化了经济因素在法律或者司法活动中的作用,这无疑是不全面的。当然,如果在一定的前提下犯罪嫌疑人或者被告人自愿同意让渡自己的一些基本权利,那么,相关司法机关也应当允许。不过,法官应当认真审查被告人这种自愿的真实性,防止被告人的同意受到了欺骗、胁迫或者其他非法因素的影响。譬如,在认罪认罚制度中就是如此。在我国相关规范性法律文件中,认罪的含义主要是指被告人对公诉机关指控的

① 杨杰辉:《公正的渴求与资源的稀缺——略论刑事诉讼的经济效益价值》,载《江西社会科学》2006年第7期。

犯罪事实及罪名的认可。认罚则包括：对程序性权利丧失的认可，即在被告人自愿的基础上，其放弃采取完整、正常程序的要求，以及其中的包含辩护权（自我辩护权及刑辩律师辩护权）、申请回避权、质证权等一系列权利的保护，从而以程序性权利的代价获得刑罚方面的优惠。在刑事和解中也存在被告人自愿放弃基本权利的问题。刑事和解是对当事人主体地位尊重的体现，一般而言，由被害人或者加害人进行协商，决定是否予以刑事和解，是否赔偿以及如何赔偿，这也是彻底解决被害人和加害人之间冲突和矛盾的一种方式。因此，当事人可以通过同意的方式决定自己的命运。当然，如果刑事和解严重偏离正常轨道，出现了胁迫、利诱或者明显不公的情况，法官应当介入，以保证被害人自愿的真实性。

第二章

社会心理视阈下的司法改革*

司法改革应有社会心理基础或者社会心理认可度,这使得从社会心理视阈认识其与司法改革的关系成为必要。在我国,作为国家正式行为的司法改革与作为社会行为内在基础的社会心理在一定程度上并不是互相排斥的关系,二者存在一定的兼容性,这为通过社会心理进行社会控制提供了空间,也是减少国家正统制度或者法律强制力而实现有效社会治理的关键。因为这意味着国家法律与自生秩序的有机协调。因此,应当引导社会心理进入正式的司法改革的制度性领域,从而实现利用非正式资源来实现司法改革之目的。对于社会心理而言,其是个体心理契约或者心理互动的产物,且经过历史或者经验因素的检验,是一种实质正义。因此,参考或者依据社会心理进行司法改革具有正当性。然而,社会心理也具有自发性、盲目性的特点,因此,中国社会心理对司法改革而言属于一种有限制的实质正义。关键在于司法改革顶层设计者采取何种方式,尽量消除或者减少中国社会心理内含的实质正义的“限制性”。

---

* 本篇由宋远升独著。

一、导言

中国的司法改革主要是围绕法院司法权/管理权的有效、规范运行进行的,或者以实现上述目标而实施的司法制度或者体制等方面的革新/改良。在上述意义上,司法改革走过的30多年历程大致可以划分为三个阶段,即以恢复重建司法规范为主的阶段,以审判机制及方式改革为主的阶段和以司法体制改革为主的阶段。① 因此,在一般意义上,司法改革主要包括司法制度的改革、司法体制的改革等。② 当然,尽管司法改革是从体制内部对司法体制或制度的重构或者变革,然而,在一定程度上,其不能离开政经、文化等背景因素而独自在真空中运行。这决定了司法改革不能无视社会心理的功用,因为司法改革是一种从内至外综合性的变革,实际上,社会心理本身就属于司法改革的一部分(内在部分)。这就需要司法改革设计者因势利导,从而使司法改革获得社会心理的支持。现代西方法治国家普遍重视司法改革与社会心理的一致或契合,以使司法改革获得更多的社会心理基础,从而最大限度地减少司法改革的阻力及获得最大功效。美国社会心理学占据霸权地位,处于第一世界,向外输出其理论、方法技术以及所蕴含的意识形态,而几乎不受他人影响。③ 美国

---

① 夏锦文:《当代中国的司法改革:成就、问题与出路——以人民法院为中心的分析》,载《中国法学》2010年第1期。

② 我国的司法体制改革主要是集中在2013年以后,而此前则主要是针对司法制度/程序等方面进行改革。除了夏锦文外,其他一些学者也是在广义上对司法改革进行了论述,可参见黄文艺:《中国司法改革基本理路解析》,载《法制与社会发展》2017年第2期;左卫民:《十字路口的中国司法改革:反思与前瞻》,载《现代法学》2008年第6期;江国华:《司法立宪主义与中国司法改革》,载《法制与社会发展》2016年第1期;等等。

③ 方文:《社会心理学的演化:一种学科制度视角》,载《中国社会科学》2001年第6期。

的社会心理学研究具有比较长的历史,其相关学者不仅关注社会心理学学科本身,而且将社会心理与司法改革结合起来,用以理解和解释社会心理对司法改革的影响。实际上,在美国,社会心理学已经(并将继续)对大量基于经验的司法改革的进步作出贡献,这些贡献涉及陪审团的决策和目击证人作证等专业领域。① 针对社会心理与司法改革之间的关系,美国学者 J. M. 普罗斯考尔指出:可行的司法改革不能仅仅通过法规和规则的具体变化来实现。它必须在很大程度上取决于法律界针对其职能的群体心理和公众对司法的心理态度的根本变化。② 这说明,司法改革不能仅是具体法律条文或者规则的调整,而是一项系统工程,需要有相应的社会心理与之契合。或者说,司法改革不仅需要和法律职业人的心理相协调,而且还应与普通大众的社会心理具有一致性。否则,司法改革可能只是表层的改革,没有连接到社会心理或者大众人心的深层次,从而影响司法改革效果的发挥,甚至有导致司法改革失败之虞。在法国,基于其本国的纠问主义传统以及形成的相关司法文化、社会心理,即使其在现代的司法改革中更加重视人的主体性及当事人的诉讼权利,法国职权主义的诉讼结构也始终没有做出根本性的改变。③ 在我国,特别是近些年来,原有的司法体系或制度已经相对滞后,不能满足社会对司法体系/制度在公正或者效率等方面的需求,因此,司法改革已经成为改变这种现状的必然选择。这也是 20 世纪末在中国共产党文献中将

---

① Bruce A. Arrigo, *Psychology and the Law: The Critical Agenda for Citizen Justice and Radical Social Change*, Justice Quarterly, Vol. 20, No. 2, June 2003.

② Proskauer, J. M. (1928). *New Professional Psychology as an Essential for Law Reform, a.* Massachusetts Law Quarterly, 13(5), 2 – 18. Chicago 17th ed.

③ 孙万胜:《启迪与借鉴:从法国司法制度看中国司法改革》,载《法律适用》2003 年第 4 期。

司法改革作为一项重要决策予以确立的原因。① 中国社会心理的内在制约作用已经对司法改革的进行造成一定的掣肘。然而，这种现象并未得到相应的重视。在学术界，对于司法改革与社会心理关系的研究也相对处于薄弱状态。只有公丕祥、苏力等少数几位学者对司法改革与中国社会心理的关系进行了简单的探讨（分别采用的是“中国司法文化传统/国情”和“地方性知识”的提法）。公丕祥认为，自主型司法改革应该符合我国的国情基础，而国情基础中重要的内容之一就是司法文化传统。司法文化传统之所以有其历史存在的合理性，原因之一就在于它是该社会诸方面条件和因素的法权要求之体现。其中有些部分继续存续下来并且用社会实践证明了其存在的合理性乃至优越性。所以，我们对于司法国情的文化要素的把握，必须始终关注本国的法律与司法文化传统问题。这是坚持自主型司法改革道路的内在必然性之所在。② 苏力以中国的立案登记制及法院的科层制为例，对中国司法改革与地方性知识的关系进行了论述，其认为中国司法改革应当摆脱法教义学的界限，而应考虑地方性知识的功用，唯其如此，才能回答/解决司法改革推进过程中的一些具体困境。③ 诚然，上述学者对司法改革与中国社会心理关系的研究有开拓或推动作用，然而，其只是对司法改革与司法文化传统或地方性知识的关系进行了简要论证，并未将司法改革与中国社会心理的研究纳入学科内部（社会心理学），也不涉及司法改革与社会心理内部互动的深层关系。此外，我国现有的相关研究也并未对利用社会心理

---

① 党的十五大提出“推进司法改革，从制度上保证司法机关依法独立公正地行使审判权和检察权”，这是中国共产党以文献的方式正式对司法改革予以认定。

② 公丕祥：《当代中国的自主型司法改革道路——基于中国司法国情的初步分析》，载《法律科学》2010 年第 3 期。

③ 苏力：《司法改革的知识需求——波斯纳〈各行其是〉中文版译序》，载《法治现代化研究》2017 年第 1 期。

促进司法改革提出可操作性的意见。这也是本书研究的理论或者实践背景。可以说,中国社会心理作为一种司法改革的内生性因素,对二者关系的准确定位及在此基础上科学设计是司法改革的前进方向之一。中国的司法改革表面上是司法体系、制度或者程序等方面的改革,在深层次上,则牵连着社会心理的激励、约束或者控制机制。想要解决民族精神、习惯等社会心理与司法改革互动的问题,仅用法学或者社会学的知识是无法解答的。这本身就离不开社会心理学的介入。美国学者霍曼斯认为,在社会学的水平上是永远无法对人类行为作出全面解释的,必须从社会心理学的高度着手才行。① 因此,笔者旨在以社会心理为视阈对司法改革进行分析,通过考察司法改革现状/表象与社会心理是否契合,以及从深层次了解社会心理与司法改革二者之间关系的本质所在,从而建立一种二者良性互动的模型或者体系,借此为司法改革提供可操作性的理论导引或者评估依据。

二、中国社会心理与司法改革关系的现状考察

(一)中国社会心理的内涵及层次

在社会学意义上,社会心理是特定历史时期社会中普遍流行的、非系统化的、具有一定客观性且能够对社会具有影响或导向作用的社会精神现象。社会心理的内在构成因素包括初级层次的个体心理的知情意,以及高层次的社会认知、社会情感、社会态度等内容。在社会心理内在构成要素与外在构成要素的区别上,前者相对而言具有更强的主观性,后者一旦形成则具有一定的客观性及稳定性,属于一种社会精神现象。社会心理的内在构成要素是社会心理的基础,

---

① 张敦福主编:《现代社会学教程》,高等教育出版社2001年版,第58页。

而外在构成要素则属于内在构成要素的外现。[①] 因此可以看出，只有社会心理的外在构成要素才能对社会产生影响作用。当然，外在构成要素意义上的社会心理的稳定性对社会的影响作用也是不同的，因此可以分为不同的层次，这包括：

其一，高级社会心理。高级社会心理来自长期历史的实践，内化于国家、民族总的精神习性之中，是一种具有高度稳定性及强大社会影响力的社会精神现象。高级社会心理是一个国家或者民族整体或者大多数个体心理反复交互作用，沉淀、类型化的结果。这也是其根植于一个国家或者民族内部且能够长期发挥影响/导向作用的原因所在。一般而言，高级社会心理主要包括民族精神等内容。在社会心理的各个层次中，民族精神属于对社会发展或者司法改革具有重要推动作用的力量，国家制度性内容一般应当与民族精神契合而不是悖反。

其二，中级社会心理。中级社会心理是社会成员心理交互形成的能够在一定时期或范围内具有社会影响力或者社会导向作用的社会精神现象。与高级社会心理相比，中级社会心理同样具有稳定性。然而，后者的稳定性程度不如前者。中级社会心理主要包括社会习俗等内容。社会习俗具有比较稳固的结构形式，一般难以打破，不易受到外力影响而改变，有时即使社会历史条件变革也不会因之变化。相反，外在制度环境在一定程度上可能需要考虑社会习俗的要求而作出相应调整。

其三，初级社会心理。初级社会心理是指一国在特定时期内形成的具有短暂社会影响力的社会精神现象。这种精神现象的体现形式主要包括社会舆论等。社会舆论是群体在一定时期内的集体性的

---

① 参见乐国安主编：《中国社会心理学研究进展》，天津人民出版社 2004 年版，第 7—8 页。

稳定看法或者社会判断。这种社会精神现象的持续时间具有限制性，相对而言其影响的范围、时间程度不如民族精神或者社会习俗等。同时，社会舆论与当时的社会触发事件有着密切的关系，其对相关事件具有很强的依赖性，会随着相关社会事件的消失而逐渐消亡。民族精神、社会习俗则一般不受社会事件的影响，因为其是长时间实践因素检验及沉淀的结果，从而更加固定或定型。

上述三种层次的社会心理都属于人们在人际关系或者社会关系中形成的具有客观性、稳定性的社会精神现象。然而，基于本身内在结构的差别，其具有不同的影响力或者强度。当然，上述社会心理的各个层级的界限并不是一成不变的。初级社会心理在经过长期的实践因素检验后，如果其能继续保持内部结构的稳定性，那么，就可以演化为中级或者高级社会心理。

中国传统社会心理属于在群体水平上表现出来的社会性格或者民族性格，即所谓的民族性或者中国人的国民心理。① 中国传统社会心理既与一般社会心理具有共性，也具有自己特殊的秉性。一般而言，基于家庭为实体结构建构起来的儒家的服从、中庸、妥协等价值理念是中国传统社会心理的核心。尽管中国社会心理屡经变迁，然而，这种社会心理结构核心部分的稳定存在，确立了中国社会心理的类型及形式，也体现出中国社会心理的特殊性或者“个性”。中国传统社会心理或者国民心理涵盖范围比较广泛，对此，有学者归纳了包括鲁迅、梁启超、罗素等 30 名中外著名人物对中国人的国民心理倾向所作的描述，发现他们一共提出了 68 种特征。其中没有哪一种特征是所有人共同提出来的。提得最多的一种特征，即因循守旧，也只有 15 个人提到。我们将由 3 个以上的人提到的特征列表显示如下

① 参见李瑜青等：《法律社会学理论与应用》，上海大学出版社 2007 年版，第 161—162 页。

(见表2.1)。

表2.1　中外30位著名人物对中国人国民心理特征的统计

序号	国民心理特征	提及人次	序号	国民心理特征	提及人次
1	因循守旧	15	9	安分守己,安于命运	5
2	伦理之上,恪守道德	12	10	讲和平	5
3	要面子,重形式	12	11	讲礼仪	5
4	知足常乐	9	12	崇拜祖宗,怀古	5
5	调和妥协,中庸之道	8	13	崇拜权力,惧怕权威	4
6	喜安静淡泊	7	14	缺乏团体意识	4
7	重家庭(家族)关系	6	15	实例主义求实际	4
8	重人情,讲宽容	6			

资料来源:吴增基:《国民心理对中国法制现代化道路的影响及其现代价值》,载《政法论坛》2007年第2期。

(二)中国社会心理与司法改革关系的初步考察

我国司法改革固然属于技术性立法或者制度制定的结果,然而,背后应当有社会心理支持及符合主流社会心理的期待。易言之,司法改革设计者应当在司法体制调整或者司法制度重构时考虑到其背后的社会心理因素,应当重视社会传统、民间场域中普通民众的民意等社会心理的力量。应当说,虽然我国司法改革与社会心理有着紧密的勾连,然而,这却不是社会心理单独所能导致的结果。除此之外,还包括主政者对司法改革的态度、政治系统对司法改革的适应性等多方面因素的综合作用,因此也就超越了单纯的社会心理因素的范畴。然而,社会心理对司法改革的影响却是不容否认的。可以说,部分司法改革举措运行不畅，即使不能全部归结于社会心理的阻滞作用，至少社会心理属于其中的重要因素之一。实际上，无论是学者对中国司法改革的研究，还是顶层设计者推动司法改革中的具体措施，其重视的“国情”其实并没有涉及社会心理的功用。[①] 这导致我国司法改革与社会心理的对接错位，无论在理念中还是践行中都是如此。

其一，部分司法改革举措与中国传统社会心理抵触。黑格尔认为，“我们在现世界所具有的自觉的理性，并不是一下子得来的，也不只是从现在的基础上生长起来的，而是本质上原来就具有的一种遗产，确切地说，乃是一种工作成果。——人类所有过去各时代工作的成果。”[②]在社会心理层面上，这说明了现代社会在各方面对传统的继承，以及传统社会心理对现实的控制作用。具体到中国传统社会中，“无讼”是调整人们如何处理他们之间权利义务关系及与国家关系的基本理念，“无讼”观念的基础直接源于传统社会中儒家的“和合”“和谐”等思想。在中国传统社会的诉讼态度方面，“必也使无讼乎”[③]的观念居于社会心理的主流地位。因此，“纷然争讼，实为门户之羞”[④]“人情关系的维系重于是非曲直的伸张，人伦意义上的公平

① 顾培东所著的《中国司法改革的宏观思考》一文属于较早研究司法改革的重要文章，其在“中国司法改革的约束性条件”部分只是提到了：(1)现行法律的规制；(2)意识形态的影响；(3)权力调整中的位势失衡；(4)改革成本的匮乏。丝毫没有提及社会心理对司法改革的影响或者功用，其他即使有很少数的学者进行过相关研究，也基本上是简单一带而过，语焉不详。参见顾培东：《中国司法改革的宏观思考》，载《法学研究》2000 年第 3 期；胡云腾：《司法改革》，社会科学文献出版社 2016 年版，第 141—146 页。

② ［德］黑格尔：《哲学史讲演录》(第 1 卷)，商务印书馆 1997 年版，第 8 页。

③ 《论语 · 颜渊》。

④ 《陆游训诸 · 戒子录》。

重于客观意义上的公平。”[①]人们普遍憎恶、远离或者害怕诉讼。这与西方国家形成了明显的对比。西方国家传统上具有“权利社会”或者“理智社会”的特征，对此，梁漱溟在《东西文化及其哲学》一书中指出，西方社会“各个人间的彼此界限要划得很清，开口就是权利义务、法律关系。谁同谁都是要算账，甚至于父子夫妇之间也都如此。”[②]而中国传统社会则是“礼俗社会”“人情社会”。两种不同的社会心理或者文化与不同的司法制度及其具体运行方式直接互动或者勾连，或者说在某种程度上前者属于后者的一项重要前提要件。当然，传统中国的厌讼心理其实也是历史中长时期国家压制或者引导诉讼行为的后果之一。由于中国人具有实利主义的性格，其在斟酌损益后如果认为诉讼不能实现自己的目的（无论是合法的还是非法的，合理的还是不合理的），就会放弃通过诉讼解决纠纷的路径。这在另外一个方面也说明，社会心理在某种程度上也可以通过国家的力量（在传统中国可能是结合政策的或者儒家教义的）予以引导或者调整。

中国传统社会心理是人们长时期心理互动而沉淀生成的结果，其位于中国社会心理的内层，能够以一种潜隐性的方式通过统摄人们思想及行为的方式形成一种心理上的“社会共同体”。因此，传统社会心理在很大程度上具有社会形态或者制度的免疫力。这决定了中国司法改革在一定程度上应当兼顾传统社会心理的需求，以增加人们对司法改革的认同感。然而，我国现行司法改革在一些方面并没有考虑到中国传统社会心理的需求。在我国司法改革中，立案登记制就存在与中国传统社会心理抵触的问题。根据《中共中央关于

---

① 林端：《儒家伦理与法律文化：社会学观点的探索》，中国政法大学出版社2002年版，第114页。

② 梁漱溟：《东西文化及其哲学》，商务印书馆1999年版，第156页。

全面推进依法治国若干重大问题的决定》,法院受理案件由立案审查制转变为立案登记制。在深层意义上,这属于职权模式向诉权保障模式转变的具体体现形式。然而,这直接导致了法院从选择性的纠纷解决司法机构转变为无选择的纠纷处理机构。后果是诉讼案件的井喷,案多人少的矛盾也更加突出。其中就与立案登记制的立法者忽视中国传统社会心理作用而单方面强调诉权保障有着密切的勾连。这其实是对中国传统"无讼"社会心理的直接挑战,使诸多本来处于"休眠"状态的权利复活。加之诉讼费比以往大幅度下降,这样就极大地刺激了人们的诉讼欲望,也造成了当事人滥诉的可能。实际上,原先的立案审查制与立案登记制相比,有其自身的合理性。以我国"外嫁女"能否获得娘家或者原来村集体的相关财产收益为例。我国传统上一般实行儿子继承制而女儿无继承权,特别在北方地区更是如此(在南方地区,只有在受到西方现代思想较大影响的上海,女儿与儿子具有同样的继承权,其他南方地区一般也秉承了"子继女不继"这一根深蒂固的社会习俗)。究其原因,这与我国传统上重男轻女的儒家思维有着密切的关系。同时,这也与我国农村传统上由儿子主要承担赡养义务,而传统农村的财产也无法货币化,导致女儿继承存在一定的现实障碍有关系。因此,我国农村传统社会心理上普遍不支持女儿继承父母财产。即使女儿有继承的机会,其也往往自动放弃。然而,现代社会农村拆迁或者改造的情形时有发生,使房屋或者土体这种物质资料货币化,且可能这种货币数量较多,这成为诱发出嫁女儿争夺遗产的导火索。我国立案登记制的司法改革要求案件一律登记或者受理,这实际上也在制度方面刺激了女儿争夺农村父母遗产的动机。可以说,表面上立案登记制属于一项制度进步或者革新,实际上却扩大了纠纷的范围或者程度。"这类诉讼实际要求的是废除农耕社会长期遵循的普遍规则,尽管很有道理,也符合法律和公共政策,但这样的司法判决往往会催生家庭内部围绕财产继承的矛盾和纠纷,并且会进一步促进这类案件的供给。这就令法院处于一个非常尴尬的位置,它从理论上的纠纷解决者变成了纠纷激化者和纠纷促成者?"①根据江苏省扬州市立案登记制实施7个月来扬州两级法院立案登记情况(见图2.1),全市仅出嫁女要求娘家承包地征收补偿费用分配纠纷就在7个月间增加了289起,占民商事案件增长总数的8.46%。而在立案审查制下,法院通过法律适用审查,一般会将此类法律适用模糊的案件采取不登记、不处理的方式拒绝立案。

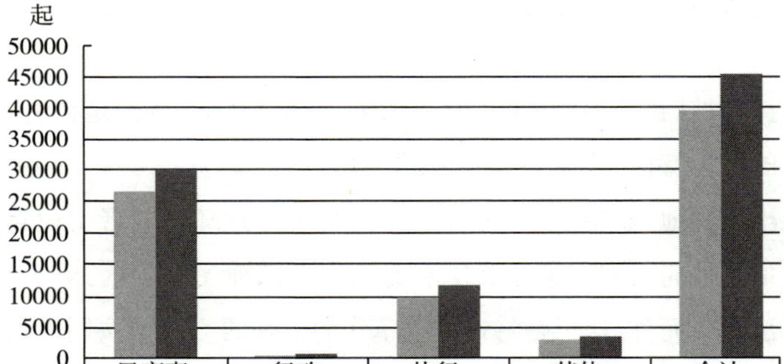

	民商事	行政	执行	其他	合计
2014年5—12月	26626	348	9937	2782	39693
2015年5—12月	29774	595	11437	3391	45197

图2.1　江苏省扬州市法院立案登记制实施后

7个月案件受理情况

资料来源:顾国先:《关于立案登记制改革对审判工作影响的调查与思考》,载扬州市中级人民法院官网,http://fy.yangzhou.gov.cn/yzszjrmfy/fxyj/201610/767bdcf69bc34586a83d7fc5555bea9c.shtml。

其二,司法改革引进相关现代西方司法制度时忽视中国社会心理的现实需求。现代西方司法制度在我国法治现代化过程中起到了

① 苏力:《司法改革的知识需求——波斯纳〈各行其是〉中文版译序》,载《法治现代化研究》2017年第1期。

重要的促进作用。甚至可以说,我国现行的司法制度在一定程度上就是借鉴部分现代西方司法制度的结果,然而,司法改革还具有“地方性知识实践”的特征。诚然,司法制度分享了人类文明智慧的某些共同特性,然而,美国人类学家吉尔兹亦指出,司法制度应具有地方性意义,因为其运作凭靠的乃是“地方性知识”(local knowledge)①。可以说,司法体系或制度“先进”与否并不是一种绝对的话语,其应当嵌入具体的社会心理、文化背景中才能发挥作用。因此,“人们选择怎样的行为,不仅要依照法律,而且要依照自己本国习俗中的社会、经济、政治以及客观、主观等多方面的因素,同时也还要兼顾地理、历史、技术和其他非法律情形而行为。”②否则,中国可能就会出现“法律移植”进程的“理论法学美国化”“部门法学(特别是私法)德国化”的法学特征,从而勾勒出一幅中国“法学时局图”——一种“半封建半殖民地”状态。③ 如果抛弃本土社会心理环境或者文化背景,一厢情愿地向西方国家寻求技术支持或者精神支撑的话,对于中国的司法改革而言,这只是将司法改革作为一种西方式司法制度的试验场,效果到底如何堪忧。

基于强化当事人的诉讼主体地位,减轻法官在诉讼中的举证责任,以及确立审判中心主义的考虑,20 世纪 90 年代初我国对民事诉讼法进行了修改,确立了“谁主张,谁举证”的证据规则,也即对抗式诉讼制度的引入与建构。诚然,对抗式诉讼制度在英美国家中有其特殊优势,属于西方诉讼制度的基石。然而,这种对抗式诉讼制度是与英美国家历史形成的社会心理密切勾连的。在我国,由于传统的

---

① [美]吉尔兹:《地方性知识:从比较的观点看事实和法律》,邓正来译,载梁治平主编:《法律的文化解释》(增订本),三联书店 1998 年版,第 73 页。

② [美]安·塞德曼、罗伯特·塞德曼:《发展进程中的国家与法律——第三世界问题的解决和制度变革》,冯玉军、俞飞译,法律出版社 2006 年版,第 50 页。

③ 马长山:《新一轮司法改革的可能与限度》,载《政法论坛》2015 年第 5 期。

审判模式是“坐堂办案”式的纠问主义诉讼模式，当事人只是被动的服从者，并不需要承担举证责任。这其实根植于我国历史上形成的科层等级制以及以服从感、归属感等为特征的儒家社会心理。虽然这一改革表面上只是诉讼法或者程序上的改革，然而，却与深层的社会心理基础存在一定的抵牾。因此，该项诉讼制度应当与我国社会心理相契合，否则就会导致司法改革效果难以彰显。广东法官“莫兆军案”就是典型例证。在一起借款纠纷案中，莫兆军法官基于对抗式诉讼的“谁主张，谁举证”原则告知被告—— 一对老夫妇（张坤石夫妇）承担举证责任，这在程序法或者证据法上没有任何问题，但是却忽视了我国当时特定的社会心理环境。这是因为，在我国长期以来法官都是“父母官”。既然是“父母”，百姓不仅对法官具有服从心理，同时伴随的是依赖心理。这意味着当事人服从的对价是法官对自己“子民”诉讼义务进行负责。由于这对老夫妇不能承担举证责任，法官判决其败诉。基于以往的惯性心理，受到中国传统社会心理影响较深的被告就通过“自杀”的方式表达自己对法官不能按照“既定社会规则”办事的失望及愤慨。其实，这就是司法改革没有照顾到特定地区社会心理情况的例证。人民陪审员制度亦具有如此情形。人民陪审员制度是在借鉴英美法系的陪审制度及欧陆法系的参审制度而在我国创制的。陪审员制度是现代社会民众参与司法的重要方式，因此受到我国司法改革设计者的青睐①（见表 2.2）。然而，陪审员制度需要的是陪审员具有客观、理性、公正的精神，而我国民众却普遍具有中庸、妥协、厌诉的社会心理，这在根本上与陪审员制度不相兼容。由于日本传统司法文化或者心理与我国具有相近之处，日本陪审员制度改革的失败结局亦可以提供前车之鉴。在日本的国民

① 中华人民共和国国务院新闻办公室：《中国的司法改革》，人民出版社 2012 年版，第 11—12 页。

意识中,事情本质是黑白相混的,发生纠纷一般也不愿意去裁判所诉讼,普遍存在"厌诉"心理。日本国民认为一旦去裁判所通过诉讼分清黑白,反而会伤了和气,事情就无法挽回,无论胜负都是很丑的事。自己都不愿意打官司,又怎能愿意去裁判所为别人断官司?因此,绝大多数市民对陪审员制度不感兴趣,不愿意被选任陪审员;对司法改革总体上难以表现出应有的关注和热情。① 由于这项改革的价值取向与日本法文化传统相抵触,陪审员制度在日本的失败是可以预期的。诚然,日本陪审员制度改革失败还有制度原因(如参审制等),然而,相应的制度因素是可以修改或调整的,从而达到陪审员制度改革的要求,而社会心理因素则具有顽固性,是短暂时间难以改变的制约陪审员制度的因素,因此,社会心理至少属于导致日本陪审制度失败的重要原因之一。虽然我国人民陪审员制度改革的出发点无可厚非,然而,实际上,除了我国民众的社会心理与人民陪审员制度抵触外,其可能为当事人、社会舆论等影响人民陪审员提供更便利的条件,这也属于一个障碍因素。这是因为,人民陪审员都属于所涉案件管辖地法院的居民,在中国的熟人社会中,我国的人民陪审员能否公正、客观评判案件本身就成为疑问。在一般意义上,熟人社会是以私人之情或乡土之谊为构筑核心,生长地域为地缘基础,以熟人为行为主体及行为方式,以相同或者类似的文化为影响圆周的自治系统。此类基于某种私人之情维系的共同体,既可以为陪审员在熟人社会的地位、权威以及发言权提供集体力量支撑,反过来,也使陪审员有以公权力回报这种私情进行权力勾兑的可能性。② 此外,中国人的人际关系差序格局决定了熟人社会独特的社会秩序和信任结构。基于

---

① 最高人民法院课题组:《司法改革方法论的理论与实践》,法律出版社 2011 年版,第 171 页。

② 宋远升:《法官论》,法律出版社 2012 年版,第 100—101 页。

对相对狭小地域的依赖、生活流动范围的有限和人际交往半径的狭窄，人们日常交往的基本规范是“特殊主义原则”。相对于普遍主义，特殊主义是指凭借与社会之属性的特殊关系而认定对象身上的价值的至上性。[①] 由于熟人社会流动的缓慢性，以及作为社会心理的社会舆论的准强制性，陪审员和熟人社会中的其他社会成员处于同一个共栖的生态环境中，在内心中其也不愿意破坏这种共栖关系。特别在舆情案件中，法官、检察官等法律职业阶层都不能免于受到社会舆论的裹挟，何况作为普通人士的陪审员？他们有何觉悟能够抵御社会舆论的影响而独立作出司法判断。毋庸讳言，如果陪审员需要承担相应的司法责任，这更与我国民众实利主义的社会心理相抵触。我国民众的这种社会心理具有强大传统因素支持，在没有更大的利益砝码存在的前提下，让我国担任陪审员的民众受到利益损耗，这在很大程度上是一种一厢情愿的浪漫主义想法。因此，对于人民陪审员制度等而言，如果没有从中国社会心理出发进行规划或者设计，在司法改革中就会存在一定的不稳定的风险。

表 2.2　2006—2011 年度人民陪审员参审案件情况

年度	人民陪审员参审案件量/件	人民陪审员参审案件占一审普通程序案件的比例/%
2006	339965	19.73
2007	3777040	19.31
2008	505412	22.48
2009	632006	26.51
2010	91277	38.42
2011	1116428	46.50

① 吴英姿：《法官角色与司法行为》，中国大百科全书出版社 2008 年版，第 90 页。

其三,在司法改革中,与中国社会心理相契合的司法制度并未得到有效贯彻,不能有效回应社会心理的需求。诚然,司法改革往往是政策驱动型的,或者主要是政治权力所推动,然而,这并不是说司法改革就是一种短暂行为,其属于顶层设计的长远制度安排。因此,司法改革者应当综合考虑各种影响司法改革的因素,为符合社会心理的司法体系或者司法制度留下充分拓展空间。可以说,无论是民族精神还是社会惯习,其在一定程度上都具有自我证成性。社会心理建立在人们彼此之间的心理契约基础之上,而符合社会心理的司法体系或者司法制度不过是人们心理契约的具体载体而已,人们内在的感觉决定了他们对司法改革中相关司法体系、制度的认同度。这在很大程度上会减少司法改革试错的风险,从而提供了更稳定的成功预期。

然而,在我国的司法改革中,一些与我国社会心理十分契合的司法制度并不能有效贯彻,刑事和解制度就是如此。可以说,中国传统社会心理为刑事和解制度提供了适宜的背景。虽然刑事和解的理论基础有"平衡理论""述说理论""恢复正义理论"三大理论之说,然而,在实质意义上,刑事和解与我国传统社会的"和合"思想具有天然的契合性。和合思想的要旨可以概括为两个方面:首先是人与自然保持"和合"的关系。其次是人与人之间保持"和合"的关系,强调社会关系的和睦融洽,避免争斗、纠纷。[①] 英国社会学家西比尔·范德斯普伦格尔也曾强调,中国人民避免打官司,大多数纠纷都通过调解在法庭外解决。[②] 事实上,在我国历史上与现代刑事和解类似的纠纷解决方式屡有所见,其中包括对被害人的损害赔偿令、赎刑、罚金等

---

① 陈光中、葛琳:《刑事和解初探》,载《中国法学》2006 年第 5 期。

② 瞿同祖:《瞿同祖法学论著集》,中国政法大学出版 2004 年版,第 418 页。

诸多形式。即使进入近现代社会，我国也不乏刑事和解的司法尝试，且有关案例也早于被称为刑事和解起源的加拿大的恢复性司法制度。贾宇教授就认为刑事和解起源于我国，他引用了1941年7月21日陕甘宁边区延安地方法院判决书第10号的一个案例作为例证。该案例内容是：被告人李锁系养子遗弃养母李高氏，在审判过程中，李高氏要求"将已经被捕审判之被告人李锁，希望教育后保证养活我就好了"。被告人也供述："我承认错误，希早些和解，我今后保证养活我母，并要孝顺，如时久在押，老母弱妻无法生活，一家人就失散了。"法院最后判决："李锁犯遗弃罪，判处苦役半年，因其老母妻幼无人抚养，准予具得假释，戴罪侍母，如再遗弃，加重处罚。"[①]可以说，基于我国"和为贵"的传统社会心理及相关的司法实践，通过被告人与被害人之间的合意结束案件的方式属于一种优势选择，因此作出的司法结论具有更高的可接受性。同时，刑事和解制度在司法实践中亦运行良好。然而，由于刑事和解制度与规范法学的罪刑法定原则直接抵触等因素，官方对刑事和解制度疑虑重重，并对刑事和解设置了一系列的限制条件。在刑事实体法方面，我国并未对刑事和解作为法定量刑减轻情节予以规定。在刑事诉讼法中，刑事和解只是适用于轻微刑事案件中，强奸、抢劫等较为严重的犯罪都被排除在刑事和解范围之外。[②] 这都构成了刑事和解适用的障碍。就根本上而言，这也是我国司法改革者或者相关立法者对刑事和解这项与中国

---

① 黄京平等：《和谐社会构建中的刑事和解——"和谐社会语境下的刑事和解"研讨会学术观点综述》，载《中国刑事法杂志》2006年第5期。

② 尽管最高人民法院《关于依法惩处生产销售伪劣食品、药品等严重破坏市场经济秩序犯罪的通知》第3条中规定，被告人和被告单位积极、主动赔偿受害人和受害单位损失的，可以酌情、适当从轻处罚。这是以司法解释的方式在刑事实体法意义上对刑事和解作出的规定，然而，其与正式的法律相比仍然在效力位阶上存在差异。这也说明了立法者对刑事和解的重视付诸阙如。

社会心理非常契合的制度的误读。因此,我国的刑事和解制度只能说是“半个刑事和解制度”或者“准刑事和解制度”。

其四,司法改革设计中缺失负面社会心理的隔离机制。司法改革设计属于一种高度技术化的工作,设计者不仅要引入或者创制符合中国社会心理的司法制度,而且也应对负面的社会心理设置专门的隔音机制,从而有效地将负面社会心理隔绝或者稀释,以保证刑事司法改革内容不受外来非法律因素的影响。然而,在我国的司法改革中,即使规定了以审判为中心或者审判中心主义制度,却并未针对法官专门设置相关的负面社会心理隔离或者消除机制。这主要体现于,我国法院在取消院庭长案件审批制度后,对审委会讨论案件的范围也进行了严格限制。诚然,这促进了目前司法改革重要内容之一——以审判为中心目标的实现,同时,这也是实现法院内部去行政化的要求。但是,这在将审判权力集中于审判法官的同时,也导致了司法责任的集中,特别在司法责任终身追究制下对法官的压力可想而知。在此次司法改革前,院庭长审批案件及审委会讨论案件确实不利于审判中心主义的形成,但是,这同样也是一种压力及责任分担机制,可以在一定程度上减轻法官承担的社会舆论、民意及司法责任的压力。而在司法改革中,审判法官在具有了独立裁判权力后,相应地其承担的社会舆论、民意等方面的压力也随之上升。特别是对于有社会重大影响的案件,基于“仇官”“仇富”等社会心理的压力,法官就可能就会尽量作出与社会舆论或者民意相一致的裁判。如此,司法裁判表面上是据法司法的结果,实际上则是社会心理压力的产物。

作为对比,在现代法治国家中,一般相信作为司法精英的法官,在司法伦理或者司法纪律的约束下,能够自我防御来自民意或者社会舆论的压力。法官作为职业的法律人,在长时期的法律学习及司法践行中，已经形成特定的价值取向或者司法惯习，且这种价值取向或者司法惯习一旦形成，就有难以改变的特性。法官应当有能力对抗来自外在的压力。“有关藐视法庭罪之法律的创设目的并非在于保护可能对公共舆论潮流敏感的法官。法官应当是意志坚强、有能力在逆境中前进的人。”①同时，不少现代法治国家也专门设计了社会心理压力的隔音或者防御机制，在陪审团/法官与社会舆论之间予以隔离。一种是以美国为代表的媒体隔离型，具体做法是将社会舆论与陪审团隔离。另一种是以英国为代表的媒体限制型，这主要是通过禁止相关媒体报道的方式使社会舆论难以影响司法。

三、根据社会心理进行司法改革的正当性分析

社会心理不仅是司法改革的客观背景，而且也是推动司法改革的驱动力。在一定程度上，社会心理决定了司法改革进程的深度。社会心理之所以能够成为社会的主流精神走向，是因为其一般是将人们普遍心理进行概括或者提纯的结果。因此，只有司法改革能够与社会心理相契合，关注普遍社会心理的核心问题，才能获得社会最广泛的关注，司法改革才会获得更持久的支持。反之，如果司法改革不能获得社会心理的普遍性支持，这本身就会蕴含着巨大的经济、司法乃至道德方面的风险。司法改革中的法律制定或者修改除了具有形式上的合法性，即具有权威性、公开或者公布、明确、无内在矛盾、一致性等特征之外，还应具有实质合法性。社会心理的认同属于实质意义上的合法性。因为这是由社会多数群体为之提供支撑或者背书。

---

① 侯健：《传媒与司法的冲突及其调整——美国有关法律实践述评》，载《比较法研究》2001 年第 1 期。

（一）司法改革以社会心理为根据的历史合理性

虽然我国司法改革是基于解决当代社会中司法体系、司法制度存在的问题而设计，但是，这并不是说其不须考虑中国传统社会心理的作用。“所有的制度建置，都是历史的制度建置，都是一定国情之下历史环境的内在规定性表述。”①这也决定了根据中国传统社会心理进行司法改革的必要性。在欧美国家的司法改革中就不乏前例。一些初看并不激烈的，甚至保守的法律制度变革却获得了成功。激烈的法国大革命尽管提出了《人权宣言》，提出了一系列现代法治原则，然而，法国革命者的“成就远较……他们最初想象的要小。……他们在不知不觉中从旧制度中继承了大部分感情、习惯、思想……”②即使传统社会心理具有相对保守的特点，其也有司法改革可以依赖的资本，这种经过经验因素反复验证的保守性使司法改革获得了更高的安全性。实际上，我国司法改革是否具有传统社会心理支撑是决定其成败的重要因素之一。对于中国而言，中国传统社会心理已经在一定程度上成为文化遗传因素，从而造成了中国司法改革的传统社会心理的路径依赖，司法改革中就明显存在这种现象。凡是与我国传统社会心理或者民族性结合得较好的司法制度，其就具有更高的成功概率或者生命力，民事调解就是如此。这是因为，我国传统社会中人们就具有“和合心理”，也习惯于基于“中庸思想”进行妥协或者协调，而民事调解天然与我国传统社会心理的内在基因相契合，这也是其能够在具体司法实践中发挥作用的内在基础。可以说，司法改革关系到将法律贯彻于现实的过程，因此，脱离民情（社会心理）

---

① 周旺生：《论立法法与其历史环境——关于立法法研究的一个方法论问题》，载《法学论坛》2001 年第 5 期。

② 苏力：《法治及其本土资源》（修订版），中国政法大学出版社 2004 年版，第 4 页。

是没有好的预期的。“由于民情、人情具有社会性,是法之所以立的基础,因此,脱离民情,法的生命也将终结。”[①]实际上,一项与民族精神等传统社会心理相契合的司法改革,并不需要强力的推动,因为社会心理遗传基因本身就是一种推动机制,这保证了司法改革的良好预期。对于司法改革而言,其不应是脱离社会心理传统而存在于纯粹的“现代社会心理”中。一个国家的传统社会心理,无论是“嵌入式的”还是“依附式的”,只是传统社会心理对司法改革的介入程度深浅不同而已,而一般不存在与传统社会心理“绝缘式的”司法改革。即使在新中国成立后的社会主义时期,司法改革也应当考虑到社会心理的连续性,而不能盲目进行切割。以政统或者法统的角度观之,改革开放以来的司法体系或者司法制度等多方面的调整,本身就与我国社会主义历史的文化遗产、社会规范、社会传统等具有一贯性或者非断裂性。实际上,在传统与现代,持续与开新二元转换的背景中,中国传统社会心理以一种近似普世精神的方式介入司法改革中,且在司法体系、制度等方面中具体外现。

(二)根据社会心理进行司法改革可以提前避免无效司法改革的可能性,或者预先作出修正而降低司法改革的成本

司法改革是创新式的司法体系、制度的变革,因此,这涉及各种利益的重新调整及制度的重新适应问题。同时,这也意味着司法改革具有的风险。社会心理具有预告功用。社会心理预告虽非一定正确,但是,其却反映了社会主流的民众心理或者价值诉求,属于一种重要的社会力量。布鲁尼指出:“往昔的知识为我们的争论和实际判断提供指导,(往昔的)相似行为结果将鼓励或阻止我们根据当今的

---

① 张晋藩:《中国法律的传统与近代转型》,法律出版社 1997 年版,第 52—53 页。

实际情况行事。”①因此，以历史或者时间因素检验为内在特征的社会心理可以为司法改革提供预告或者警示。在一定程度上，与民族精神、传统社会惯习等社会心理具有内在一致性的司法改革内容具有更高的成功预期，因为这可以最大限度减少摩擦，减少司法改革的非必要成本。实际上，司法改革本身就是对以往不曾出现的或者效果不力的司法制度进行的创制、引进或者改造的活动，这本身就具有法律工具主义价值的目标，而不是单纯的抽象的法律原理论证问题，更需要实践或者事实论证，而社会心理一般属于较长时期形成的精神现象，本身就是司法改革的基本背景之一，这决定了司法改革一般应当获得社会心理的支持而不是相反。司法改革如果没有社会心理的支撑，就需要动用更为强大的国家强制力来保证实施，且无论这种方式的效果如何，即使能够成功，这也意味着更多的国家资源的浪费。②

在中国的刑事司法改革中，虽然社会变革已经初步打破了中国熟人社会的传统心理态势，但是，中国传统社会心理还在顽固地发挥着作用。1998 年《刑事诉讼法》中有关证人出庭作证在某种程度上成为具文就是典型例证。中国人历来倾向于调和妥协，讲究中庸之道，同时，还具有实利主义及求实际的特点，特别是在熟人社会环境中更是如此。证人出庭作证，不仅与其本性相违背，也直接违背了其利益最大化的实利主义做法。因为在社会生活半径相对狭窄的熟人社会，当地社会群落也可能会因为做证人打破社会心理的“潜规则”而对其有不好的社会评价，这无疑会影响或恶化证人以后的生活/生存空间。立法者仅是在形式上规定了证人出庭作证，但是，并未完备

① 雷戈：《史与法——历史研究与法律实践相关性之分析》，载《晋阳学刊》2010 年第 5 期。

② 朱苏力：《秋菊的困惑和山杠爷的悲剧》，载《东方》1996 年第 3 期。

设计相关能够打破传统社会心理的措施，从而导致该项制度在很大程度上流于形式。

（三）社会心理可以通过习俗、道德准则等形式对司法改革的贯彻予以补强，从而减少司法者具体司法操作的困境

司法改革应当与社会主流习惯、共同体的精神等社会心理保持一致，这是保证其实施效果的重要背景因素之一。作为一种国家制度性行为，司法制度的适用具有外在强制性，而社会心理具有内在强制性。质言之，一般而言，司法改革的具体制度/措施的适用具有显性强制行为的特征，社会心理则属于隐性的强制力。前者只能提供具体的国家法律、政策方向，而后者可以为司法制度或者措施的贯彻提供内在支持。因此，社会心理能够从内部介入司法制度的运作中，从而成为后者一种重要的补强机制。“在现代社会就像在古代社会一样，共有某种道德准则为社会凝聚力提供了支持，并成为维持秩序的一种手段。”①之所以社会心理能够对司法改革的贯彻实施具有补强作用，这与社会心理具有中介功能有关。社会心理处于社会控制与社会行为之间的中间地位上，是跨越这两大领域的中间领域。任何社会都是一个完备的有机体，而且有一个自行控制体系或者叫社会控制系统。在社会控制过程中，社会规范是约束社会行为的准则。但是，社会规范不直接对社会行为起约束作用，从社会规范到社会行为，其间必须经过社会心理这个中间环节。社会规范如果不在人的社会化过程中，通过内化转变为内在行为准则，转变为心理过程，那么再好的社会规范也不能实际起作用。②

---

① ［美］诺内特、塞尔兹尼克：《转变中的法律与社会》，张志铭译，中国政法大学出版社1994年版，第52页。

② 乐国安：《中国社会心理学研究进展》，天津人民出版社2004年版，第8—9页。

作为一种司法惯习,在我国司法实践中,法官会结合传统习惯、惯例等强化司法制度或者措施的功用。为此,我国一些法院专门制定了相关的内部审判规定,以保证法院的判决不仅合法,而且最好的效果是合情合理。例如,广东省高级人民法院在《关于规范民商事审判自由裁量权的意见(试行)》第 8 条的规定:“审理民商事案件行使自由裁量权,应根据民商事法律的基本原则,结合审判实践经验和法学原理,参照民事政策、民俗习惯、商业惯例和行业规则,对案件作出公正、合理的裁判。”与习俗在民事审判中的介入相比,其在刑事审判中的适用空间则更为逼仄。这是因为,刑事案件中的国家权力具有更小的弹性或者妥协性。同时,国家对于其他民间性质的力量在刑事案件中的介入具有更高的警惕性。因为刑事案件的处理历来属于国家的专属权力,国家一般不会将刑事案件的管辖权让渡出去,不会允许民间力量介入属于其传统垄断的地盘。因此,如果说在民事案件中国家对风俗习惯的介入有一定容忍度的话,在刑事案件中,习俗等社会心理的介入则处于更受压制的状态。当然,这并不是说完全排除了习惯等社会心理形式在刑事案件中的介入,只是这是以习惯向法律发展的高级形式——习惯法的形式体现。“习惯法对正式刑法制度施加或显或隐的重要影响,甚至在实际上置换和改写了制定法。习惯法不但在刑罚量定上举足轻重,有时甚至对犯罪的成立也发挥致命的影响,在量刑上,习惯法基本是作为一种酌情从轻、减轻处罚的事由而存在。”①

博登海默指出:“法官在其裁定意见中会对那些始终存在的起作用的当代社会力量作出回应,而且他那个时代的社会与文化框架也

① 杜宇:《当代刑法实践中的习惯法——一种真实而有力的存在》,载《中外法学》2005 年第 1 期。

往往会为他提供审判的标准和原则。"①这说明,虽然法官在司法过程中是通过法律思维来判决案件的,但是除了正统的法令外,社会心理或者价值判断还是会对法官司法过程予以影响或制约。社会心理介入司法改革的具体运作,可以有效地结合制度性规则与社会心理规则对社会控制的特长,能够最大限度地发挥这两种社会控制方式的效果。这亦说明了社会心理对司法改革的重要补强作用。如果司法制度的改革不针对社会心理进行调整或者回应,这无疑增加了司法者具体司法操作的难度,从而提高了法官任意司法的风险。

四、以社会心理为依据进行司法改革的限度

司法改革是对过去已经存在的司法制度或体系的一种革新,或者是对尚未完成的司法制度或者体系的重新建构,这属于努力发展法律/司法的一种表现。以社会心理为参照或根据进行司法改革,在一定程度上可以减少司法改革的阻力或者破坏,增加司法改革良性预期或者成算。当然,基于社会心理本身的缺陷,社会心理对司法改革的预告、指导或者补强作用还是具有一定的限度的。这主要体现在以下方面。

(一)社会心理的盲目、非系统性会导致司法体系、制度的改革失去方向性

虽然社会心理属于一种客观性精神现象,但是,这并不能说明其就一定是正确的或者正当的。社会心理是人们在社会生活中自发形成的、不系统的对社会存在的反映。② 社会心理是人们依据自身经验

① [美]E.博登海默:《法理学:法律哲学与法律方法》,邓正来译,中国政法大学出版社1999年版,第558页。

② 杨军:《我国社会心理变化与主流意识形态认同》,载《前沿》2012年第13期。

所作的价值性判断,不涉及真理性内容。这种价值性判断体现的是社会人的一种迎合性或盲从性,从深层上讲,这种价值判断是社会主体综合衡量自身利益与“他者”关系自觉得出的结果,它所涉及的仅是社会主体自身的利益以及社会大氛围,并不涉及判断的“真理性”①。因为社会心理是一种结合了各种因素,汇集了各种力量于一起的“模糊语言”,本身就可能带有一定的极端性或者狭隘性,以此为根据进行司法改革,也会将社会心理这种特征传导到司法改革中。“民众的普通理性则以道德感和正义观为基础,缺乏严密的内在秩序,在对待问题时,常常用一种道德的角度去看待,将任何事情区分对错。同样地,在对待法律问题时,民众也习惯性地运用道德思维去思考并且给予是非评价,由于这些案件并非每个人的亲身经历,大多数人也无法从各个渠道全面了解案件的真实情况,因此,所谓的普通理性往往呈现情绪化、片面化的倾向。”②在我国现在的社会心理或者社会心态中,“仇官”“仇富”属于一项具有优势地位的社会心理现象。因此,在一些“舆情公案”中,一些案件的社会效果基于特定隐喻而被放大,其中包括滕某荣捡拾高尔夫球案(仇富或阶层分化)、张金柱案(仇官或官民对立)等案件。因此,以民意或社会舆论为载体的社会心理,本身基于迎合及盲从效应,会导致司法的过程不再是法律原则下的结果,而是舆论审判的产物,这直接会对审判中心主义等司法改革核心内容造成冲击。

---

① 严国红:《马克思主义视域下的社会心理研究》,知识产权出版社 2013 年版,第 102 页。

② 夏晴:《探究司法判决与社会心理之间的良性互动》,载《山东农业工程学院学报》2015 年第 2 期。

(二)根据社会心理进行司法改革存在具体标准难以把握/评价的困境

司法改革设计或立法技术作为一种表达技术,是特定的主体展示自己制度创制或者立法技艺的方式,技术含量的高低直接决定着司法改革具体内容的适用或者被接受的程度。根据或者参照社会心理进行司法改革,这就涉及对社会心理的提炼、总结及辨识等问题。然而,对分散的、不成系统的甚至是混乱的社会心理进行辨别,确定其是否符合司法改革的要求,本身就是一种高技术含量的活动。在司法改革过程中,司法改革者或者技术设计者应当掌握社会对司法改革的普遍社会心理需求,然而,到底社会心理具体的内涵与外延是什么,何为社会心理的评价标准,并无具体的判断指标。无论是持久性的民族意志、共同体的精神,还是期限较短的社会舆论都是如此,这成为根据社会心理进行司法改革的技术性困境。在社会心理的各个层次中,"民族精神"本身比较抽象,在作为司法改革的根据时,可能在更多的时候只是作为一种宏观性的精神指导。对于习惯而言,其可能在不同语境下具有不同的解释结果。即使我国《民法总则》对习惯作出了专门规定,然而,仍然存在习惯转化为习惯法的要件,或者事实意义上的习惯以及法律意义上的习惯区分的争议。对于社会舆论等较低层次的社会心理形式而言,也会面临如何对社会舆论作出理性评价的问题。可以说,对社会心理评价的过程,就是对社会心理运作规律的辨识过程。一方面,这需要抓住社会中特定群体的心理的焦点问题,凸显社会心理最为强烈的部分。另一方面,还需要对该社会心理进行准确辨别或者理性评价,考察其是否能够对司法改革予以积极影响。然而,以我们目前的司法改革设计或者立法的水平,是否能够实现社会心理与司法改革的有效勾连,本身就存在不确定之处。

(三)根据社会心理进行司法改革容易造成特殊主义与规则主义的冲突

在具体的司法改革操作过程中,如果司法改革者过于强调吸收社会心理,会导致传统习惯、风俗等社会心理的盛行,不利于与现代规则主义法治对接或者接轨。“为求实质的正义不尊重法律形式与程序的公正和准确合法,将实质作为法律的基本原则势必造成对法律条文解释的任意性,这样就为政治权力在司法中的运用留下了很大的活动空间”①。易言之,司法改革对社会心理的过度借鉴会导致根据社会心理进行治理的特殊主义与规则治理的普遍主义之间的冲突,使我国社会心理的实质合理性与国家形式法治产生断裂,从而导致制度性风险的产生。在一定程度上,这也会使社会心理的本土逻辑法治与规则治理之间的矛盾难以解决。这种实质合理性与形式合理性的内在张力,根源于中国本土社会的内部规则(社会心理)与外部规则(现代社会通用的法治规则)具有不同的价值合理性基础,从而造成司法改革的价值取向在结果正当性与形式合法性之间艰难抉择、顾此失彼。诚然,以习惯、民俗、民意等为基本形式的社会心理因素的介入是保证我国司法改革稳定的前提,也是我国法治建设的本土资源的关键来源之一。然而,这种传统惯习或者经验的保存往往会与现代法治精神断裂,从而导致根据社会心理进行的司法改革会面临本土规则与法治规则之间的困境。应当可以看出,这本质上或者根源上属于现代法治规则和特殊治理能否共存的问题。易言之,法治规则——社会心理共存的模式是否能够有效融合或者对接,这牵涉究竟是一种多元秩序的有效共存,还是一种权威多元而秩序治理效果分散的怪圈。

---

① 任志安:《韦伯论中国的社会和宗教》,载《学术交流》2006 年第 11 期。

五、我国社会心理与司法改革的合理互动

社会心理属于影响司法改革是否成功的要素之一，然而，这却是被关注最少的领域。因此，如何在司法改革设计中使其与社会心理相协调就成为关键。司法改革是否应当以社会心理为根据，其实属于国家权力或者制度性内容是否能与民族精神、习俗等社会心理共存的问题。在这方面，其他现代法治国家已经为我们提供了教训或者借鉴。现代法治国家已经走过从高度依赖制定法到重视习惯与制定法并存的道路。这是对单纯依靠法律权威实施压制性治理模式的反思。这也意味着一种从形式正义向实质正义转向的逻辑进路，即强调实质效果的思维方式，而不是仅仅依靠法律条文或者国家制定的正式规则的强制力。对于以社会心理为根据的司法改革而言，这其实也是强调社会心理对实现司法改革目的的实质作用，也即最大限度地促进司法改革目的之实现。可以说，在我国，作为国家制度性行为的司法改革与作为社会行为内在基础的社会心理之间在相当程度上并不是互相排斥的关系，二者存在一定的兼容性，而这为通过社会心理对社会控制提供了空间，这也是减少国家正统制度或者法律强制力而实现有效社会控制的关键。因为这意味着国家法律与自生秩序的有机协调，也即司法改革理念的后现代化。所谓“后现代化”是指从形式性法治主义转向实质性法治主义，以此为契机，法治秩序的正当性不再来自某个先验的范畴（如自然法）或者某个外在的力量（如国家强制力），而是来自你我他之间的相互主观性的议论、程序以及共识。①

在司法改革中，可以引导社会心理进入正式的司法改革的制度

① 季卫东：《日本的“第三次法律革命”》，载《工人日报》2001年8月31日，第3版。

性领域,从而利用非正式资源来实现司法改革之目的。这亦可以说明,维系社会运作的并不仅是单一的通过国家制定的规范性法律等制度性因素,社会风俗、惯例等社会心理知识也是重要的辅助机制。之所以社会心理成为我国司法改革的重要背景知识,这是由其具有的实质正义的特点决定的。所谓的实质正义,即昂格尔所认为的,“适用规则的决定最有效地促进规则所要达到的目的”①;“避免使用强加的规则来操纵社会生活,并且尊重每一个社会群体自发形成的内部习惯。”②其实,昂格尔认为的实质正义观与我国儒家实质司法正义观有异曲同工之处。从司法裁判的角度看,儒家支配性理念的司法观可被称为实质正义司法观,其实际上是一种“德性伦理”,是一种以“仁”为核心的社会公平和正义的原则。③ 具体在我国司法改革中,上述实质正义观体现于刑事和解、民事调解的“和合”思想或“和谐中庸”精神等诸多方面,这成为实质性解决纠纷的内在要素。因此,可以看出,作为司法改革理论根据的中国社会心理本质上属于实质正义观或者儒家实质司法正义观。

然而,中国社会心理属于有限制的实质正义。之所以社会心理属于有限制的实质正义,这是与其本身盲目性、非系统性等缺点不可分割的。针对中国社会心理这种有限实质正义的特点,根据社会心理的不同级别或者层次,应当在操作层面采取相应的社会心理与司法改革互动的形式,从而保证社会心理在司法改革中正向价值的最大化。这包括:其一,创制或营造有利于司法改革的外部社会心理环

---

① [美]昂格尔:《现代社会中的法律》,吴玉章、周汉华译,凤凰出版传媒集团、译林出版社 2008 年版,第 164 页。

② [美]昂格尔:《现代社会中的法律》,吴玉章、周汉华译,凤凰出版传媒集团、译林出版社 2008 年版,第 171 页。

③ 参见蒙培元:《略谈儒家的正义观》,载《孔子研究》2011 年第 1 期;杨建军:《司法改革的理论论争及其启迪》,载《法商研究》2015 年第 2 期。

境。这主要是指国家应通过专门的运作或设计,促进生成有利于司法改革的社会心理的外部环境,或者制造社会心理与司法改革之间良性关系的能够起到引导或者示范作用的模型。“如果制度试图确立和维持某种独特的时代精神,它们就会精心制作这种时代精神所要求的某种模型。这种模型为传达和形象说明制度所欲体现的那些特定价值提供了工具”①。司法改革本身就属于政治系统运作的一部分,政治系统具有体制性优势,因此,其能够通过各种政治社会化路径,消除或者改变由传统消极社会心理所形成的固化思维,生成有利于司法改革的积极社会心理环境。对于生成我国司法改革所需的社会心理的具体路径而言,可以通过各种途径或者方式对司法改革进行广泛宣传。这可以吸引社会公众的关注,从而将其对司法改革的评价、认可、忠诚内化为习惯性的心理行为,然后将政治系统的社会心理选择功能所生成的社会心理观念从单个向社会范围发展,从而完成社会心理的主流化过程。譬如,邓小平南方谈话就是采取如此之方式,通过讲话推动相关社会舆论,然后促成相关社会心理的形成,从而为改革创造有利的社会心理环境。2016 年具有广泛社会影响的“拆小区围墙”事件,就是根据中共中央《关于进一步加强城市规划建设管理工作的若干意见》的规定,住建部为动员拆墙,通过正式的中央文件在社会上进行广泛宣传、造势,这其实也是立法者或者改革者希望支持“拆小区围墙”社会心理的形成。当然,该“拆小区围墙”立法或者改革意图由于社会心理集体抵制而夭亡。其二,司法改革设计时应当创制相关的制度机制,对负面社会心理进行稀释或者隔离。社会心理具有盲目性或非系统性,不仅民族精神这种高层次的社会心理有演变为民粹主义的可能,而且社会习惯也有公序良

① [美]诺内特、塞尔兹尼克:《转变中的法律与社会》,张志铭译,中国政法大学出版社 1994 年版,第 53—54 页。

俗及恶俗之分。此外,社会舆论本身具有绑架及误导大众的可能性。当然,司法改革对社会心理并不是无能为力的,其在一定程度上也对社会心理具有反向控制作用。因此,可以通过司法改革中的具体制度或者措施的设计,以纠正负面社会心理或者促进正向社会心理的形成。在具体司法操作中,针对社会心理的盲目性而导致民粹主义的风险,譬如药家鑫案、于欢案等案件,可以通过一系列的司法改革举措对民粹主义进行稀释。这可以包括庭审网络直播、副卷有限公开、裁判书充分说理及上网等,其核心在于疏解、沟通或者劝服。这也是所谓的现代司法的交往艺术,通过这种艺术,借助专业化程度的工具,从而完成民意稀释的过程。[①] 可以说,个案可以建构社会心理,也可以解构社会心理。通过上述司法改革的具体举措,可以在一定程度上导致不利于司法改革的社会心理的稀释或者消亡。此外,尽管我国审判委员会被法学理论界所指摘,但是,在司法现实中,审判委员会在集中集体智慧、实现小范围内的民主等方面发挥了一定的正面价值。[②] 特别是在重大的舆情案件中,通过审委会的集体表决机制,可以有效地分解主审法官来自社会心理方面的压力。因此,应当对审判委员会进行制度改良而不是完全废止,在严格限制审委会审判案件范围的前提下,在可能被社会心理所影响的重大舆情案件中,发挥审委会的社会心理的屏障或者隔离作用,而不能不顾社会现实盲目追求司法制度创新。其三,在营造或者禁绝司法改革需要或者抵触的社会心理时,针对不同类型的社会心理,一般应当采取区别对待的设计或操作方式,这是一种尊重社会心理内在运行规律的理性

---

① 宋远升:《自媒体介入刑事司法的限度》,载《中国社会科学评价》2016 年第 4 期。

② 宋远升:《司法责任制的三重逻辑与核心建构要素》,载《环球法律评论》2017 年第 5 期。

技术行为。譬如，对于社会舆论等初级社会心理，基于其相对具有不稳定、容易改造引导的特质，通过政策宣传、文化宣导的方式则可以达到目的。对于高级社会心理，一般在司法改革时应顺应高级社会心理的要求，因为这能够满足社会民众对某项司法改革的深层心理认可度。因此，一般而言，对于民族精神等高级社会心理，司法改革应与其对接而不是悖反。德国社会学家韦伯认为："在任何一项事业背后，必然存在着一种支撑这种事业成功与否的无形的精神文化气质。"①具有生命力的司法改革应与一个国家民族精神相一致或者应得到后者的强力支持。否则，司法改革可能只是在形式上具备现代法治的条件，并不符合实质正义的要求。当然，高级社会心理并不总是正向的，从而为司法改革提供积极的社会心理环境。"一个国家或者民族在长期的历史过程中所形成的具有明显民族特征的精神产品和政治产品构成了不同民族和国家特定的民族精神类型的社会心理传统。在这种情况下，如果转型社会所具有的社会心理传统在人们的思维方式上形成了特有的固定向度，那么就必然会为与这种向度要求不同的现代社会心理的生存构成威胁。"②政治系统可以根据自己的存在和发展去对现有的社会心理进行强制性选择。譬如，现代政治制度会通过立法对我国传统社会中长达两千多年的等级制、男尊女卑等社会心理进行革除。同样地，司法改革作为优化政治系统的重要构成部分，也可以通过强制性立法的方式，体现政治系统强制选择社会心理的功能，渐次濡化消极的、固化的社会心理，从而从点到面，逐步减弱甚至消除此类社会心理对司法改革的阻滞作用。

---

① [德]马克斯·韦伯：《新教伦理与资本主义精神》，阎克文译，上海人民出版社 2010 年版，第 3 页。

② 许和隆：《冲突与互动——转型社会政治发展中的制度与文化》，苏州大学 2006 年博士学位论文，第 157 页。

第三章

政治视角下的司法改革*

一、导言

司法改革的深化，不可避免地涉及司法与政治之间的互动关系，司法改革与执政党的关系也属于其中的重要内容。在表面上，司法改革是司法权运作范畴内的司法制度、体制或者程序的革新或者改良。然而，就更深层次而言，司法改革是在政治权力推动下，在国家主政者的掌控下对司法资源的权威性的再分配过程。司法改革与政治的关系非常密切。如果说政治国家是一个活的个体的话，司法改革就是保证其正常、有效运行的专门的、技术性外科手段。因此，司法改革应当与国家总体政治之鹄的并行不悖。司法改革属于政治治理的重要方式之一。积极有效的司法改革会为政治权力运行提供助力，而滞后的司法体制或者制度则会对政治治理产生不良后果。因此，司法改革是促进国家政治体有效运作的司法技术策略或者手段。事实上，司法改革构成了政治权力运作的一部分。之所以国家进行司法改革，其根本目的是从司法层面推动政治权力的有效运作。在我国，对于司法改革与政治之间的关系，诸多学者都对此予以论述。

---

* 本篇由宋远升独著。

蒋银华认为,随着政治体制改革全面深化期的到来,它愈加需要寻找到某种制度突破口,以便全面推动政治体制改革的发展。司法体制改革作为政治体制改革的重要组成部分,无论是从政治实力还是从权力配置角度来看,它都具备成为改革突破口的条件。而在全面深化政治体制改革背景下,能够承载起司法体制的质性变革的核心要素则是司法权的优化配置。因此,政治体制改革应当以司法权的优化配置为制度拐点,重构政治权力的分配模式。[①] 章武生认为,司法权的正常、规范运作属于现代国家的惯例。同时,这也被现代国家的实践所验证。司法改革对强化我国的政治体制改革具有重要作用。之所以我国以往的改革的效果并不明显,这与忽视司法改革的作用有着密切的勾连。对于司法权的规范、正常运作而言,其本来应处于政治系统运作的核心领域,在我国却相对比较边缘化。因此,通过司法改革促动政治权力运转优化就成为必然选择之一,而司法改革应当成为政治体制改革的突破口。[②] 诚然,上述学者都从不同角度对司法改革与政治或者政治权力的关系进行了解读。但是,基于研究视角的不同,在研究司法改革与政治的关系方面,并未将司法改革纳入政治学的学科内进行解读,因此导致其不能从更深层次上把握政治学角度中的司法改革与政治的互动关系。实际上,政治与司法改革之间关系的深层根源是决定司法改革是否能够成功的关键,同时也是能否真正优化政治权力运作,以及达到通过司法改革推动政治体制改革目的的核心因素。可以说,对于司法改革,仅从司法学本身进行研究并不能获得满意的答案,这决定了从政治学视阈的研读不可

---

① 蒋银华:《论政治体制改革背景下中国司法改革的路径选择》,载《南京社会学》2015 年第 12 期。

② 章武生:《我国政治体制改革的最佳突破口:司法体制改革》,载《复旦学报(社会科学版)》2009 年第 1 期。

或缺。基于此,应当从政治学的视角对司法改革进行深入探讨,从而分析二者之间的深层互动关系,在此基础上,发现司法改革与政治权力互动的规律、方式、边界,并确立二者之间良性互动的模式或者路径。

二、我国政治与司法改革关系的现状考察

(一)政治的多重含义

政治之定义属于普罗修斯的面孔,自从其创制至今,就具有不同的面貌。古今中外诸多政治家、学者都对此作出不同界定,而呈现出争议不断的局面。如果从最为广义的政治秩序或共同体活动来界定"政治"的话,例如孙中山所谓"政众人之事,治是管理,政治乃是管理众人之事",或是所谓"在共同体中并为共同体的利益而作出政策和将其付诸实施的活动"①,或是所谓保障社会公共利益、维持社会秩序意义上的政治。② 之所以如此,是因为政治涵盖了国家内部政府活动的众多方面,其中包括政治管理、政治事务等,这也是难以对"政治"形成共识的重要原因。在传统意义上,政治是一种统治或者国家强制性控制的策略或者科学。因此,政治属于国家权力统治者的绝对权力的行使方式。易言之,政治的本质是与国家权力紧密相连的,是以国家为核心展开的。"因为政治本身不是为了宗教、道德或者其他非政治性的目的,按照马基亚维里的学说,政治家考虑的应该是权力,绝非正义"③。政治本质是一种权力分配及争斗,是君主与不同利益集团之间专门的权术经营。在西方哲学史上,对于政治哲学的

---

① [英]韦农·波格丹诺、邓正来主编:《布莱克维尔政治制度百科全书》,中国政法大学出版社 2011 年版,第 516—517 页。

② 姚建宗:《法律的政治逻辑阐释》,载《政治学研究》2010 年第 2 期。转引自瞿郑龙:《当代中国法制的政治逻辑》,吉林大学 2015 年博士学位论文,第 31 页。

③ 周尚君:《韦伯论技术政治及政治的实质》,载《求是学刊》2010 年第 2 期。

探讨,其中一条基本研究路线就是重视政治暴力强制性的一面,主张政治生活中的权力及其强制性实践的性质,因此政治哲学要注重研究权力的游戏规则及其灵活性,揭露权力的奥秘。[①] 然而,随着国家与社会的分离,市场经济的发展导致政治权力垄断者与被垄断者由控制关系变成互相依赖关系,政治系统就逐渐演变为社会系统一种,而不再是超乎社会系统之上。此时,国家事务和社会事务也会互相交融,从而使单纯以国家权力为标准确立政治变得非常困难。作为市场经济与社会系统发展的结果之一,代议制民主从孕育到成熟,也催生了作为沟通国家与社会的媒介——政党的产生。英国政治学家巴特指出:“政党的双重性格和特质,使其成为架构于社会和国家的之间的中介和桥梁。易言之,政党可以说是将社会诉求和意志引入政治机器内并推动这台机器运转的水管和控制阀。”[②]这样,现代意义上的政治就在国家、社会及政党意义上获得了新的意义。在上述三者的角度上,政治可以分为三个层次:第一,与国家有关的,代表或符合统治者利益的权力分配方式与统治方式。这是国家层面上的政治含义。第二,与政党的施政方针、政治决策、政党目标有关的,基于政党实现政权控制而体现的一种集体意志的行为方式以及因此结成的相互关系。这是从政党层面上对政治进行的确立。第三,与某一非固定性的公民群体意志相关的,体现公民参与、政治责任和社会治理的,基于集体利益而确立的治理模式以及相互关系。此处,某一非

---

① [法]高宣扬:《当代政治哲学》(下),人民出版社2010年版,第876—877页。

② Emest Barker, *Reflections on Government*, Oxford University Press, 1942, p. 39.

固定性的公民群体不是政党。与共同体的含义也有区别[①],因为这种非固定性的公民群体的利益不总是一致的,并且群体的成员经常可以做较大规模的改变。这是从社会的角度上对政治进行的规定。这三层含义上的政治有时具有耦合性,有时却存在冲突。后两层含义和第一层含义不同之处在于没有强制力的因素附加于其中。而后两者的区别在于,政党的利益或意志是相对固定的,而某公民群体的利益只是由某种非成文的、非固定的意志予以维系的,具有临时性。但是,三者的共同特点是都有一种权力分配诉求,并且必须以集团化、规模化的形式出现,具有集体性权力或者权利的秉性。因此,一般而言,政治可以指基于某一特定利益组成的群体或者集团的集体性的权力诉求、治理方式以及相互关系。[②]

(二)我国政治与司法改革关系的历史沿袭及现状

我国的司法改革是伴随着改革开放的司法性变革,在司法改革的启动、探索、调整的过程中,我国司法改革主要是司法权的运行机制(包括司法权与司法管理权)的变革。不仅如此,司法改革还有努力促进通过法治思维及法治方式解决现实问题,最终实现社会公平及确立权威高效的现代司法制度或者体系的目的。司法改革是对历

---

① 德国哲学家斐迪南·滕尼斯将"社会"与"共同体"进行比较研究,当一个人的意志为另一方遭受到或感受到,这就是意志的相互作用。而另一方对相对方的意志有两种反应,要么是肯定的作用,表现为保持对方的意志或对方的身体,要么是否定的作用,表现为破坏对方的意志或对方的身体,肯定作用的关系是多数中的统一或统一中的多数,是一种积极的关系。当人们通过这种积极的关系形成族群,而这种族群在被理解为统一地对内和对外发挥作用的现实的和有机体的生命时,共同体就产生了。当这种族群被理解为思想的和机械的形态时,这就是社会。[德]斐迪南·滕尼斯:《共同体与社会》,林荣远译,商务印书馆1999年版,第52页。

② 宋远升:《国家、社会、职业三维视角下律师的"政治人"角色及其形塑》,载《山东大学学报(哲学社会科学版)》2014年第4期。

史与现实之间反复进行顾判的结果,其有历史渊源的根据,也有现实需要的契机。司法改革并不仅是从法院或者检察院内部进行的革新,同时,其更是外部政治权力环境所决定的。基于以司法改革为契机或者突破口而实现政治权力运行优化之目的,自从党的十五大开始,司法改革就一直是执政党的重要政治方略。在1997年党的十五大中,中国共产党就提出了"推进司法改革"的战略任务,自此司法改革就正式成为国家主政者重要关注的对象,属于中央顶层设计方面的政治问题。与十五大国家政治任务相呼应,1999年最高人民法院发布了《人民法院五年改革纲要(1999—2003)》(以下简称"一五改革纲要"),其重点关注四大司法改革内容,其中针对对象包括:地方保护主义产生、蔓延;法官整体素质难以适应审判工作专业化要求;行政管理模式不适应审判工作的特点和规律;法院经费困难,装备落后,物质保障不力。"一五纲要"在法院内部工作机制方面发挥了积极的作用,其中包括内部机构改革、合议庭职能、法官职业化建设等方面,但是,其并没有涉及司法体制改革,对政治体制的优化作用也比较有限。党的十六大首次提出了"推进司法体制改革",以及提出了"司法机关的人财物管理体制"的改革。在党的十六大中,我国提出了司法改革的政治设计或者操作方针,并为此在国家层面上成立了专门的政治性领导机构。此外,在2004年中共中央转发了《中央司法体制改革领导小组关于司法体制和工作机制改革的初步意见》。根据中央部署,在2005年10月,最高人民法院发布了《人民法院第二个五年改革纲要(2004—2008)》(以下简称"二五改革纲要")。在第十九次全国法院工作会议上,肖扬通报,经过全国各级人民法院的共同努力,最高人民法院确定的89项司法改革任务已基本完成,从总体上形成了基本适应建设中国特色社会主义事业需要的审判体系,推进了建设社会主义法治国家的历史进程。[①] 上述都属于政治与司法改革互动逐步加强的表现。可以看出,司法改革不再是司法系统内部的自我变革或者革新,其已经成为国家顶层政治设计的一个重要组成部分。在党的十七大中,提出了"深化司法体制改革","建设公正高效权威的社会主义司法制度",从而"实现社会公平正义,以及发展中国特色社会主义的重大任务。"这其实体现了司法改革的外部政治环境的完善,从而为司法改革者提供更高质量的政治保障。在党的十八大中,则提出"进一步深化司法体制改革",从而通过司法改革实现法治在治国理政中的功能和价值。在党的十九大报告中提出了"深化司法体制综合配套改革"的基本方针。党的二十大报告则指出:"深化司法体制综合配套改革,全面准确落实司法责任制,加快建设公正高效权威的社会主义司法制度,努力让人民群众在每一个司法案件中感受到公平正义。"由此可以看出,我国对司法改革的认识是不断深化的,并在此基础上提出了更加符合司法规律的更高要求。

从我国法院系统的历次司法改革中,可以明显地看出,随着中国共产党对法治中国建设认识的深化,司法改革已经正式成为其重要的工作任务。中国共产党的历次全国代表大会都是设计、布置、规划一定阶段重大政治任务的最高政治性会议。从党的十五大到党的二十大,中国共产党均将司法改革作为一项重点工程来建设,这充分说明了司法改革在执政党总体规划中的地位。易言之,司法改革在很大程度上成为国家政治改革的一项重要指标。司法改革的成败也直接影响着我国政治改革的质量。同时,基于我国司法权在国家权力体系中的相对弱势地位,司法改革在一定程度上也是在一种权威政治体制下的司法权的重新配置。因此,中国司法制度的设计及其变

① 宁杰:《走向公正——人民法院司法改革15年回眸》,载《人民法院报》2013年11月17日版。

迁，一方面，的确是在不断利用既有制度条件和组织架构，尝试找到符合当前社会发展阶段的司法治理规律与模式；另一方面，也可以说与赫希所阐释的“统治权保持”及“司法治理”等内容相关，在权力制衡意义上，不断试图提高中国共产党领导下的司法权在国家权力体系当中的权重。①

诚然，在上述历次司法改革中，一般而言，通过司法制度、体制的改良为我国的政治运作或者权力优化提供了一定的支持。譬如，改变立案方式，由过去的立案审查制改为立案登记制，虽然有其弊端所在，但是，在政治角度上，其无疑在一定程度上减少了上访的数量，为社会秩序的有序、规范运转提供了支持。然而，上述几次司法改革中也存在与其他制度不协调或者效能不高之处，并不能在系统、整体方面与其他权力形成有效的互动，从而形成司法改革与相关权力运作关系的“碎片化”形势。

三、政治与司法改革的互动关系分析

政治对司法改革具有本源意义的功能影响。无论如何，也不存在纯粹的、脱离政治的司法改革。“司法确实不等于政治，但也不可能脱离政治，不可能完全独立于政治；完全独立于政治的司法本身就是一种没有现实根基的政治主张，不仅在中国如此，在世界各国都如此”。② 一般而言，司法改革及司法权力的具体运作模式都是各个国家特定历史时期政治体制的产物，虽然司法改革的具体类型或者内容存在差异，但是，其与政治权力的紧密联系具有共通性。其实，在

---

① 王峰：《司法改革从“机制调整”到“制度设计”：一个法社会学的视角》，载《学海》2018 年第 1 期。

② 苏力：《关于能动司法》，载《法律适用》2010 年 Z1 期；江国华：《常识与理性（十）：司法技术与司法政治之法理及其兼容》，载《河北法学》2011 年第 12 期。

本质上，司法改革本身就是国家政治治理的一种形式。可以说，从司法改革的目的到具体的司法改革举措的设计，司法改革都是政治权力逻辑的结果。因此，就国家权力的本源而言，司法改革应当服从/服务于政治的要求，这也具有一定的现实主义根基。

其一，从本质上看，司法改革具有浓厚的政治属性。无论中西古今，司法的存在和发展都必然受制于每个国家特定历史时期的政治体制。虽然具体的司法与政治的关系和模式存在很大差异，但司法现象都是政治现象的组成部分，司法活动作为广义上的政治活动的属性则是共通的。[①] 诚然，对于司法改革而言，其是司法改革的主持者或者决策者根据一定的规则对现有的司法体系/制度等进行的技术性革新。因此，司法改革本身具有技术或者知识的秉性，这是一种理性的自我调节的机制，因此，司法改革不能等同于政治或者权力。然而，如果将司法改革简单地等同于技术性的运作过程，更是幼稚的或者不符合现实主义的。实际上，即使当今世界进入了现代社会，也并不存在超出国家政治制度或者超越意识形态的“纯粹”的技术性司法改革。事实上，就本质上而言，司法改革是本源于政治的。首先，就司法改革的主持者或者决策者而言，其基本上都是国家权力意志的代表者或者承担者。可以说，实际上司法改革属于政治改革的一部分。如果说司法改革与政治改革存在区别的话，那只能是在改革的对象方面存在差异，前者属于对司法体制/制度等方面的革新，后者则属于对政治体制/制度等方面的革新，二者本身渗透的政治权力属性则是没有根本差别的。其次，虽然司法改革应依法进行或者应符合法治国原则，但是究其根源，法律不过是统治者的意志而已，司法改革的过程就是体现政治权力统治者意志的过程。最后，司法改

---

① 杨建军：《法治国家中司法与政治的关系定位》，载《法制与社会发展》2011 年第 5 期。

革并不是一种单纯形式性或者技术性的操作，其需要获得强制性的加持或者强力保证遵守，本身就离不开政治权力的保障作用。正是由于政治权力所提供的强力支持，才能保证司法改革的顺利进行。

其二，在司法改革的目的方面，司法改革与政治权力具有一致性。司法改革与政治权力改革的目标往往异曲同工，只是改革选择的突破口或者方向不同而已，其根本目的都是维护政治系统或者权力的有序、高效或者规范运作而已。根据美国学者戴维·伊斯顿的观点，政治系统是指“维系一个社会政治生活正常运行的有机体，由系统组织、系统成员以及组织的能力和成员的权威性影响力等要素组成”①。虽然司法体制/制度的模式并不是完整意义上的政治系统，但它却属于构成政治系统的核心组成部分之一。在尼古拉斯·卢曼看来，政治系统、法律系统与社会系统之间具有密切的联系，任何相关联系统的变化都将引起其他系统的伴随性变化。② 司法体制/制度改革的成就不仅凸显政治体制改革的进步，而且也影响着政治体制改革的整体成效。因此，司法改革根本目的还是推动政治系统的健康发展，有序、高效运转，也是其为何能够获得政治系统的支持或者保障的原因。

其三，司法改革是政治体系获得合法性及其完善的重要路径。政治体系的合法性是保持其持续获得生命力的关键。一方面，政治体系合法性的要义在于，其能够在道德上获得普遍的民众服从性，从而减少政治治理的成本。另一方面，政治体系获得的合法性路径是立法所决定的。然而，司法改革能够通过变革使这种合法性得以完

---

① 徐湘林：《从政治发展理论到政策过程理论——中国政治改革研究的中层理论建构探讨》，载《中国社会科学》2004 年第 3 期；蒋银华：《论政治体制改革背景下中国司法改革的路径选择》，载《南京社会学》2015 年第 12 期。

② 蒋银华：《论政治体制改革背景下中国司法改革的路径选择》，载《南京社会学》2015 年第 12 期。

善。在我国的司法改革中,特别是在基本权利方面,司法改革能够促进政治体系合法性的提高。具体而言,这可以通过司法改革中推动民众基本权利的完善而达到政治合法性的增强。这些权利包括公民的财产权、人身自由等社会性权利,以及控告权、申诉权、获得律师辩护的权利及为自己辩护的权利、获得法律援助的权利等诉讼程序权利。表面上这些权利的获得或者完善是发生在司法改革之中,实际上,这其实在间接上提高了政治系统的可接受性,而可接受性是政治系统合法性的重要来源之一。“运作良好的司法过程,在完成个案纠纷化解这一基本任务的同时,必然同时也直接或间接地促进着公共治理尤其是政治治理过程的理性化和结果的良善化……司法由于其规则化、理性化、个案累积性和潜隐化特点,概言之,即司法作为一种制度性、累积性、和平可控的有计划社会变迁工具,其不仅将促进政治治理过程的理性化和和平性,极大地削减政治治理的摩擦甚至对抗,而且将极大地提高政治治理的合法性和权威性。”①

其四,就政治与司法之间关系正当性最大化的角度而言,司法改革应当以政治为最大要义。司法改革的运作离不开政治权力的支撑。因此,司法改革并非与政治权力无涉;相反,政治权力对司法改革直接或者间接地发挥着作用。“但凡政治,都与国家权力有关;反过来,但凡国家权力,都是政治的;没有国家权力的政治与不含政治的国家权力同样是不可想象的。因此,司法的政治本质无可否认。”②可以说,司法改革是政治国家专门设计的,因此,其是政治权力逻辑发展的结果。在现代法治国家,司法改革不过是政治统治精英政治管理的优化措施而已。因此,政治权力对司法改革具有决定

① 申伟:《政治——社会语境中的司法》,载《理论月刊》2015 年第 1 期。

② 江国华:《常识与理性(十):司法技术与司法政治之法理及其兼容》,载《河北法学》2011 年第 12 期。

性或者主导性的作用。无论是作为组织体的法院,还是司法制度或者体制,其变革都是深嵌于政治之中的,其在很大程度上不过是政治系统自我调整的产物而已,无法脱离政治系统而独立存在。当然,司法改革应当承担其相应的政治责任,司法或者司法改革“在凸显自身特色时,必须能够维护现行的政治制度,贯彻和落实维稳的政治使命,这是司法体现其政治特色的方式之一”①。同时,司法改革的进行应当立足于政治权力允许的范围之内,必须通过规则治理的方式才能实现。否则,就会与政治国家的司法改革目的大相径庭,并且这本身也是对政治权力的一种潜隐性挑战,特别在现代国家的治理中更是如此。司法改革本身就是国家治理的一个方面,只是属于国家治理的下位概念。这是一种处理二者关系的原则。“作为一种社会结构、一种嵌入性,无论是名之‘政治正确性’还是‘统治权保持’,它们的属性和特征都相当类似,它们从根本上决定了司法制度设计及其变迁。同时,它们也是司法组织和司法制度中稳定的和深层的内涵。”②当然,这并不是说政治权力对司法改革或者司法权的运作是肆无忌惮的,其应当遵循司法改革及司法权运作的规律,以法律为媒介,以技术为手段。只有采取如此之路径,政治权力与司法改革之间的互动关系的正当性才能得到最大限度的发展。

其五,司法改革能为政治权力运作提供一种良好的压力缓解机制。司法改革在一定程度上是为政治权力的高效、有序运作而设计的。这是一种通过司法改革的方式优化政治机制运作的途径。“司法改革是法治改革的核心领域,如果司法机构能够有效运行,也就意味着依宪治国框架基本具备;如果被广泛认同的司法体制及依宪治

① 杨建军:《司法的中国特色》,载《法律科学》2013 年第 1 期。

② 王峰:《司法改革从“机制调整”到“制度设计”:一个法社会学的视角》,载《学海》2018 年第 1 期。

国得以确立,将有助于保障和推动民主及其他改革。司法作为社会的'稳定器',可以为这个急剧变动的时代提供一种缓冲机制。"①在我国目前的政治运作现状中,虽然阶级对立或者冲突基本消亡,但仍然存在人民日益增长的美好生活需要和不平衡不充分的发展之间的矛盾,以及由此衍生或者演化的各种社会乱象。对此,现有的政治机制往往不能有效地予以及时解决,因此,就产生了感觉利益受损的人士通过上访等非规范路径实现自己诉求的现象,这给现有的政治运作或者社会秩序的管理带来更大的压力,从而导致国家政治治理经费不合理的耗费。为了将人民的诉求纳入法治轨道中,我国就通过司法改革来解决这种政治问题。最为明显的例子就是将原有的立案审查制改为立案登记制。这意味着利益相关人在感觉自己利益受损而求助司法路径解决时,将不再受到法院在此方面严格审查的限制,从而为其利益诉求或者情绪宣泄获得一种法律内的解决方式。且不论立案登记制这种司法改革对法院的诉讼压力如何,在最初设计目的上,这其实就是通过司法改革解决政治问题的方式。同时,这种司法改革在现实中也确实起到了缓解政治压力以及保护民众利益诉求的功用。

其六,司法改革本身是现代国家政治治理的一种重要形式。司法改革主要是政治权力掌控者在司法权运行不畅或者不够完善时的一种司法领域的自我完善行为。借助司法改革的作用,法院或者法官获得了更高效的处理政治问题或者公共政策问题的能力。这也是20世纪晚期和21世纪前期现代国家政治治理的重要特色之一。因此,在一定程度上,政治权力是司法改革的前提性保障力量,而司法则通过变革使这种政治权力的期待予以兑现,从而实现了政治理念

---

① 徐昕:《司法改革的顶层设计及其推进策略》,载《上海大学学报》2014年第6期。

的现实化体现。因此,任何政治系统的制度化和法制化过程都不可缺少它的司法结构和功能,并且,无论从理论抑或经验上来看,结构合理、功能正常的司法还构成了制度化和法治化的主导性力量。发达国家的政治系统不仅包含着一个强而有效的司法结构,而且这个结构在它们各自的政治发展过程中都发挥着极为重要的作用"①。

其七,司法改革是政治体制改革的重要质量控制机制之一。司法改革作为改善或者优化政治体制运作的重要方式之一,并不只是在本系统内的自我改革,而是整个国家权力运作的一部分。因此,在宏观层面上,司法改革属于政治体制改革的重要组成部分。作为现代社会的一项普遍政治现象,司法改革成为政治体制改革的重要质量控制者,可以从整个系统的层面对政治体制改革予以质量控制支持。司法改革对于政治体制改革而言,最为重要的是前者为后者提供了有效的监督和惩罚机制。试想,在政治体制的改革者无须关注改革效果好坏而倾心于实验性改革的情况下,某些改革措施的出台可能缺乏理性或实证根据。如此,改革效果的好坏、改革"成本—收益"的比率以及改革的风险势必难以得到有效控制。因此,司法改革不仅承载着司法体制自身的发展,而且也是对政治体制改革一种呼应。②

其八,司法改革可以为政治体制改革提供一个把手或者突破口。这是因为,司法改革本身是规范司法权运作的改革,相较而言,司法改革比政治体制改革具有更高的稳定性,且具有更大的可以进行试错的空间。通过司法改革推动政治改革,这可以降低政治体制改革

---

① 程竹汝:《司法改革与政治发展》,中国社会科学出版社 2001 年版,第 28 页;章武生:《我国政治体制改革的最佳突破口:司法体制改革》,载《复旦学报(社会科学版)》2009 年第 1 期。

② 蒋银华:《论政治体制改革背景下中国司法改革的路径选择》,载《南京社会学》2015 年第 12 期。

的风险系数,从而为政治体制改革的调整提供更宽阔的转圜余地。“其他突破口选择与司法体制改革作为我国政治体制改革的突破口的不同点在于:前者具有试验性、风险性、改革成果的不确定性;而后者具有规律性、平稳性和结果的必然性,其收益最大,风险最小。”①

四、以政治为根据进行司法改革的限度

司法改革会从反向推动政治改革的优化或者改良。同时,政治对司法改革的居高临下的控制性作用也是非常明显的,其不仅可以控制司法改革的原则及方向,而且也可以调控司法改革的范围或者内容。然而,以政治为根据进行司法改革也不是单纯依照政治权力的要求,其应当符合基本的司法改革的规律性要求。一方面,司法改革需要符合司法权运行的规律。另一方面,司法改革也需要符合司法管理权运行的规律。可以说,司法权运作或者司法改革本身具有复杂性,其与政治权力、社会系统之间具有独立的运作边界,同时,也具有独自运作的必要性。易言之,政治介入司法改革应当符合法律或者规则治理的要求。“从司法改革在不同阶段推出的各项举措上来看,司法改革中的技术性治理,实际上一直以遵循‘司法规律’为目标,以程序性规范阻绝权力意志对司法公正的不当干扰为主要任务。司法规律的核心要义,在于审判权的独立行使;司法制度改革遵循司法规律,就在于保障审判权的独立行使、理顺并规范司法权力运行机制。这些问题无不涉及司法体制的实际运作或者说司法制度变迁的具体过程。”②具体而言,以政治为根据进行司法改革的限度主要包

---

① 章武生:《我国政治体制改革的最佳突破口:司法体制改革》,载《复旦学报(社会科学版)》2009 年第 1 期;蒋银华:《论政治体制改革背景下中国司法改革的路径选择》,载《南京社会学》2015 年第 12 期。

② 王峰:《司法改革从“机制调整”到“制度设计”:一个法社会学的视角》,载《学海》2018 年第 1 期。

括如下内容，即使在政治权力控制之下，这也是司法权力不能突破的底线。

（一）司法改革不能突破审判自主的底线

这是司法改革最为基础的要求，或者说，这是所有司法改革措施应当考虑的第一要义。这意味着无论如何应当保证法院内部审判权力的自主性。这是因为：首先，司法审判职业是一种专门的技术性活动，蕴含着法官在长时期审判中形成的职业理性，因此，有其特殊的职业运行规律。对于这些职业规律而言，就是政治性力量也不能予以干预或者影响，这也是法官审判的技艺理性的要求。所谓的技艺理性，就是“法律家经专门训练所拥有的特殊知识体系和思维方法”①。根据现代法律职业主义理念，法律职业属于一种高度专业的行业，需要具有专门法律技艺者才能为之。对于法律职业主义而言，法律技艺是指法官在将法律规则转变为裁判行为规则时，因特殊的并且被同质化的法律知识及技术能力而形成的特殊技艺理性，具有普通人难以掌握之难度。这也是法官应当独享裁判权之关键。

在著名的1607年“禁止国王听审案”中，詹姆斯一世认为法律无外乎理性，既然国王和其他人一样具有理性，那么审判之权不应被法官所独占，国王也有审判案件的理性。针对詹姆斯一世的这种说法，柯克回敬道：“确实，上帝赋予了陛下以卓越的技巧和高超的天赋；但陛下对于英格兰国土上的法律并没有研究，而涉及陛下之臣民的生命或遗产或货物或财富的案件，不应当由自然的理性，而应当依据技艺性理性和法律的判断来决定。法律是一门需要长时间地学习和实践的技艺，只有在此之后，一个人才能对它有所把握：法律就是用于审理臣民案件的金铸的标杆和标准，它保障殿下处于安全与和平之

① 孙笑侠：《程序的法理》，商务印书馆2005年版，第71页。

中：正是靠它，国王获得了完善的保护，因此，我要说，陛下应当受制于法律；而认可陛下的要求，则是叛国；对于我所说的话，布拉克顿曾经说过：国王应当不受制于任何人，但应受制于上帝和法律。”①这亦是柯克通过技艺理性而将当时的政治主宰——君主或者国王与审判权的运作予以隔离开的著名先例。

因此，即使在封建社会的帝王时期，技艺理性也是政治性权力不应无端介入司法专业领域的重要技术性根据。对于法官而言，技艺理性体现了其在诉讼中运用法律知识处理案件的技艺或者能力。这是经历不同时代或者国家的司法活动反复实践验证的结果。对于法官的裁决而言，虽然是个体法官所为，但这种司法风格以及司法技艺的养成却是法官共同体集体意识积累的结果，是教育培训、法律以及法律文化的延续，使这种技艺具有一致性。因此，如同政治领域有其特定的运行规律一样，这些法官司法技术性操作也有其特定的运行规律。如果政治性力量忽视司法运作规律的要求而强行干预，则有导致错案的风险。因此，无论政治家或者帝王在管理行政事务中具有多么高超的水平，由于司法职业及技艺理性的限制，其也不能代替法官进行裁判。

其次，这是由审判自主本身的重要性决定的。因为司法改革的最终目的是保证法官公正、中立、客观地评判案件。如果审判不能自主，上述目的也不能实现，司法改革也就失去了价值。

最后，审判权的自主行使也是保证政治权力规范运行的重要约束性力量。易言之，审判权自主行使可以保证政治权力的健康运行，这其实是与我国现代政治权力的运作目的是一致的。这是因为，在

① Steve Sheppard, *The Selected Writings and Speeches of Sir Edward Coke*, Liberty Fund, 2003, Vol. iv, p. 481. 转引自李栋：《英国普通法的“技艺理性”》，载《环球法律评论》2009 年第 2 期。

政治国家,权力无疑是意识形态中最有活力的推动国家运作的动力,然而,权力一旦被滥用就有变成暴力的风险,因此会演变为公平、民主、正义的大敌。“权力的行使,常常以无情的和不可忍受的压制为标志;在权力统治不受制约的地方,它极易造成紧张、摩擦和突变。再者,在权力可以通行无阻的社会制度中,发展趋势往往是社会上的权势者压迫或者剥夺弱者。”①特别在国家权力垄断的刑事司法程序中,存在权力滥用的巨大危险。所以应当赋予一种专门职业来中和、平衡其他权力的恶性以及暴戾。这样,通过法律确认法官的审判权的自主性,并使之在权力互动机制中承担中立者的角色,就成为人们在现代政治理论以及现实构建中的理想发明。

(二)法院的自主性、中立性也是司法改革不能突破的底线

在所有的制度性解决机制中,法院是最具有独立及中立色彩的一种。这不仅是法院本身具有的仲裁者秉性决定的,更是政治设计使然。可以说,即使是封建帝王都知道专门设计具有中立色彩的法院以解决不同利益或者政治力量冲突的重要性,这可以有效地疏通民怨,使民众的愤懑能获得到正常的宣泄途径,从而减少不同阶层的矛盾冲突导致的直接对抗。因此,法院是社会有效的减压装置。这也是不同历史时期法院的共通之处。易言之,法院在中外历史中都发挥了重要的平衡器的作用。在现代国家中,法院自主及中立不仅是一项重要法律原则,更是一项现代国家普遍遵循的政治箴言。在美国,波斯纳曾言,“在法院系统内,其是较少党派性、争论性和奢华性的”②。自主、中立是法院安身立命的根本。惟其如此,法院才有

---

① [美]E. 博登海默:《法理学:法律哲学与法律方法》,邓正来译,中国政法大学出版社 2004 年版,第 374 页。

② [美]理查德·A. 波斯纳:《法律的经济分析》(下),蒋兆康译,中国大百科全书出版社 1997 年版,第 687 页。

资格获得人民的信任。“在法院活动中,一定不能有偏见或偏好,一定不能有专断性或间歇不定。”[1]法院是政治权力规范化行使的重要标志之一,这在很大程度上意味着政治统治者或者管理者的自我觉醒,其愿意使自己的权力受到一定程度的限制,从而获得更高的社会认同或者正当性。因此,法院是一种抵制政府专横行为及保护公民权利的场所。政府虽然是保证国家有效运作的组织形式,然而,权力的行使也会带来权力的专横,政府也会获得诸多法外行事的机会,以及具有相当多的侵犯公民权利的可能,无论是出于好的动机还是坏的动机。因此,公民需要依靠法院来纠正政府及其代理人的滥用职权行为。[2] 可以说,在制度性机构中,法院是公民权利保障的最为关键的场所,也是控制政府权力滥用的中枢之地。“一个坚强的司法系统可以最大程度地减少自利集团的权力,确保对现有的偏好和现行的权力分配有一定程度的审查。”[3]法院在国家权力中自成体系,独树一帜。或者说,法院具有自己独立的法律王国,其通过法官具体影响国家权力运作及调整相应冲突的法律关系。“法院是法律帝国的首都,法官是法律帝国的王侯。”[4]对于法院而言,其最高的原则不是君主的旨意或者政治统治者的命令,而是宪法或者法律。可以说,自法院产生肇始,其就不纯粹是国家权力的护卫。即使在封建王朝时期,法院也有限制国家权力的部分职责,这是其角色要求及本质使命所在。[5] 法院是法官的组织或者机构保障,法院自主是法官自主的前

---

① [美]本杰明·卡多佐:《司法过程的性质》,苏力译,商务印书馆 1998 年版,第 106 页。

② [美]H. 特德·鲁宾:《美国法院与公众》,载《环球法律评论》1981 年第 4 期。

③ [美]埃尔斯特、[挪]斯莱格斯塔德编:《宪政与民主》,潘勤等译,三联书店 1997 年版,第 383 页。

④ [美]德沃金:《法律帝国》,李常青译,中国大百科全书出版社 1996 年版,第 361 页。

⑤ 宋远升:《法院论》,中国政法大学出版社 2016 年版,第 233 页。

提。这也是美国大法官波斯纳初任法官时,其他上诉法院的法官同事送给其一张便笺,欢迎其加入“本俱乐部”的缘由。“在这个共同体里,我们相信互不必多解释,大家都可以相互理解;我们很多事情享有共同的利益,因此,很容易地就步伐一致,对抗来自共同体之外的侵犯。”①特别是在法治尚未臻完善之时,司法裁判权不仅受到内部组织管理权的影响,而且容易受到政治压力的干预。因此,法院组织性权力就成为应对外界压力的挡风墙。这也是法院组织对外的重要作用。这主要是发挥法院行政组织与外在政治权力环境交换中的稀释、缓冲、抗压功能而实现的。因此,法院组织应当具有与外界环境进行理性交涉的能力。法院作为一种组织体,其更有能力以组织名义应对外界的压力,防止外界的组织或者个人以任何名义侵入、渗透或者影响司法裁判权的正常行使。在更高的层次上,法院不仅是一种定分止争的场所,其更是代表了一种精神性的追求及满足。这是一种阳光照耀之地及理想满足之所。因此,法院本身也就超越了权力运作本身的含义,其代表了道德正当性及阳光司法。它把司法活动的第一细节(控诉、辩论、审判、惩罚等)均诉诸民情的反应和置于众人的凝视之下,以防止司法“暗箱操作”所可能导致的司法冤情和腐败,也可能借助“民愤”的正当性处理一些通过正当程序难以解决的问题或案件。② 从反方向观之,法院的自主性或者中立性的丧失则是现代国家政治运作的大忌。如此,不仅是中央行政机关或者人员可以干涉法院的运作,而且地方行政机关或者人员也可以干预司法。这样法院就不再是公正的裁决机关,而是可能演化为政府的派出机关,从而使司法与行政可能合为一体。

---

① [英]鲍曼:《共同体》,欧阳景根译,江苏人民出版社2003年版,第11页。

② 舒国滢:《从司法的广场化到司法的剧场化——一个符号学的视角》,载《政法论坛》1999年第3期。

在政治的框架下或者在政治权力控制下进行司法改革，政治权力也应当有其边界，而不能随意介入司法权具体运作领域。其中包括应当遵守司法改革的规律或者司法本身的运作规律，不能违背司法的基本原则等。然而，这并不是说司法改革是没有边界的，特别在政治国家中，其应当与政治或者执政党的改革方向一致而不是悖反。这要求司法权或者司法者坚守自己本职角色定位，不能借助司法改革之名而干预政治，这也是司法改革的大敌。此外，在具体的司法改革设计或者操作中，司法改革设计者或者执行者应当具有一定的政治意识，尤其在原则性政治问题方面，司法改革应当谨慎而为。

五、调和我国政治与司法改革关系的路径选择

我国的司法改革是一个逐步渐进的系统工程。目前司法改革已经深入到政治体制的运作，属于司法改革的深层领域。这决定了保证司法改革与政治有效互动的重要性。因此，司法改革应当与政治体制改革协调一致运行。基于政治对司法改革的强大控制及推动作用，因此，后者需要前者强有力的支持。实际上，正是由于司法改革对利益攸关方的重大影响，因此，司法改革的阻力也可想而知。即使在政治权力的支持下的司法改革能否成功也未可知，何况政治支持力度不及的情形下。因此，实现司法改革与政治有机兼容就成为司法改革关键的政治要求及技术性要求。优化相关的政治环境也就成为司法改革的关键要素之一。同时，政治权力对司法改革的运行也应遵循特定的制度或者原则性要求，这也是政治权力不能突破的底线。这些特定的原则与制度包括审判自主制度、法院组织自主、司法职业主义等内容。易言之，司法改革应根据司法运作的本来规律行事，尽量恢复司法运作的原本面目。可以说，这是一种以专业技术的力量解构政治对司法不当影响的方式。质言之，我国目前的司法改

革应当以政治权力为前提支撑,同时,也需要兼具司法改革技术的协调配合。这也意味着政治权力及司法的技艺理性都不可或缺。因此,我国的司法改革的稳定内核是政治制度或者政治权力的相对稳定,同时通过技术性治理的升级完成对司法制度/体系的不断调适。基于此,我国政治视角下的司法改革应当确立以下基本进路。

(一)确立审判自主制度作为司法改革的核心

司法属于一项专门的法律活动,其具有技艺理性的特征,同时,毋庸讳言,司法也具有一定的政治色彩。基于我国司法具有特定的"政法体制"的特色,在化解社会矛盾等方面,法官司法过程在特定情形下容易变成政治权力的附庸,从而迷失自己的本职角色,司法技术性则很难显现。然而,就司法本身的职业特征而言,这是从根本上违背司法运作规律的。实际上,在职业的角度上,法官作为具有相应法律知识及司法技艺而专门从事诉讼职业的主体,是基于社会分工及社会需要的结果产生的。这种职业相对自我封闭的状态不仅使得司法具有同质化、专门化的特征,并且会自发地对外产生一种独立、自主的趋势和现实,这是司法职业本身的特质所决定的。在实际诉讼操作中,同样也加强了法官审判自主的角色定位。可以说,法官是专职的司法者,在诉讼中居于主导者地位。在特定的诉讼场域,只要不是因为职业行为触犯纪律或者法律,就是无可争议的主导者。审判自主性属于现代社会真正达至理性化程度的体现。如果在司法改革中不能真正解决审判自主问题,司法的权威性将会受损,整个社会对司法的信任就难以建立。实际上,法官在面对具有政治属性的案件时有两种解决路径,即司法政治化及政治司法化。所谓的司法政治化,是指以政治语言代替法律语言,以政治目标代替司法目标,以政治手段代替司法手段,以政治的形式解决司法问题的指导方针及行为。政治司法化(judicialization of polities),意指依赖法院和司法技艺来解决核心的道德困境、公共政策问题和政治争端。[①] 在涉及具有重大社会影响且附加高强度民意的案件中，政治对于司法的影响真实、具体而深刻，然而，这种影响并不是单方面的，司法亦具有使政治制度化的价值或者功用。通过司法逻辑对政治逻辑的规范作用，可以在区分政治是否正当的基础上实现对政治的制度化管理。具体而言，这需要通过对相关政治官员的司法规约/问责，使司法之目的从约束民众向约束政治权力转变，最终实现政治生活的稳定性、规范化和有序化。[②] 可以说，这是一种通过程序弱化或者隔离政治权力对司法审判直接影响的方式，从而在具体的专业审判的狭小范围内实现政治的归政治，司法的归司法。

可以说，真正对我国司法改革具有本质了解的人都会认为，审判自主属于整个司法改革的枢纽所在。因此，必须加强法官在审判中的权力自主性，这是司法改革能够获得突破的关键所在。为保障法官审判自主地位的确立，首先，应确立法官职业化制度。在目前，基于实现法官职业化、精英化之目标，在《最高人民法院关于全面深化人民法院改革的意见》中正式确立了法官员额制，即建立法官员额制，对法官在编制限额内实行员额管理，确保法官主要集中在审判一线，高素质人才能够充实到审判一线。“现阶段颇有争议的法官员额制改革，这一方案展现了鲜明的技术性治理的逻辑，即极为强调理性化的目标管理（确定的法官员额比例）和过程控制（法官、法官辅助人员及司法行政人员的职业化分工与管控）。试图从法官员额比例这一数目字的确定与管理上，强化对所谓法官职业化权力分工过程

① 扶摇：《司法治理与政治司法化——读赫希〈迈向司法治理：新宪政主义的起源与后果〉》，载《清华法治论衡》2011 年第 1 期。

② 宋远升：《自媒体介入刑事司法的限度》，载《中国社会科学评价》2016 年第 4 期。

的控制，从而使法院机构内部人员管理及审判权行使受技术化、形式化规则的约束和严格按照程序办事的规范，并意图以程序公正和效率作为司法运作的基本准则。”[①]其次，在将来的司法改革中，应当对司法责任制进行调整，以使法官可以真正无所顾忌地根据司法规律进行裁判。在最终目标或者长远规划上，应实现一般原则下的司法责任豁免制（故意滥用职权及触犯刑法的腐败行为不享受司法责任豁免权，非司法职业或者非法院管辖的行为亦不被豁免），应通过司法责任豁免等职业保障而达到司法权力/权利与司法责任之间的适当平衡。这不仅是英美法国家通行的做法，也是国际通行的司法准则之一。在近期规划方面，应确立与现行司法责任制相适应的法官薪酬保障、终身任职等职业保障制度。一项司法改革是否能够成功，关键的要件之一是看其是否符合司法基本规律或者司法原理，对于司法责任制亦不例外。司法责任制本质属于责任的一种形式，应当讲究权力责任对等或者权力责任成比例。否则，通过司法责任的强制性压力机制来实现案件质量控制的目的，终非长久之策。[②]

（二）实现法院的自主性以作为司法改革的司法组织性保障

法院本身就是现代社会最终的或者最基本的解决利益冲突的方式，这也使其成为各种权力、力量角逐之地。当然，在应然意义上，法院属于公正的裁判者，其只能居中、居上秉持法律进行裁判。然而，现实社会的复杂、权力的任性、利益的诱惑，都使法院深嵌入一种多元关系交错的名利场中。可以说，法院并不是高悬在脱离世俗的星空之上，其同样也是各种权力或者压力的受控者。这使法院成为二

---

① 王峰：《司法改革从“机制调整”到“制度设计”：一个法社会学的视角》，载《学海》2018 年第 1 期。

② 宋远升：《司法责任制的三重逻辑与核心建构要素》，载《环球法律评论》2017 年第 5 期。

元规则并存的制度设施。即在法院运作的过程中,既存在表面的法律化、程序化的解决方式,也存在内在的行政化、个性化的解决路径,从而出现应然与实然脱节的现象。美国学者 F. 李格斯在对发展中国家组织的研究中指出了这种二元性的特点,他称这种二元性组织为"棱镜型组织"。在这种组织中,公开宣布的组织规则往往只是起着掩饰的作用,实际起控制作用的规则是复杂折射的结果。他用"异质性"、"形式主义"和"重迭性"三个术语来概括这种现象,表示在组织中"极为不同的体制、习俗和观点并存",正式权力和生效权力之间、既定目标和实际行动之间存在矛盾等。① 在中国,法院运作就具有这种"表层结构和潜层结构"并存的二元性特点。法院的表层结构并非组织中唯一起作用的因素,而是还存在潜层结构。它由一套非正式的但却实际发生效力并为法院所默认的行为准则所构成,它们虽然不是被法院公开宣布有效的,但却在很多司法操作中被实际遵守。因此,法院的独立或者中立只是有限意义上的,其无时无刻地感受到政治权力、行政力量等方面的压力。

针对我国法院的现状,在党的十八大报告中,一方面,其专门提出了人财物法院系统内自主控制,即控制基层及中级人民法院命脉的人事权及财权等不再由法院所属的县或者地市政府负责,而是由省级法院成立专门组织予以负责。这样,就可以有效地防止地方政府借助人事权及财权对同级法院予以控制,避免其直接把法院变成地方政府的一个组成机关。此外,基于防止地方政府对法院系统行政干预之目的,也规定了成立最高人民法院派出巡回法庭及跨区域法院。这都起到了积极的作用。譬如,对于最高人民法院巡回法庭而言,其属于中央司法权在地方上的进一步延展。设立最高人民法

① 李格斯:《公共行政生态学》,亚洲出版社 1961 年版,第 91—92 页。转引自李金:《中国社会组织的二元性及其问题》,载《改革》1991 年第 6 期。

院巡回法庭具有多重价值导向,其中包括破除行政机关的干预或者地方保护主义,从而使最高人民法院角色归位而发挥维护法制统一和政策形成等功用。对于设立跨行政区划法院而言,这种设计针对的是我国目前司法辖区及行政辖区重合的现象,从而排除地方政府或者部门自我保护主义,防止审判权沦落为地方事权,而重归中央事权的本来属性。此外,也可以从法院地位或者角色设计方面来提高其自主性。这包括提高法院在我国政治组织中的地位,并且限制行政机关对法院承担政治任务。因为法院的职责从本质上是司法性的,如果让法院承担政治或者行政功能,这就违背了法院的本质角色或者功能。在党的十九大报告中指出了“深化司法体制综合配套改革”的基本方针,跨行政区划法院的深化改革就是其中重要内容。通过普通案件在行政区划法院审理、特殊案件在跨行政区划法院审理的诉讼管辖调整,这可以在更高程度上保障司法权不被非法干扰。这也是以审判为中心目标实现的重要技术性设计之一。党的二十大报告要求“全面准确落实司法责任制”,这沿袭了十年司法责任制改革的一贯思路,并且以此为根基予以全面准确实施。根据党的二十大报告的精神,全面准确落实司法责任制核心要旨之一就是要求法官对自己承办的案件高度负责,实行权责一体化,这其实也是对抗非法或者不当干涉司法权的重要指导性原则。

(三)法官司法职业主义属于应当坚持的技术性要求

司法职业主义,是指法官在将法律规则转变为行为规则时,因特殊的并且被同质化的法律知识及技术能力而形成的或配置的独立或自治的制度、理念和实践。其含义主要包括:法官应具有专门的司法知识或者技艺;法官与一般职业从业者具有重要不同之处,应有专门制度化的法律对其予以身份认定;司法职业主义之所以能成为一种“主义”,必须有一套体系化的理论作为保证;司法职业具有呈现自治性系统的形式，等等。[①] 因此，可以看出，首先，法官的司法职业主义与法官的司法技艺或者技艺理性有着密切的联系。易言之，确立法官的司法职业主义或者专业化建设是与司法技艺直接勾连的。“司法裁判主要是一个法律技术的运用过程，法律技术天然地具有一种与政治和社会相抵触或分离的本能。因为，为了达到依法办案的目的，就必须减少或杜绝政治、社会等非法律因素的干扰。”[②]通过司法职业主义，就可以使法官的职业活动只是与司法技术关联，从而减少政治因素对司法专业活动的置喙。因为司法权在技术意义上属于一种判断权，这需要法官独立思考、严密论证、谨慎推理作出专业性决断。如果司法被政治权力所左右，则成为法官司法裁判之大敌。特别随着市场经济发展及社会分工的深化，一方面需要高度专业化的司法技术来应对这种状况，另一方面更说明了政治介入现代司法具有容易造成司法误判的风险。这决定了法官只能根据司法规律及运用司法技艺行事，而避免不具备司法专业性的政治侵扰。其次，司法职业本性的回归与相关制度性保障措施直接勾连。[③] 司法行为毕竟固定在制度的机器中，一种运转有序的制度，要包括法官遴选、任期、薪水、惩戒制度，或者还包括英美法的遵循先例制度等，并要服从“社会生活中对秩序的基本需要”[④]。在此方面，现代国家普遍制定了相关制度性的保障措施。“为了保障一般规范被适用于具体、个别的纠纷、诉讼当事者和有利害关系的人从制度上与法官隔离开来，司法与政治的分割最为关键的还是依靠制度化区别机制来完成。这种隔离

---

① 宋远升：《法官论》，法律出版社 2012 年版，第 44—45 页。

② 胡桥：《能动司法：政治愿景与司法挑战》，载《浙江社会科学》2010 年第 10 期。

③ 宋远升：《司法论》，法律出版社 2016 年版，第 119 页。

④ [美]卡多佐：《司法过程的性质》，苏力译，商务印书馆出版社 2008 年版，第 88 页。

通过对一般国民和法官双方的社会化行为进行控制(如行贿和受贿两者的禁止)而成为可能。制裁(刑罚、罢免处分等)、职业伦理、经济和社会地位的保障(高工资和身份保障等)都是维持隔离的手段。关于最后一点,马克斯·韦伯指出:‘为了防止不当的罢免、降职和转任而给以法律保障,目的在于使法官这一特殊性质的职务不致因个人考虑而被左右。使这一职务能够以一种非人格的方式来行使’。”①

(四)政治对司法改革的影响应当体现在宏观方面

政治与司法有着密不可分之勾连,其实,即使是美国等西方国家,司法也不是完全脱离于政治之外。这在美国联邦最高法院大法官的任命中尤其明显,其具有明显的党派色彩。此外,美国最高法院的司法审查本身渗透着浓厚的政治色彩,是政治争斗或者党派利益体现的一个窗口。美国历次司法改革也都是政治推动的结果,其他西方国家莫不尽然,政治在司法改革中的作用明显。因此,脱离政治谈司法改革是幼稚的。司法技术的发展及成熟并不是说明其完全“去政治化”了,而是说明政治以一种更加高明、含蓄或者隐晦的方式对司法予以影响。我国司法运作及司法改革具有政治直接参与司法的传统。传统上,我国的司法运作或者司法改革中具有较为浓厚的政治权力因素。新中国成立之初至20世纪70年代末,党对司法工作的领导就不限于路线、方针、政策的宏观领导,而是直接具体的案件“审批”。虽然1979年宣布取消党委对普通刑事案件审判的审批制度。但实际情况是,在取消普通刑事案件审判的党委审批制度后,

---

① [日]棚濑孝雄:《纠纷的解决与审判制度》,王亚新译,中国政法大学出版社2004年版,第157页。

重大复杂案件必须向党委请示报告的制度仍然被保留下来。① 当然，这种做法在加强执政党对司法工作领导的同时，却又扩大了审判不能自主或者法院系统不能自洽等方面的风险。这种以政治方式操作司法的方式，可能阻碍司法改革或者司法本身政治功能的实现。因此，对于我国的司法改革而言，政治对司法改革的控制作用应当是宏观的，而不是具体的。同时，政治对司法改革的影响应实现立法程序的转变过程，即通过立法程序的博弈及规范，将司法改革或者司法问题转变为法律问题，从而将执政党的决策转变为法律内的司法改革议题。此外，司法改革应当在政治权力框架下运行，在执政党的总体施政方针指导下运作，这并不是说政治权力不需要加强自己的司法改革的领导水平。因为司法改革属于对司法制度、体制的科学性、技术性的变革，这也对执政党对司法改革的领导提出了技术方面的要求。“司法改革不能削弱党对司法的领导，也就是坚持党对司法机关和司法工作的领导不动摇。当然，也要改善、改进党对司法机关和司法工作的领导，不断提高党领导司法的能力，提高科学化、法治化水平。”②

---

① 刘治斌：《司法独立性与政治性关系的历史省察》，载《陕西师范大学学报》2016 年第 3 期。

② 张文显：《司法改革的政治定性》，载《法制与社会发展》2014 年第 6 期。

第二编

刑事诉讼法修法

第四章

第四次《刑事诉讼法》修改背景下我国无效辩护制度的适度引进*

根据日本学者田口守一的观点，刑事诉讼的历史就是辩护权扩充的历史。[1] 可以说，从被追诉人的自我辩护到委托辩护，再到有效辩护制度，这反映了现代社会对被追诉人权利保障深化的程度。在最初，被追诉人只是为自己辩护，在法律知识及辩护技艺普遍不足的情况下，被追诉人这种自救性的辩护到底作用如何可想而知。这是现代国家赋予被追诉人委托律师行使辩护权的原因，也意味着被追诉人可以借助法律专业人士的力量来帮助自己实现法律脱困的目的。但是，在被追诉人委托的律师法律能力或者态度不符合职业要求的情况下，这种辩护权的分裂往往只能给被追诉人带来形式上的帮助，而不是实质上的帮助，这就要求确立一种刑辩制度，在实质意义上实现对被追诉人权利的帮助，这就是有效辩护。而有效辩护效能的发挥，离不开无效辩护制度。无效辩护制度是有效辩护制度认识深化的结果。有效辩护是辩护制度的趋势或者追求，无效辩护制

---

* 本篇由宋远升和卢文平合著。

① ［日］田口守一：《刑事诉讼法》，张凌等译，中国政法大学出版社2010年版，第107页。

度则属于有效辩护制度的保障。易言之,无效辩护属于律师有效辩护不能实现时的救济。无效辩护是对公权力机关非法/不当干涉律师辩护或者辩护律师不尽职辩护的否定性评价。可以看出,无效辩护制度是从制裁或者救济的方向来保证有效辩护的实现。

什么是无效辩护,这实际上是无效辩护的标准评判问题,可以从有效辩护的角度上进行分析。无效辩护与有效辩护对应,是随着辩护权理论的不断发展和辩护权权利保障机制的日渐完善而出现的一个概念。[①] 有效辩护主要包含以下内涵:第一,国家法律对律师辩护权的明确保障。这是根本法律要件,也是有效辩护展开的逻辑前提。否则,律师的辩护可能就是师出无名。第二,辩护律师应当满足一定的资格或者能力要求。这意味着律师在辩护时并不能仅依靠激情,而应有相应的法律知识及辩护技艺作为依托。第三,辩护律师应履行刑事辩护的基本义务,这包括称职的会见、阅卷、为犯罪嫌疑人或者被告人提供法律咨询及协商、收集有利犯罪嫌疑人、被告人的证据,最大限度地了解案件事实,正确运用证据及适用法律形成有力的辩护意见。第四,辩护对案件的裁判结果有积极影响。这种影响可以是直接的,也可以是间接的。或者说可以是显性的,也可以是隐性的。

无效辩护是指在刑事诉讼中,辩护律师不尽职而使被告人丧失了获得有利裁判结果的可能。根据《布莱克法律词典》,法院在判定律师的辩护是否属于无效辩护,需要衡量以下内容:(1)律师是否具有辩护的资格及相关经验。(2)尽管律师在辩护中有不符合职业要求的行为,也需要考查这种行为是否属于重要的辩护技巧或者策略。(3)被告人是否因为律师的不尽职辩护行为导致了对其不利的裁判

---

① 林劲松:《美国无效辩护制度及其借鉴意义》,载《华东政法学院学报》2006 年第 4 期。

后果。(4)尽管律师有不称职的辩护行为,也需要考虑这是否律师可以控制的。①

一、无效辩护制度引入与否观点的冲突

无效辩护制度起源于美国,其对美国被追诉人辩护权的保障起到了一定的作用。无效辩护制度不仅可以制约非法或不当干扰辩护权正常行使的国家公权力,而且也可以制约辩护能力及执业态度不佳的律师。不过,对于该项制度能否在我国引进,我国理论界和实务界却有相对激烈的争议。第一种观点认为,从总体上讲,我国不具备引入无效辩护制度的条件,理由主要包括:(1)实行有效辩护的美国律师具有广泛的辩护权并有相应的权利保障,这是无效辩护确立的前提。而我国不具备相应的条件。同时,被告人可能会借助无效辩护来实现自己的不合理要求,从而抑制律师在刑事诉讼中的参与。在我国律师刑事辩护本来就处于困境的情况下,不宜引进无效辩护制度。(2)在我国现行诉讼模式下建立无效辩护制度的重要性并不太突出。美国实行严格的当事人主义诉讼模式,辩护律师在其中起到非常关键的作用,一旦律师不能尽职辩护,会对被告人产生严重的不利后果。在我国的职权主义刑事诉讼模式中,律师在诉讼各个阶段的辩护作用没有那么突出,因此,没有必要确立无效辩护制度。②第二种观点认为,我国有引进无效辩护制度的现实需要。其主要理由包括:(1)我国在对抗式刑事诉讼改革中,检察官的当事人化程度

---

① Bryan A. Garner, *Black's Law Dictionary* (9th Edition), West Group (2009), p. 138.

② 顾永忠、李竺娉:《论刑事辩护的有效性及其实现条件——兼议"无效辩护"在我国的引入》,载《西部法学评论》2008 年第 1 期;杜鸣晓:《无效辩护运行环境分析——兼论我国刑事诉讼辩护的有效性》,载《三峡大学学报(人文社会科学版)》2015 年第 5 期。

大大增强,法官对被告人关照能力下降,刑事诉讼程序和证据规则的复杂化使被告人自行辩护的难度加大,这就导致被告人对有效辩护的需求越来越大,同时,通过无效辩护制度对有效辩护的保障的需求大增。(2)当前刑事辩护质量呈下降趋势,被告人对律师的辩护服务不满意程度升高。这就需要通过确立无效辩护来提高律师的辩护质量。(3)来自公权力的外在阻力导致律师辩护积极性不足。这需要通过无效辩护制度来限制公权力。① 在引进无效辩护制度的观点中,有的学者主张在判处所有刑罚的案件中适用无效辩护制度,有的学者则主张仅在死刑案件中适用无效辩护制度。其主要的理由包括:(1)保障有效辩护实现的需要。如果单纯规定有效辩护的一系列标准,而没有相应制度予以保障,有效辩护也是难以奏效的。在相应的制度构建中,无效辩护制度无疑是其中关键一项。(2)辩护现状的需要。我国辩护制度运行状况堪忧,委托辩护质量不高,指定辩护在司法实践中流于形式。就目前情况看,在所有案件中借鉴无效辩护制度的时机还不成熟,而率先在死刑案件的审判过程中,将无效辩护制度应用于委托辩护与指定辩护,不仅可行,而且紧急。②

可以说,在是否引进无效辩护制度两种观点的对立中,本质上反映了对我国律师辩护现状及是否有必要改进的认识问题。不同意在我国引进无效辩护制度的观点,体现的是我国目前总体律师辩护质量还可以接受的“低需求”,而主张在我国引进无效辩护制度的观点,其主张的是一种对我国目前律师辩护质量的“高需求”。其实,无论哪种观点,都没有无可辩驳的说服力。无论是否引进无效辩护制度

---

① 吴纪奎:《对抗式刑事诉讼改革与有效辩护》,载《中国刑事法杂志》2011 年第 5 期。持有同样观点的还包括林劲松:《美国无效辩护制度及其借鉴意义》,载《华东政法学院学报》2006 年第 4 期;陈瑞华:《有效辩护问题的再思考》,载《当代法学》2017 年第 6 期。

② 申飞飞:《美国无效辩护制度及其启示》,载《环球法律评论》2011 年第 5 期。

或者如何引进，都是各种因素权衡的结果。可以说，从与我国具体法律、现实情状的契合，以及长远促进律师辩护质量发展等方面考虑，在我国引进无效辩护制度并适当改造无疑是一种更加具有比较优势的选择。实际上，在第四次《刑事诉讼法》修改前夕，有关学者已经进行了在此次修法中引进无效辩护制度的呼吁。即建议对公权力主体侵犯律师辩护设立救济机制和制裁措施。例如，对来宾中院"律师未到庭，庭审已结束"的公然剥夺律师辩护权行为设定不利程序后果。此外，对诸如"指控式辩护""配合式辩护""认罪式辩护"等违背律师职业伦理和不尽职尽责辩护行为应当建立无效辩护制度，以提升辩护律师尤其是法律援助辩护律师的辩护水平。①

二、美国无效辩护标准的演变及评价

在美国，被追诉人获得律师的帮助是一项宪法性权利。这直接规定在美国宪法第六修正案中。这为后来的律师帮助权奠定了宪法基础。这种律师帮助权发展到一定高度就是被追诉人应获得律师有效的帮助。辩护权的发展经历了享有辩护权、享有律师辩护权、享有有效辩护权三个阶段。② 在某种程度上，无效辩护成为律师辩护权发展到第三阶段的一种外在制度性体现。可以说，如果要对有效辩护实行有效的救济，无效辩护标准的确立至关重要。在无效辩护中，到底律师的辩护达到什么程度才属于无效，这属于无效辩护的标准问题。无效辩护的标准可以说是无效辩护理论最关键的问题，同时，也是最复杂的问题。对于承担无效辩护证明责任的被告人而言，这也是难度很大的技术性问题。"无效辩护的判断标准是无效辩护制度

---

① 韩旭：《第四次〈刑事诉讼法〉修改的法治现代化期待》，载《政法论丛》2024 年第 1 期。

② 陈瑞华：《刑事辩护的理念》，北京大学出版社 2017 年版，第 101 页。

的核心问题,也是这一制度中的理论难点。美国无效辩护制度的发展,主要是围绕判断标准的确立与运用展开的。”[①]在美国,法院通过一系列的判例确立了无效辩护的标准。

在美国,有效辩护制度产生于1932年的鲍威尔案(Powell v. Alabama)。在本案中,9名非洲裔美国男子由于涉嫌强奸2名白人女性被指控。在上述男子被起诉、审判的过程中,并没有律师在答辩期间为被追诉人提供帮助。在庭审时,虽说法院指定了辩护律师,但是,这种指定比较随意,辩护律师表现得很不称职,这包括没有充分准备辩护,以及在开庭前才去会见被追诉人。在本案一审中,被追诉的9名男子中有8名被判处死刑。被追诉人认为,律师辩护没有达到有效的程度,从而向亚拉巴马州最高法院上诉,在该法院维持原判后,再上诉到联邦最高法院。在联邦最高法院的终审中,法官认为原判决中律师的辩护没有达到有效辩护的程度,即在法律咨询、案件事实和证据调查,以及辩护准备方面律师辩护没有达到实质上帮助被追诉人的程度。法官据此撤销了原判决。在该案中,联邦最高法院的判决确立了无效辩护属于违反法律正当程序的实践及理念。不过,在该联邦最高法院判决中,并未指明有效辩护中的“有效”具体标准到底为何。因此,在司法实践中,对于判断到底刑辩律师辩护是否“有效”,法官通常需要借助自由裁量权进行衡量。

在1945年哥伦比亚特区巡回上诉法院审理的Diggs v. Welch案中,确立了“荒诞剧和闹剧”(farce and mockery test)标准。在该法院的认定中,如果在刑事诉讼中,律师的辩护让法院的审判成为荒诞剧和闹剧,成为“毫无效果的代理”,使法官良心震撼,这就构成对法律正当程序的违反,就属于无效辩护。该判例初步确立了无效辩护的

① 林劲松:《美国无效辩护制度及其借鉴意义》,载《华东政法学院学报》2006年第4期。

标准。可以说,该无效辩护的标准主要是指向法官的审判公正性,而并非侧重于律师执业的无能行为。

可以看出,该“荒诞剧和闹剧标准”过于严格,对被告人的举证显然难度很大。这也是在 1970 年麦克曼诉理查森案中美国联邦最高法院确立无效辩护“合理胜任”标准(reasonable competence test)的原因。“合理胜任”标准也称为“合理且有效的辩护”标准,指死刑案件中应当能够合理地期待律师将提供并且已经提供了合理且有效的辩护。这一标准在刚建立时要求律师的辩护应当符合“通常的合格标准”、“约定俗成的辩护技巧”或“合理称职的勤勉注意”,后来发展成为应当符合美国律师协会制定的死刑案件辩护标准。“合理性”标准的进步在于它将抽象的“庭审闹剧化”具体转化为“影响判决可靠性”。[①] 相较而言,在保障被告人的无效辩护申请权方面,“合理胜任”标准比“荒诞剧和闹剧”标准有了一定的进步。但是,对于什么是“合理胜任”,该标准并不明确,不同司法区域有不同理解,有的认为必须达到“当时当地通行的标准”,有的认为必须达到“一个合格辩护人提供的辩护”等。[②] 可以看出,到底什么情况下属于“合理”,什么情况下属于不“合理”,本身就比较模糊,在可操作性方面比较差。这也是“合理胜任”标准被诟病之处。

在 1984 年斯特里克兰(Strickland)案中,联邦最高法院确立了衡量无效辩护的双重检验标准。在本案中,一名叫华盛顿的男子涉嫌一系列犯罪被逮捕,其中有谋杀、虐待和绑架等犯罪。在本案的追诉和审判中,华盛顿不接受其律师威廉的建议,主动承认了另外两件犯

---

① 吴宏耀、周媛媛:《美国死刑案件的无效辩护标准》,中国政法大学出版社 2014 年版,第 35 页。

② 吴宏耀、周媛媛:《美国死刑案件的无效辩护标准》,中国政法大学出版社 2014 年版,第 61 页。

罪,同意放弃陪审团审判,对被指控的犯罪做有罪答辩,拒绝陪审团量刑程序。威廉律师在本案的代理中,没有成功准备量刑听证,没有建议对华盛顿进行精神病鉴定,没有申请品格证人出庭以证明华盛顿的品格问题,没有获取宣判前的调查报告,没有在法官量刑时提出有参考价值的辩护意见,没有进行医学检验,也没有让医学专家进行交叉询问。根据这些理由,华盛顿在一审被判处死刑后向法院提出律师无效辩护的申请。华盛顿在联邦地区法院的申请被驳回。上诉到联邦上诉法院后,联邦上诉法院支持了华盛顿的主张。在后面进行的诉讼程序中,第十一巡回法院以及美国联邦最高法院支持了华盛顿的申请。联邦最高法院认为,"要判断辩护的有效性,应看辩护律师的错误是否严重到已经损害了对被告人进行审判的公正性,以至于难以依赖该审判获得一个公正的结果"①。这也即无效辩护的双重检验标准。根据该标准,只有同时符合以下两个条件才属于无效辩护。这包括:第一,缺陷标准。即律师辩护时存在行为缺陷。这种缺陷低于"合理的客观标准",程度严重而未能发挥第六宪法修正案保障的律师辩护功能,对对抗制诉讼造成破坏。第二,不利后果标准。即由于律师的辩护中的缺陷行为而给被追诉人带来不利或者损害。这意味着,在被告人主张律师构成无效辩护时,应当证明律师不仅在辩护中有缺陷行为,而且这种缺陷行为需要达到导致被告人不利判决结果的程度,才能满足无效辩护的要求。即律师的不称职行为和案件对被告人的不利判决结果有因果关系。自此,无效辩护的双重检验标准就成为美国法院处理此类案件的通用标准。可以看出,无效辩护的双重检验标准并不仅是只强调被告人的权利,同时,也兼顾了辩护律师的职业利益,实现了严格性与灵活性的有机结合。

---

① 丁宇魁:《斯特里克兰案:无效辩护标准的确立与争议》,载《中国案例法评论》2017 年第 2 期。

相对而言,这也是一种能够衡平辩护律师与被告人权利的无效辩护标准。当然,这并不是说所有涉及无效辩护的案件都适用双重检验标准。在特定情况下此标准也不适用。在 Strickland 案件确立无效辩护的标准后,美国在司法实践中关于无效辩护标准的认定也出现了一些例外。这些例外的判例一般是律师的行为非常明显地造成了被指控人获得辩护权利遭到根本性的破坏,因此,被指控人不需要证明偏见的存在,而只要证明律师辩护行为的严重性根本上侵犯了其宪法上的权利,就可以推定律师的辩护无效。比如律师在法庭上睡觉、辩护律师的不适格、双重代理造成的利益冲突,以及因外部因素造成辩护律师不能进行有效辩护的,只要辩护律师在辩护过程中存在上述行为,就可以认定该行为影响了法院的公正审判,推定辩护律师的辩护行为无效。①

可以说,无效辩护的"缺陷 + 后果"的双重检验标准在很大程度上实现了美国法院对无效辩护标准的统一适用。不过,在具体案件中仍涉及审查方法问题。对此,法官一般会采用"逐案审查"与"清单审查"两种方式。前者只是根据个案进行判断,而不考虑辩护的一般要求与最低标准。后者不考虑个案,如果律师不符合清单中的具体要求,就认为有缺陷。联邦最高法院最近数年的判例(2000 年威廉姆斯案、2003 年维金斯案、2005 年罗姆佩拉案等)表明了两个趋势:更加注重对律师职责的调查和高度尊重并运用美国律师协会制定的行为准则和责任标准。②

总体而言,美国无效辩护从鲍威尔案发轫,在 Diggs v. Welch 案

---

① 李本森:《美国刑事无效辩护制度及其对我国的借鉴》,载《北方法学》2016 年第 6 期。

② 吴宏耀、周媛媛:《美国死刑案件的无效辩护标准》,中国政法大学出版社 2014 年版,第 110—114 页。

正式确立无效辩护"荒诞剧和闹剧"标准,然后经历了麦克曼诉理查森案的无效辩护"合理胜任"标准,最终在斯特里克兰案中确立了美国法院普遍适用的无效辩护的双重检验标准。在其中就可以看出美国无效辩护标准确立过程中的纠结及努力,其特征主要包括:(1)美国无效辩护标准经历了从模糊到相对清晰,从可操作性差到可操作性强的过程。譬如,"荒诞剧和闹剧"的无效辩护标准就很难把握及实际操作,而在无效辩护的双重检验标准中,法官在具体审查中,采取了"逐案审查"与"清单审查"两种方式,可操作性就有比较大的提升。(2)无效辩护标准经历了从片面限制某一方发展到兼顾各方利益的过程。譬如,在 Diggs v. Welch 案的"荒诞剧和闹剧"无效辩护标准中,就主要限制的是法院或者法官的权力,这无疑并未全面把握无效辩护制度确立的宗旨。而在无效辩护的双重检验标准中,不仅限制公权力对律师辩护的非法或者不当干预,更是兼顾了被告人及辩护律师的各方利益,这无疑能更好地促进刑事辩护事业的发展,从宏观方面考虑,更能从整体意义上保护被告人的权利。

三、无效辩护的基础性支撑原理

(一)权力制衡

国家权力的存在就意味着人自身的不完善性质。汉密尔顿曾指出,政府存在本身就是人性的最大耻辱。① 人是不完善的,而国家权力是有限的而不是无限的,不但权力的范围是有限的,而且行使权力也要受到严格的制约。这种观念在西方政治文明中不但历史悠久而且根深蒂固。汉密尔顿在表达需要政府有能力管理被统治者并管理其自身的同时,也指出,需要由人民对政府加以控制,为控制政府需

① [美]亚历山大·汉密尔顿等:《联邦党人文集》,程逢如等译,商务印书馆 1980 年版,第 264 页。

要建立辅助性的预防措施。人们认为,这样做的意义是显而易见的,“自由社会同警察国家之间的基本区别之一是,在自由社会里,对政府官员,特别是执法官员履行其职责的方式有着有效的约束。”①

权力既给人类带来过福利,也造成过灾难,以保障人权为核心的权利制度和以拘束权力为核心的权力制度是法治的两大支撑制度。②权力应当要受到监督,以强大国家为后盾的政府权力更不例外。为有效防止和遏制权力的滥用和异化,不仅需要以公民权利来监督制约政府权力,更需要在权力之间“以权制权”。通过权力监督政府权力,属于国家管理成本的正常支出部分,并且,权力之间的监督比较系统化、制度化、规范化,属于常设性机制,在同等条件下能够起到更好的效果。正如孟德斯鸠所言,权力制约的最佳方式就是用权力来限制权力。③

在无效辩护中,权力制衡主要是指在无效辩护适用中由于程序的制裁作用而对公权力的限制、约束效果。在无效辩护制度适用中,在法院等公权力非法或者不当干涉律师辩护权正常行使时,如果该干涉造成了律师辩护功能的显著削弱,并造成对被告人的不利审判后果,那么,被告人就可以启动无效辩护之诉,要求对其不利的审判结果进行审理,法院据此审查无效辩护是否成立,在达到无效辩护标准的情况下,法院应当撤销对被告人的不利判决。这其实不仅是对法院等公权力非法或者不当干涉辩护权的一种威慑,而且也是一种对上述公权力的一种现实制约,这可以有效地通过权力制衡而最终让被告人获益。

---

① [美]詹姆斯 · M. 伯恩斯等:《民治政府》,陆震纶等译,中国社会科学出版社1996 年版,第 232 页。

② 齐延平:《人权与法治》,山东人民出版社 2003 年版,第 220 页。

③ [法]孟德斯鸠:《论法的精神》(上),张雁深译,商务印书馆 1963 年版,第154 页。

（二）实质正义

在无效辩护适用中，实质正义是指被告人不仅需要在程序上获得法律规定的形式上的辩护权保障，而且在实质上可以通过律师辩护获得有利于自己的裁判结果。律师应当是程序正义及实质正义的保卫者。虽然人们可能对律师有种种不利之腹诽，然而，如果没有律师职业存在，特别在刑事司法中国家权力"一权独大"的情状下，被告人之权利处境应当会变得更糟。辛普森谋杀案的辩护律师小约翰尼·L. 库克兰曾经慷慨激昂地发表过一段言语："监督警察和政府，为被控告者大声疾呼，为公正而战，抵抗不公正，这是刑事辩护律师的职责。我们是真正的倡导者和真正的笃信者——信仰禁止警察肆意踏入我们的生活及住宅的司法制度……在我健康的有生之年，我必须越过职业生涯的山脉，与人们仇视及恼怒的风雨相伴。作为代表被控有罪当事人的一名律师，我对我的当事人的职责不允许我态度暧昧，寻求风平浪静以躲避风雨。相反，我们跨入战壕，高昂着头，代表我们的当事人为公正、人性及基本人权而战，直至正义得到伸张。只有到此时，我们的辩护才会最后告终。"①可以说，律师作为刑事司法中人权最为重要的保护神，失去律师有效帮助有直接将被告人推向冤狱之可能。

诚然，面临刑事指控不利处境的被追诉人获得律师帮助至关重要。但是，随着对律师辩护权认识的加深，人们意识到这种辩护权不仅只是形式意义上的，不仅只是为了满足法律要求而敷衍了事的律师帮助权，而是在实质意义上能对被追人摆脱不利法律处境真正起作用的帮助权，这就是实质正义要求。无效辩护制度本身就是实质正义的现实体现。根据实质正义要求，被追诉人不仅有权获得律师

---

① ［美］小约翰尼·L. 库克兰：《你怎能为那些人辩护呢?》，载江礼华、杨诚主编：《美国刑事诉讼中的辩护》，法律出版社 2001 年版，第 31 页。

的辩护帮助,而且有权获得实质正义层面上的有效帮助;否则,就需要通过无效辩护制度的制裁或者救济来实现这种实质正义。诚然,法律规定了被追诉人可以享有辩护权,但是,这种辩护权受制于多种因素。在自我辩护方面,受制于被追诉人个人的法律知识或者辩护技艺,或者受制于被追诉人被羁押的现实。在获得律师辩护权方面,会受到公权力非法或者不当干预,以及辩护律师的职业能力或者职业态度的影响,这就导致被追诉人获得律师辩护权的帮助在行使中可能会流于形式。无效辩护制度则可以提升被追诉人的辩护权的保障水平,从而从形式正义向实质正义过渡,而这也是对被追诉人权利保护的一项趋势。

(三)控辩平衡

控辩平衡是现代刑事诉讼最为重要的技术设计之一,其价值在于维持了控辩双方之间相对均衡的程序对抗框架而使二者各自有相应的伸展或者发挥空间。对于控方而言,其不至于因权力本性而过于强调追诉导致迷失其作为国家权力正当性代表的角色,这往往是导致冤错案的根源,也是国家公权力机关公信力或者权威流失的重要途径。对于辩方而言,控辩平衡意味着其宪法位阶的权利能够具体化,也使个人权利能够在程序意义上与国家权力形成对抗,而不至于成为国家权力控制下的无所作为者。在另一角度,这也能够积极地促使国家权力回归本位。就本质意义上而言,控辩平衡是控诉机关与被告人/犯罪嫌疑人双方的利益所在。因此,在刑事诉讼中相关的制度、原则、规则应当围绕控辩平衡建构而不是相反。易言之,控辩平衡原理的代入及验证是检验一项刑事诉讼制度、原则或规则的重要基准。[①] 可以说,现代刑事诉讼就是围绕审判中心主义及控辩平

---

① 宋远升:《非法证据排除规则的虚化与实化——以法律实用主义为指导的证据排除规则的出路》,载《证据科学》2017 年第 1 期。

衡的主线或者中轴来建构的，这也说明了控辩平衡符合基本诉讼规律。应当说，基于控辩双方在权力基础、人员、装备等方面的差异，这种平衡往往只是形式上的，实质上个人是很难与国家权力巨灵相抗衡的。这也决定了制定一系列的制度或者措施保证这种平衡的必要性。无效辩护制度无疑就是其中重要的一种。

在无效辩护的适用中，无论是律师职业能力不足，还是国家公权力的非法或不当干涉导致的无效辩护，都会造成辩护质量低下，这也意味着辩护权作用的削弱，其产生的危害都会传导给被告人，不利法律后果最终也将归于被告人。这样，本来就在刑事诉讼中处于弱势的被告人，其辩护及抗衡的力量将会受到进一步的削弱。在控辩对立这一天平上，一方的削弱本身就意味着另外一方力量的增强，从而会导致国家专门设计的控辩合理对抗机制失灵，使制度设计中的控辩平衡状态失衡，这都是相关制度设计者不愿意看到的现象。实际上，在美国，即使律师的辩护可能比较出色，但是，只要没能实现控辩平衡的诉讼架构，仍然可能被法院认定构成无效辩护。这一点可以从另外一方面得到证明。在美国无效辩护中，如果侦控机关对辩护律师的非法或不当干涉达到导致控辩失衡的程度，也是构成无效辩护的法定要件，这也说明了律师的辩护质量低下并不是构成无效辩护的所有要件，是否实现控辩平衡的要求也是无效辩护的关键参考要件。

四、无效辩护制度确立的背景及必要性

（一）我国引进无效辩护制度的背景

无效辩护制度从美国开始发轫，慢慢在英美法系的英国及加拿大等国开枝散叶。尽管欧陆法系国家与英美法系国家的刑事诉讼制度及诉讼模式并不一致，但是，无效辩护制度却并不只是适用于英美

法系国家中，基于其在权力制衡及对被告人保护的实质正义方面的价值，大陆法系的一些代表国家也借鉴了无效辩护制度。譬如，在德国《刑事诉讼法》中就有无效辩护制度。在导致原判决“自动撤销”的“致命错误”的种类中，有关于无效辩护的内容，其中包括强制辩护案件中的辩护律师没有出庭以及“法庭的决定是非法的并且明显限制了辩方权利”两种情况。① 因此，这说明无效辩护制度具有一定的普适性，不仅适用于英美法系国家，在大陆法系国家中也并未出现明显的“水土不服”现象。而我国刑事诉讼制度具有浓厚的欧陆法系国家刑事诉讼制度的特色，因此，在我国引进该项制度至少有相应的国家前例可鉴。

实际上，在我国，虽然并未对无效辩护制度进行立法，无效辩护却并非在司法判例中完全处于空白状态。在2012年4月5日北京某中级人民法院审理的被告人谢某强奸、抢劫案以及被告人李某故意伤害案中，二审法院就以无效辩护为理由撤销了下级法院的裁判。对这两起可能判处死刑的案件，当地法律援助中心指派某律师事务所周姓律师担任谢某案件的指定辩护人，指派该周姓律师与其助理陈律师担任李某案件的指定辩护人。但是，两位律师在上述两起案件的审理过程中，没有按照规定在开庭前会见被告人，“一方面致使该两起可能判处死刑案件被告人的合法权益，特别是辩护权，没有得到充分保障，导致律师的辩护工作流于形式，可能影响案件的公正审判”；另一方面，“律师接受法律援助中心指派后，未在开庭前征得被告人同意认可其担任指定辩护人，致使律师此后进行的一切辩护工作及其参与的审判工作，均归于无效，严重地浪费了司法资源”。据此，北京某中级人民法院提出司法建议书，建议相关部门采取措施，

---

① ［德］托马斯·魏根特：《德国刑事诉讼程序》，岳礼玲、温小洁译，中国政法大学出版社2004年版，第225页。

进一步加强对律师刑事辩护执业行为的监督规范。应当说,这一案例开创了两个先例:一是二审法院将律师无效辩护视为一审活动“违反法定诉讼程序、影响公正审判”的重要情形,并将案件撤销原判、发回重新审判;二是一审法院以律师辩护存在重大瑕疵为由,向司法行政机关和法律援助中心发出司法建议书,要求调查处理律师怠于履行辩护职责的情况,并加强对法律援助律师的管理工作。前者意味着无效辩护开始成为我国法院撤销下级法院裁判的理由,后者则标志着法院开始将有效辩护的理念作为加强律师管理的依据,并将无效辩护作为惩戒违规律师的重要事由。① 可以说,欧陆法系的德国等国在比较法视野中为我国引进无效辩护制度提供了有益的借鉴,而北京某中级人民法院审理的被告人谢某强奸、抢劫案以及被告人李某故意伤害案中的无效辩护认定为我国确立无效辩护制度提供了现实的司法判例基础,这都属于我国确立无效辩护制度的重要背景因素。

(二)无效辩护制度确立的必要性

1. 立法引进无效辩护制度是促进我国律师提高辩护质量的需要。尽管我国律师通过了律师资格考试和法律职业资格考试,并获得了律师执业资格,但是,在比较复杂的刑事案件的辩护中,就可以看出很多律师实际上并不具备充分保障被追诉人权利的能力。律师辩护水平同样存在二八定律,实际上,在复杂刑事案件中,刑辩律师中能够充分保障被追诉人权利的估计都达不到20%的比例。根据一项关于当前中国刑事辩护总体质量的实证调研,认为辩护总体质量“很好”的仅占6.30%,认为“一般”的占到69.40%,认为“差”的占到20.90%,认为“很差”的占到3.40%(见图4.1)。

---

① 参见陈瑞华:《有效辩护问题的再思考》,载《当代法学》2017年第6期。

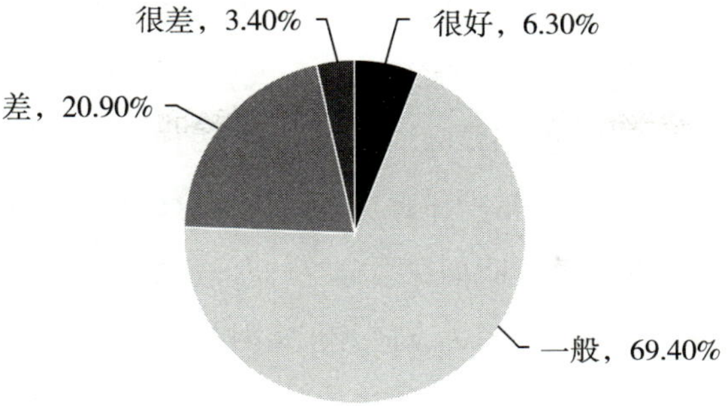

图 4.1　辩护质量总体调查报告——以 2278 位警察、检察官、法官、律师和社会民众为调查对象

资料来源：冀祥德等：《建立中国刑事辩护准入制度理论与实证研究》，中国社会科学出版社 2010 年版，第 273 页。

在委托律师辩护的被告人为调查对象的调研中，律师辩护质量也很不乐观。对律师辩护质量满意的被告人仅占比 15.2%。基本满意的占比为 24.7%。感觉一般的占比为 39.2%。不满意的占比为 20.9%（见图 4.2）。

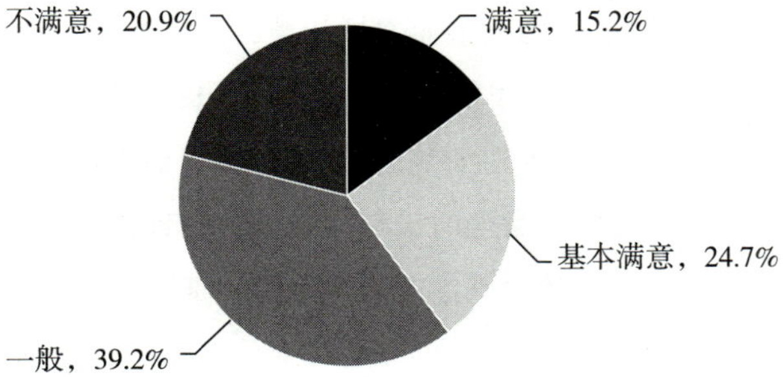

图 4.2　辩护质量调查报告——以 266 个委托辩护的被告为调查对象

可以看出，总体上参与调研的社会各类相关人群对律师辩护质量满意度不高。接受调研的群体具有广泛的代表性，不仅有一般群众,也有直接和刑事案件有联系的警察、检察官、法官,甚至还有律师。关键的是直接接受刑辩服务的被告人也对律师刑辩质量评价总体负面。这更说明了我国律师刑辩质量不高的现实。

在我国还存在一些辩护律师比较严重的怠职现象。就现有的辩护现状看,有一种现象是我们深恶痛绝的,即辩护人在有能力履行辩护职责的情况下,而不与控诉方展开积极对抗,只是简单地履行庭审程序。这无疑会导致庭审成为简单的"生产流水线"。这一问题不仅在我国的委托辩护中存在,也在指定辩护中存在。[①] 应当承认,近些年刑辩律师辩护质量相对不高有其自身执业能力及辩护态度方面的问题。这包括刑辩律师接受委托后没有认真研究案卷,没有尽职收集对被告人有利的证据,没有在认罪认罚中合理利用辩护技巧反而实际上让被告人利益受损(在认罪认罚案件中,辩护律师应当根据控诉方实际掌握的证据,结合事实及法律,对法官判决的最终走向进行预判,从而在是否接受及如何接受公诉方的认罪认罚条款中给被告人以合理的建议。实际上,有相当一部分律师不会在这方面提出有效的建议。他们可能会图省事而匆忙让被告人认罪,而忽视了可能判处更轻刑罚或者无罪的可能性),在开庭质证时律师可能对专业性问题不懂而忽视了对关键性细节的质证,律师应当申请证人或者鉴定人到场而没有申请,在量刑时没有抓住法律及证据要点而不能进行有效的量刑辩护,等等。其中既有律师辩护能力或者经验不足的问题,也有律师本身的职业态度问题,从而让律师的辩护形同虚设,辩护在很多时候沦为了表演或者走过场。

确立无效辩护制度能对辩护律师产生压力,这可以提升辩护律师的责任感,客观上能够提高律师的辩护质量。因此,在我国确立无

---

① 申飞飞:《美国无效辩护制度及其启示》,载《环球法律评论》2011 年第 5 期。

效辩护制度,让其作为有效辩护的救济机制,通过相关制裁性的措施,让辩护律师的职业声誉或者职业利益与其辩护质量挂钩,因为声名不佳的律师更难在将来的辩护市场中获益,这可以有效地提高辩护律师的职业水平,这对保护被告人法益的价值是显而易见的。

2. 确立无效辩护制度是适应我国刑事诉讼程序复杂性及技术性逐渐提高的需要。随着我国刑事诉讼制度对被告人权利保障逐渐加强,我国刑事诉讼相关立法逐渐繁多,程序规则及证据规则也逐渐复杂,特别在一些技术性含量高的科学证据、电子证据等证据的质证方面,要求辩护律师具有更高的专业水平。而我国刑事诉讼模式逐渐从职权主义向当事人主义诉讼模式过渡,法官中立性增强,主动调查的职能相对弱化,同时,我国控辩对抗的程度也更强,这更加需要通过律师的专业辩护能力来帮助切实实现被告人的权利保护。尽管刑事诉讼法中明确规定了被追诉人的自我辩护权,但是,对于技术性要求高的刑事辩护而言,即使是专业律师都力有不逮,何况普遍缺乏法律知识及辩护能力的被追诉人?法律复杂性及辩护技术的高要求让被追诉人的自行辩护权在很大程度上形同虚设。这也是要求辩护律师增加高质量辩护法律服务供给的重要原因之一。易言之,这也是在我国确立无效辩护制度的重要根据之一。

3. 公检法机关对律师辩护的非法或者不当干涉使有必要确立无效辩护制度来实现对公权力的制约。在我国,尽管在《刑事诉讼法》《律师法》中确立了律师在刑事诉讼中的法律地位,但实际上,律师在刑辩职业活动中长期处于和公检法机关对峙的不利境地。这主要体现为律师执业活动中的"旧三难",即会见难、阅卷难、调查取证难,以及"新三难",即发问难、质证难、辩论难。还有"不老不新又三难",即知情难、申请难、申诉难。这些辩护困难贯穿于律师执业的全过程之中,成为律师在刑事辩护中面临的现实障碍。相应地,公检法机关还普遍地沉浸在旧式的职权主义思想中,秉持和律师争胜及将律师作为对手的斗争思维。表面上这是对律师执业活动的限制,实际上最终损害的是被告人的权利。此外,在指定辩护中,最近几年还出现了“占坑式辩护”的个别现象,这是指在刑事诉讼中,有关机关强行指派法律援助律师,基于刑诉法规定的被追诉人可以委托两名辩护人的要求,从而占用了法定的辩护律师的名额,导致被追诉人一方不能委托自己信任的律师。这种我国有关司法机关强行为被告人指定法律援助律师的占坑式辩护,会导致一系列问题。因此,基于我国公检法机关对律师辩护的非法或者不当干涉,有必要确立无效辩护制度,根据被告人一方无效辩护的诉求,最终在符合条件下确定这种辩护无效,从而给予有关机关以程序性制裁,让辩护真正对被告人产生正向效果。

五、我国无效辩护制度的建构

对于犯罪嫌疑人或者被告人而言,虽说获得律师的辩护帮助非常关键,但更关键的是获得律师辩护的实质帮助。否则,即使犯罪嫌疑人或者被告人获得了律师形式上的帮助,表面上其权利保障好像也得到了满足,实际上可能却起不到作用。这也是我国确立无效辩护制度的真正原因,这其实也印证了从犯罪嫌疑人、被告人的形式上权利的保障向着实质上权利保障的发展。无效辩护是有效辩护的救济机制,其以权力制衡、实质正义及控辩平衡的原理作为支撑,在理论价值方面具有优势。在现实意义上,自无效辩护制度确立以来,其通过对公权力的制衡及对律师的否定性评价,从而提升了律师辩护质量以及真正保障了被追诉人的法益。从无效辩护制度的引进背景及必要性等方面考虑,在我国立法中应当适度改进并确立无效辩护制度。具体而言,我国如果在刑事诉讼中确立无效辩护制度,应当是在借鉴无效辩护制度适用进步国家经验的基础上,结合我国具体的法律及现实情状,根据利益权衡原则进行适当取舍,确立一种具有实用主义价值的无效辩护制度。

（一）我国无效辩护制度构建的具体框架及内容

1.无效辩护制度适用的案件范围。对于我国的无效辩护制度,其具有在刑事诉讼修法时确立的必要性及可行性。但是,到底在何种案件范围中确立无效辩护制度,则是值得商榷之处。在英美法系确立无效辩护制度的美国,在各种刑罚的案件中都适用这项制度。对于在我国适用无效辩护制度的案件类型,国内学者主要分为两种观点,一种是在全部刑事案件中确立无效辩护制度,另一种是只在可能判处死刑的案件中确立无效辩护制度。可以说,我国无效辩护制度的确立应逐步、适当推进。这也是逐渐验证这种制度在我国现实中的耐受性或者适应性的要求。作为综合考量的结果,应当在可能判处10年以上刑罚案件中确立无效辩护制度。一方面,采取这种做法是因为可能判处10年以上刑罚的案件涉及对被告人权利更大的影响,一旦酿成错案,也会在社会上产生更大的冲击。另一方面,这样可以防止骤然在全部案件中适用无效辩护制度带来的不利冲击。如果无效辩护制度适应性很好,在条件具备的情况下,再逐步在所有的刑事案件中适用无效辩护制度。实际上,一开始美国也并不是在所有的案件中实行无效辩护制度,而是从重罪案件开始,逐渐向轻罪案件过渡。至于我国为何不能仅在可能判处死刑案件中确立无效辩护制度,这是因为,在我国每年发生的数量庞大的刑事案件中,死刑案件毕竟数量有限,只是在死刑案件中确立无效辩护制度,对整个刑辩律师群体的辩护质量提升作用相对有限。实际上,有相当数量的律师在整个职业生涯中可能都没有代理过可能判处死刑的刑事案件。同时,由于可能判处死刑案件的重大影响,各级法院法官在审理时会更加慎重,即使律师辩护质量不佳,被告人权利受到不利影响的概率也要低很多。因此,并不能把可能判处死刑案件作为适用无效辩护制度的唯一案件类型。

2. 无效辩护制度适用的刑事诉讼阶段。在美国,无效辩护制度适用于刑事诉讼各个阶段,从审前程序到审判程序都适用。有国内学者认为如果我国引进无效辩护制度,只能适用于审判阶段。这种观点显然值得商榷。这是因为,在2012年我国《刑事诉讼法》修改后,虽然律师辩护权延伸到侦查阶段,但是,在审前阶段,律师辩护权在侦控机关权力夹缝中并未得到充分发挥。这都需要通过无效辩护制度来实现对侦控机关非法或者不当干涉律师辩护的威慑或者制裁。同时,我国认罪认罚制度确立后,审判中心主义在很大程度上成为检察中心主义,这导致律师辩护的很大一部分战场转移到审前阶段,因此,审前阶段也需要无效辩护的适用来实现控辩双方的相对平衡。这些都是我国确立整个诉讼阶段适用无效辩护制度的重要衡量因素。

3. 无效辩护制度的类型。在美国,一般存在三种情形的无效辩护。一是由于政府或者法院的非法干涉导致的无效辩护。二是由于律师的不称职导致的无效辩护。三是由于律师履职过程中的利益冲突导致的无效辩护。借鉴美国的相关先进经验,在我国,也应对无效辩护的类型进行分类列举。具体而言,可以包括:(1)辩护律师严重违反勤勉规则,直接影响了被告人正当辩护权利的有效实现。(2)辩护律师严重违反对当事人忠诚的基本规则,帮助或协助控方对被指控人进行指控或者帮助其他同案的被指控人进行辩护。(3)辩护律师与本案存在重大的利害关系或有重大的利益冲突,辩护律师没有回避而继续辩护。(4)辩护律师因辩护策略上的重大失误,造成对被指控人明显的不利后果。(5)辩护律师违反法律的限制性规定的不适格辩护。① (6)律师辩护受到公权力非法或者不当干预未能尽职辩护且造成不利后果。(7)律师在辩护中未能履行法定职责而造成对被告人不利后果的其他情形。

4. 无效辩护的提出阶段。以美国为例,虽然被告人既可以直接在上诉程序中,也可以在定罪后的附随程序中提出无效辩护请求,但由于种种原因,无效辩护请求难以成立。在定罪后的附随程序中,虽然可以进行广泛的调查,也可以补充审判记录,但由于附随程序的启动通常距原审时间长,当事人多已经没有再提起无效辩护请求的动力,即使提出,由于附随程序当事人没有获得法律援助律师的权利,在无律师帮助的情况下,他很难达到无效辩护的两个判断标准,即使他自己有能力聘请律师,但由于距离原审时间久远,很多证据都已经灭失,即使是律师,也很难找出证据来证明原审辩护属于无效辩护。②参考美国的相关经验或者教训,在我国,无效辩护应当在一审结束后的上诉程序中提出。在程序上,无效辩护的提出原则上应当向上诉审法院提出,并由上诉审法院裁决,因为被指控人是希望通过无效辩护的提出而改变审判的结果。审判结果的改变一般是通过上级法院解决的。同时,由于辩护的无效意味着要撤销原审的判决,这实际上存在与原审法院审判利益上的冲突。③ 如果还是由原审法院审理,这就可能由于利益冲突而影响对无效辩护的审理结果。

5. 无效辩护的标准。一般而言,无效辩护的标准包括以下两个方面:第一,律师在辩护过程中由于故意或者过失而导致重大过错或者瑕疵。第二,法院基于律师辩护的重大过错或者瑕疵而作出对被

① 李本森:《美国刑事无效辩护制度及其对我国的借鉴》,载《北方法学》2016 年第 6 期。

② 杨杰辉:《无效辩护制度的正当性与建构》,载《时代法学》2019 年第 5 期。

③ 李本森:《美国刑事无效辩护制度及其对我国的借鉴》,载《北方法学》2016 年第 6 期。

追诉人不利的判决,如果律师尽职尽责,这种不利判决本来是可以避免的。第三,在被告人获得不利判决结果和律师的不尽职尽责之间有直接的因果关系。①

但是,基于精确地判断无效辩护标准的需要,在立法中应当进行细化。如果被告人认为其辩护律师不具备必要的辩护技艺或者不尽心尽责,从而损害了自己获得公正判决的权利,其有权向法院提出无效辩护申请。法官在接受申请后,应当考虑以下情形,以决定无效辩护是否成立:(1)律师在辩护法律理论方面是否存在缺陷;(2)律师在辩护策略、技巧方面是否存在问题;(3)律师的辩护行为不当对被告人获得公正判决的影响及其程度;(4)律师是否尽心尽职为被告人提供辩护服务,其中包括是否熟悉案卷资料,与检察官、法官等保持合法有效的接触,采取合理的沟通策略等;(5)律师在运用辩护策略时是否对被告人利益进行了合理关照并作出正确权衡;(6)律师对其辩护行为的无效是否能予以控制。如果存在律师因为辩护技艺不足导致原审法官对被告人的偏见,从而使被告人丧失了有效辩护下的机会,审理无效辩护的法官可以根据上述情形,确立无效辩护成立,裁定将案件发回重审。可以说,无效辩护的成立对以职业声誉为谋生工具的律师而言不啻为最大羞耻。② 这可能会在很大程度上影响律师将来的辩护业务,这样可以反向促使律师提高自己的辩护技艺及辩护态度,从而保证辩护质量而让被追诉人受益。

6. 无效辩护标准的证明责任。一般而言,根据"谁主张,谁举证"的原则,被告人一方需要对辩护律师达到无效辩护标准承担证明责任。但是,这种证明责任的确立应当综合衡量各方的利益,一般应达

---

① 参见[美]约书亚·德雷斯勒等:《美国刑事诉讼法精解》(第1卷),吴宏耀译,北京大学出版社2009年版,第627页。

② 参见宋远升:《律师论》,中国政法大学出版社2014年版,第261—264页。

到高度盖然性的程度即可。这意味着尽管还有无效辩护不存在的可能性,但是,举证方只要能证明无效辩护达到十之八九成立的程度即可。这是因为,即使我国刑事诉讼法中规定了无效辩护制度,还需要考虑利益衡平问题。这主要是指诉求律师无效辩护的被告人和律师之间的利益平衡。如果对律师无效辩护标准规定过低,那么,这无疑会刺激当事人因不利判决对自己刑辩律师的诉讼,这就会让律师对刑事辩护望而生畏,最终反而会损害辩护制度的发展,不利于宏观意义上的犯罪嫌疑人及被告人的权利保障。

7. 无效辩护的法律后果。无效辩护对参与辩护的律师无疑是一种法律上的否定性评价。如果当事人认为律师的辩护属于无效辩护,向法院提出并获得支持,辩护律师对此应承担纪律惩戒责任,这是通过行政制裁实现无效辩护对辩护律师的约束。同时,无效辩护对审判的法院或者法官也是一种否定性评价,在刑事诉讼立法中应规定,接受被告人无效辩护申请的上级法院,如果认为原审法院审理中律师的辩护构成了无效辩护,应当作出原审法院审判无效并发回重审的裁定。无疑,原审法院的这种责任是一种无过错责任。

(二)我国无效辩护的配套制度

在我国,要达到实现有效辩护的目的,防止无效辩护的发生,关键要素之一在于提高律师辩护技艺。这就需要建构以辩护技艺为基础的刑事辩护律师准入制度。刑事案件辩护不仅可能关乎被告人身家性命,同时也可能会严重影响国家刑事法律权威及公权力的尊严,因此,应当设立一定的准入门槛,让刑事辩护成为具有特定法律资格及技能的法律专门人士的垄断界域。这在法治进步国家皆属于通例。在我国,应当在刑事案件中采取辩护律师准入制度,衡量律师是否具备特定辩护技艺而享有辩护资格应当考虑以下因素:(1)刑事辩护律师应当有一定的执业年限及办理一定数量刑事案件的经验。在美国，最初是对刑事辩护律师有从业年限以及辩护案件数量要求的，但其 2003 年《死刑案件中律师的委派及其职责》废除了此项要求，其理据在于，死刑案件对律师辩护质量的要求与其他诉讼都不同，数量并非律师辩护的必要条件，以往的诉讼经验并不代表其业务娴熟程度，没有多少诉讼经验的律师，如果专注于这一领域，如法学专家、检察官、民事律师也可能在死刑辩护中有良好表现。① 诚然，虽然执业年限及办案经验并不代表某位律师一定能够胜任刑事案件的辩护，然而，对于同等资质的律师而言，一定的执业年限和一定数量刑事案件的辩护经验还是能够最大限度地保证刑事辩护的质量。同时，一定的执业年限也保证了律师不是初出茅庐，而是老练的专业辩护者，能够谙熟人情及社会规则，懂得技巧性地与法官相处，从而可以为被告人争取更为有利的裁判结果。(2)辩护律师应在刑事法律及实践方面具有更为专业的知识。因为现代法律纷繁复杂，各种法律部门不仅分工十分精细，而且内容也是相当专业、深奥。术业有专攻，即使是其他法律领域技艺非常娴熟之律师，也不能保证其能够胜任刑事辩护业务。因此，精通刑事法律及实践，熟谙刑事证据运用规则，属于刑事辩护律师的基本要求。可以说，专门的刑事法律知识及相关实践是律师从事辩护业务的前提，并且也是其特殊辩护知识体系的核心基础。(3)律师应明智、技巧性地进行辩护以及有充分时间、身体能力处理接受委托的辩护业务。律师必须是冷静、理智的法律家，而不能书生意气，任意行使针对被告人的职业独立辩护权，从而将被告人利益置于次等地位；律师应当在辩护时技巧性地衡量在何

---

① ABA Guidelines for the Appointment and Performance of Defense Counsel in Death Penalty Cases, February 2003, p. 36, http://www.americanbar.org，最后访问日期：2012 年 1 月 20 日。转引自冀祥德：《刑事辩护准入制度与有效辩护及普遍辩护》，载《清华法学》2012 年第 4 期。

种情势下法官能够做出对其当事人最为有利的判决,从而以此为依据施展辩护策略,为被告人争取法律范围内的最大利益;律师应有充分时间及精力完成被委托之业务,尽职尽责且有效地对接受委托的业务进行控制和管理;辩护律师应当具有良好的沟通表达能力。为达到上述要求,在条件成熟时,应当要求律师参加一定实际案件的刑事辩护,以此作为前提要件,以决定其是否能获得刑事辩护资格。(4)辩护律师应当"合理有能力",尽职尽责,提供有效的辩护。然而,即使人们对辩护律师曾寄予无数厚望,即使在律师辩护技艺相对高超之美国,律师也不能保证具备相当的辩护知识及对抗制诉讼所必备的手段,能够按照通行的律师执业规范来实施辩护行为。何况我国律师辩护技艺相对水平低下,且在对抗制诉讼中所具备的攻防手段方面更显不足,这使得对被告人的正当法益保护隐忧重重。因此,在我国应设立无效辩护制度作为救济机制,对律师的无效辩护予以相应制裁,这也属于必然之举。

第五章

我国涉案财物处置制度的反思及建构*

一、导言

涉案财物指的是在刑事诉讼过程中，国家有关办案机关依法采取查封、扣押、冻结等措施的与案件相关的财物及其孳息，以及从其他办案机关接收的财物及其孳息。① 在刑事诉讼中，查封、扣押、冻结等对物的强制处分都属于涉案财物审前保全措施，其直接关系到被处分人的物权保护。物权保护是宪法位阶的权利，不过，我国过去认为物权保护是民法的产物。随着我国物权观念的逐渐增强，这种理念也延伸到刑事法领域。在刑事司法实践中，由于我国根深蒂固的“重定罪量刑，轻涉案财物审理”，以及重视“对人之诉”、轻视“对物之诉”的传统惯习，长时期以来刑事诉讼领域中物权保护成为被遗忘的角落，从而让审前程序的涉案财物处置弊病丛生。这包括涉案财

---

* 本篇由宋远升和李彬合著。

① 《人民检察院刑事诉讼涉案财物管理规定》第 2 条。此外，可以参见《公安机关涉案财物管理若干规定》第 2 条，刑事涉案财物是指在公安机关依法执行查封、扣押、冻结、扣留、调取、先行登记保存、抽样取证、追缴或收缴等措施下提取或者固定的物品、文件和款项，也包括从其他单位和个人处接收的与案件相关的物品、文件和款项。

物处置行政色彩浓厚而诉讼化程度不足，封闭性强而开放性不足，涉案财物成为侦查机关等办案主体控制的领域，缺乏司法审查及司法救济程序，这就让涉案财物权属人的经济利益保障成为一大难题。在政治哲学传统中，财产权的保护，特别是私人财产权的保护，被普遍地认为是政府存在的价值所在和优良政体的基本特征之一。[①] 基于现代国家普遍加强对物权保护的趋势，在我国，从完全重视“对人”到重视“对物”也成为一种符合现代社会价值理念的选择。其实，审前涉案财物处置的救济力度增强本身也是物权保护深化的体现，同时，也是现代刑事司法精准化的重要表征，即逐渐扫清个人权利保障的空白处，不给个人权利保障留下死角。财产权和人身权同样是现代人权的重要组成部分，财产权的价值一点不次于人身权。当然，对人的强制措施和对物的强制措施在目的方面还是存在一定差别的，前者主要是通过不同程度的控制被追诉人的人身以方便侦查的需要，后者是为了证据保全以及涉案财物保管的需要。前者是以被追诉人为中心，后者是以涉案财物为中心。但是，无论如何，二者的核心要义在于都不能忽视对被追诉人基本权利的保障。应当承认公安机关等办案机关审前对涉案财物的保全在解决“刑事空判”问题方面具有一定的价值，但是，其负面作用也不容忽视。完善的人权保障制度是离不开物权保护的，实行何种涉案财物处置制度体现了我国立法对人权保障的态度。在刑事诉讼中，不能单方面强调对“人”的保护，也同样要强调对“物”的保护。基于我国审前程序中涉案财物处置存在的对物强制措施体系混乱，以及对物强制措施司法监督失灵等乱象，应当厘清涉案财物处置的真正本质，通过诉讼化的方式进行适当改造，让权力制约及权利保障的诉讼规律在涉案财物处置制度

① 叶巍：《刑事诉讼中的私有财产权保障》，法律出版社 2009 年版，第 2 页。

中得以真正体现。我国涉案财物处置制度存在的诸多弊病,以及完善的涉案财物处置制度对被追诉人、案外利害关系人的物权保护的关键价值,是我国《刑事诉讼法》第四次修法时一些学者主张在立法中完善涉案财物处置制度的重要原因。①

二、我国涉案财物处置制度的现状及反思

1. 我国涉案财物处置措施体系混乱。成熟的刑事强制处分体系应当是一个系统,应当由不同种类具有不同功能的强制处分组成,并适用于不同的对象按照比例原则轻重有序地进行设置。完善的强制体系应该由三部分组成:一是对人的强制措施;二是对物的强制措施;三是对隐私权的强制措施。② 我国法定的强制处分只是第一种意义上的对人的强制处分,对物的强制处分规定在"侦查"部分,尚没有明确规定对隐私权的强制处分,因此,对后两种强制处分的分权和制衡难以奠立在刑事诉讼法律的基础上,与科学、完善的现代化刑事诉讼要求尚有距离。根据我国《宪法》和《立法法》的规定和精神,与基本法之一的《刑事诉讼法》相违背的有关行政法规、部门规章、司法解释、条例和地方性法规无效。然而,这在我国强制处分的分散立法中却屡见不鲜。③ 此外,在强制处分的解释和适用方面,警察机关、检察机关的有关部门规章和司法解释也存在着明显的自我授权现象,不仅违背了《宪法》和《立法法》的精神,变相地扩大了警察机关或检察机关的权力,导致刑事强制处分权的分配失衡、制衡失调。当然,尽管我国对人的强制措施体系存在不尽如人意的地方,相比较对物的

---

① 陈卫东:《〈刑事诉讼法〉第四次修改前瞻》,载《政法论坛》2024年第1期。

② 樊崇义主编:《刑事诉讼法修改专题研究报告》,中国人民公安大学出版社2004年版,第309页。

③ 陈卫东主编:《刑事诉讼法实施问题调研报告》,中国方正出版社2001年版,第9页以下。

强制措施而言,还要更加完善一些。在我国《刑事诉讼法》对人的强制措施中,拘传、拘留、取保候审、监视居住、逮捕是从轻到重设置,针对的情况从缓到急,体现出部分的体系化特征。在涉案财物处置制度中,我国涉案财物处置的保全措施呈现体系混乱的不良特征。这表现在搜查、查封、扣押、冻结等对物强制措施分散在各种法律、司法解释、法规中,这些对物的强制措施设计与比例原则不相符,没有体现出轻重缓急的针对性。

2. 我国侦查机关等办案机关的涉案财物处置缺乏司法审查而易于权力异化。我国审前涉案财物的保全性措施是国家有关办案机关基于保证刑事诉讼的顺利进行实施的而强制处分。但是,在公安机关等办案机关对涉案财物处置的程序中,具有强烈的权力压制倾向及权力单向性流动的特征。在侦查阶段,在涉案财物处置的决定主体方面,由公安机关单方决定。尽管存在公安机关的内部约束,但是,这属于同体监督,如同既是运动员又是裁判员,在涉及本部门的经济利益或者其他利益时,监督的实际效果不甚理想。侦查机关对涉案财物的查封、扣押、冻结具有一定的任意性,不仅缺乏诉讼化的听证程序或者司法审查机制,而且在涉案财物的权属人或者有利害关系的案外人法益受到损害之时,缺乏相应的救济程序。可以说,公安机关对涉案财物的处置手段是行政性的行为,而不是诉讼化或者司法化的措施。在公安机关基于方便办案或者部门经济利益优先的情况下,其负责人可能放松对涉案财物处置的实体性要件的审查,甚至会置之不理。这和我国侦查机关等办案机关的权力自我加强和异化有着密切的关系。当然,这也说明了在涉案财物处置程序中办案机关缺乏权力制衡及司法审查机制失灵的现实。公安机关对涉案财物的先行处置本来属于临时性、程序性的措施,但是,由于公检法机关在权力实际运行中的格局及次序,同级公安机关部门负责人的权力实际上要超过同级法院的院长，这是一种现实意义上的权力效果呈现状态，因此，公安机关的这种涉案财物先行处置效果会延续到法院的审理阶段，导致涉案财物先行处置措施从暂时性、程序性的措施变为终局性、实体化的措施。因为法院的判决决定着上述机关是否会因此承担相应的政治、社会以及法律的不利后果。此种负面影响，将会进一步固化既有的"侦查中心主义"格局，对推进"以审判为中心"的诉讼制度改革造成不利影响。[①] 基于了解涉案财物处置程序司法现状的目的，有学者统计分析了"精选案例"中的 392 个集资诈骗罪案件，法院没有对此前的处置程序进行审查，只有 14.8% 的判决书质疑了此前的财产处置结果，而 85.2% 的判决书承认了此前的处置结果。这说明审判庭对此前的财产处置程序根本不予审查，对处置结果的合理性也不太关心。[②] 这不仅说明了我国审前程序中司法审查缺位之现实，而且说明侦查机关对涉案财物先行处置的效果在很大程度上可以延续到审判阶段。我国侦查机关对涉案财物既具有查封、扣押、冻结的决定权，还具有执行权，这种决定和执行为一体的体制本身就难以抵御权力滥行的冲动。当然，在我国，对于涉案财物的先行处置并非完全没有审查机制，只是这种审查机制处于虚化的状态，或者说没有抵挡住司法现实的侵蚀而处于机制失灵的状态。在审前阶段，对办案机关涉案财物处分的审查主要是内部审查，根据《公安机关涉案财物管理若干规定》第 25 条第 3 款的规定，"法制部门在审核案件时，发现对涉案财物采取措施或者处理不合法、不适当的，应当通知办案部门及时予以纠正"。关于对检察机关先行处分涉

---

① 方柏兴：《刑事涉案财物的先行处置》，载《国家检察官学院学报》2018 年第 3 期。

② 陈醇：《非法集资刑事案件涉案财产处置程序的商法之维》，载《法学研究》2015 年第 5 期。

案财物的审查，根据《人民检察院刑事诉讼涉案财物管理规定》第30、31条的规定，人民检察院案件管理部门“对本院和下级人民检察院的涉案财物工作进行监督管理。发现违法违规问题的，应当依照有关规定督促相关部门依法及时处理”“在涉案财物管理工作中，发现办案部门或者办案人员有下列情形之一的，可以进行口头提示；对于违规情节较重的，应当发送案件流程监控通知书；认为需要追究纪律或者法律责任的，应当移送本院监察部门处理或者向检察长报告”。尽管利益相关人可以通过申诉或者控告的方式向涉案财物处置机关申明自己的法益，如果不服涉案财物处置机关的处理决定，可以向同级人民检察院申诉。但是，一方面，受制于检察机关和公安机关属于控诉利益共同体的现实；另一方面，由于“侦查行为不可诉”的法律障碍，导致事实上这种审查机制无法真正发挥作用。可以看出，尽管设置了监督或者约束机制，但是，无论公安机关还是检察机关的涉案财物处置，主要都是一种内部监督或者准内部监督，这与司法审查等异体监督相比，其效果无论如何都会大打折扣。公安机关对涉案财物处置不仅会涉及案件的证据保全及追偿，也会涉及被追诉人的物权利益，在没有司法审查或者有效异体监督的情况下，本身就构成了对被追诉人物权的根本挑战。这就要求引入诉讼构造或者司法审查机制，从而使涉案财物处置符合法律正当程序的要求。

尽管最高人民法院《关于适用〈中华人民共和国刑事诉讼法〉的解释》（以下简称《刑诉法解释》）第228条第1款规定：“庭前会议可以就下列事项向控辩双方了解情况，听取意见：……（九）是否对涉案财物的权属情况和人民检察院的处理建议有异议。”但是，这种审查对于涉案财物的查封、扣押、冻结而言，属于事后审查，并没有在公安机关、检察机关处置涉案财物时进行司法审查，实际上作用不大。同样，《刑诉法解释》第279条规定：“法庭审理过程中，应当对查封、扣押、冻结财物及其孳息的权属、来源等情况，是否属于违法所得或者依法应当追缴的其他涉案财物进行调查，由公诉人说明情况、出示证据、提出处理建议，并听取被告人、辩护人等诉讼参与人的意见。案外人对查封、扣押、冻结的财物及其孳息提出权属异议的，人民法院应当听取案外人的意见；必要时，可以通知案外人出庭。经审查，不能确认查封、扣押、冻结的财物及其孳息属于违法所得或者依法应当追缴的其他涉案财物的，不得没收。”该条司法解释也存在对涉案财物处置制约滞后的问题，实际上，并不能对强势的办案机关处置涉案财物的权力进行有效的制衡。

3. 侦查、检察机关基于部门利益考量导致涉案财物移送秩序不规范。根据我国《刑事诉讼法》第 245 条第 2 款的规定，在涉案财物移送时，原则上应当移送实物，在例外情况下可以移送单据。然而，相关法律条款对移送的对象范围及程序方面的规定相对模糊，从而导致涉案财物移送程序失范。在目前涉案财物移送中，基于部门经济利益的考量，公安机关、检察机关在各自占据的刑事诉讼阶段行使涉案财物移送的决定权，一般都是将作为案件刑事证据的财物移送，对于具有相对巨大经济利益的涉案财物，则不会移送。

4. 案外人在自己财物被公安、检察机关非法或者不当处分时缺乏有效的救济程序。在处置涉案财物时，不仅关系到犯罪嫌疑人、被告人或者被害人等诉讼主体的经济利益，而且也可能关系到案外人利益。但是，与犯罪嫌疑人、被告人或者被害人在刑事诉讼中的诉讼地位不同，案外人并没有独立的诉讼主体地位，因此，对其进行保护的有效救济程序机制阙如，这也说明了案外人经济利益处于被漠视的状态。我国《刑事诉讼法》第 141 条第 1 款规定：“在侦查活动中发现的可用以证明犯罪嫌疑人有罪或者无罪的各种财物、文件，应当查封、扣押；与案件无关的财物、文件，不得查封、扣押。”然而，“证明犯罪嫌疑人有罪或者无罪”是比较模糊的说法。因为此时尚未进入审判结束阶段，在法院最终作出是否有罪的判决前，侦查机关的认定本身就值得存疑。此外，到底什么是“与案件无关”这也是一个争议十足的问题。涉案财物处置判定标准的模糊及可操作性不强，导致办案机关在处置涉案财物时具有更大的裁量权或者任意性，在查封、扣押、冻结的对象、标准及根据等方面，侦查机关享有高度的自由判断权。在判断“与案件无关”时，也仅凭侦查机关的主观判断，这本身就可能因为执法便利、照顾被害人利益、权力任性等因素的作用，从而让案外人的经济利益受损。

可以看出，上述我国涉案财物处置困境直接与我国办案机关一贯重视“对人”侦控的传统理念直接勾连。长期以来，侦查机关一直重视侦查犯罪以及把被追诉人送去定罪量刑，而忽视财产权的保护。这也和侦查机关重视“对人之诉”，而忽视“对物之诉”的理念有关。或者说，侦查机关更为重视作为定罪量刑证据的“物”，而轻视作为执行标的的“物”。这在我国刑事诉讼相关立法中也可以找到根源。尽管我国涉案财物处置兼顾证据保全以及财产保全，表面上是“对物”的强制处分，然而，从实然角度来看，《刑事诉讼法》只是以专章的形式确立了“对人”的一系列强制措施，即人身保全措施，而没有“对物”作出系统的规定。虽然《刑事诉讼法》第141～145条对查封、扣押和冻结措施作了相关规定，但是隶属于“侦查”一章，其根本目的是“查封、扣押物证、书证”，只是将对物的强制措施作为侦查的一种手段，附属于对人的侦查，至多可以理解为一种“证据保全”。[①]

---

① 陈卫东：《涉案财产处置程序的完善——以审前程序为视角的分析》，载《法学杂志》2020年第3期。

三、涉案财物处分制度的比较考察

(一)英美法系代表国家相关的涉案财物强制处分制度

1. 美国。在美国,私人财产保护是政府的天职,这从美国建国之初就被确立在《独立宣言》中。在1791年美国宪法修正案中也对此进行了重申,"未经正当法律手段不得剥夺任何人的生命、自由或财产;凡私有财产,非有相当赔偿,不得占为公有"。这也即美国宪法修正案中的扣押令状主义原则。这决定了美国私人财产权在宪法及刑事诉讼法中不可侵犯的地位。基于在刑事诉讼中保障私人财产权的目的,其通过法定的程序对审前财产保全进行规范。这在私人财产扣押中体现得很是鲜明。《美国法典》第21编第853条第(f)款中规定了涉案财物的扣押程序。如果警察欲采取扣押等涉案财物处分,应向治安法官申请司法令状。法官颁发令状的根据是警察扣押有"合理理由"。至于何谓"合理理由",是指"基于所了解的事实和情况,作为一个谨慎之人相信嫌疑犯有罪的可能性大于无罪的可能性"①。治安法官如果认为刑事扣押申请具有合理理由,则会批准。可能的理由重点在于"(1)要被扣押的财产是否与犯罪活动有关,而且(2)在要搜查的地方能否发现它"②。当然,扣押还存在一定的例外,那就是如果获得当事人同意且属于紧急情况或者附带逮捕中实施,同时,扣押不得超过扣押令上所注明的范围,警察则可以进行无证扣押。对于不动产的扣押,采取对物强制处分的条件更为严格。例如,根据《美国法典》第18编第46章第985条规定,除非检察机关向法庭提出申请并得到法庭作出没收令,否则一般不得对不动产采

---

① 宋英辉主编:《外国刑事诉讼法》,北京大学出版社2011年版,第72页。

② [美]罗纳尔多·V.戴尔卡门:《美国刑事诉讼——法律和实践》,张鸿巍等译,武汉大学出版社2006年版,第235页。

取扣押措施。在以下情形中可以进行不动产的扣押:一是在扣押不动产之前,法庭要将检察机关的申请进行公告并通知利害关系人,然后举行听证程序;二是在紧急情况下检察院无须经过通知或者听证程序就进行扣押,但是扣押必须要有合理理由证明该不动产将要被没收,为了证明存在这种紧急情况,检察机关必须证明若采取其他较轻的财产保全措施,不能防止该不动产被出让、破坏或被继续用于违法行为的风险。①

2. 英国。根据英国 1984 年《警察与刑事证据法》第 19 ~ 22 条的规定,对于合法去任何场所的警察,如果有"合理理由"认定,某种物品属于非法获得,或者该种物品可以直接作为犯罪证据使用,基于防止该种物品被藏匿、篡改或者毁坏的目的,可以对其采取扣押措施。在英国,警察要对犯罪嫌疑人实施搜查、扣押等行为,必须事先向治安法官提出申请,并说明正当、合理的根据。治安法官经过审查发布许可搜查、扣押的令状后,警察方能实施上述行为。②

(二)大陆法系代表国家相关的涉案财物强制处分制度

1. 法国。早在 18 世纪,法国启蒙思想家孟德斯鸠就认为"财产权是道德之神。没有私人财产权,权力就会凌驾于一切"。这也印证了私人财产权保障在法国的独特地位。这种思想通过现代一系列法律制度予以确立,不仅体现在民法中,而且在刑事诉讼的一系列强制处分包括私人财产扣押中也得到体现。在法国,在初步讯问阶段,如果某人的住所是搜查的对象,搜查和扣押可以由司法警察执行。在预审侦查阶段,搜查和查封扣押由预审法官进行,或司法警察按照其命令执行。必须是出于发现事实的目的扣押任何物品。当扣押物品

---

① 李牧阳:《刑事涉案财物审前程序性处置研究》,大连海事大学 2023 年硕士学位论文,第 28 页。

② 陈卫东、李奋飞:《论侦查权的司法控制》,载《政法论坛》2000 年第 6 期。

对侦查没有必要时,预审法官可以主动返还,或在物主要求下返还。[①]在《法国刑事诉讼法典》第99条中规定:预审法官在调查期间具有扣押涉案财物、返还物品裁判权,预审法官负责监督司法警察查扣行为,任何人可就受法院支配的财产提出权利主张。

2. 德国。在德国,证据资料包括犯罪所得,无论何时发现都可以被没收。查封和扣押可以由检察官决定进行,在紧急情况下也可以由警官决定。但这不适用于对信件的查封和扣押。信件扣押只有法官有权决定,即使在紧急情况下,检察官最多有权决定扣押信件3天,3天以后必须立即申请法官的批准,否则其扣押决定自动无效。检察官必须将没拆封的信件移交法官。[②] 因此,可以看出,在德国,采取原则上由法官决定涉案财物的扣押,也即一般采取法官保留原则,在例外情况下由检察官决定的模式。但是,最终的司法确认权归属于法官。德国《刑事诉讼法》对保全没收的扣押规定了两种救济方式:一种是对扣押命令本身的救济,另一种是对扣押执行方式的救济。对于由法官所作出扣押裁定,相对人可以根据德国《刑事诉讼法》第304条的规定对该裁定提出抗告。对检察官或检察机关之侦查机关作出的扣押命令,相对人根据德国《刑事诉讼法》第111e条规定可以随时申请法院对该命令的合法性进行裁判。根据德国《刑事诉讼法》第111f条规定,不服执行扣押的处分时,相对人可以随时对扣押执行方式的合法性申请法院裁判。[③]

可以看出,在两大法系代表国家审前扣押等涉案财物处置制度

---

① 宋远升、闵银龙:《最新国外刑事司法制度研究》,东南大学出版社2007年版,第18页。

② 宋远升、闵银龙:《最新国外刑事司法制度研究》,东南大学出版社2007年版,第41—42页。

③ 何永福:《刑事诉讼涉案财物处置程序研究》,西南政法大学2017年博士学位论文,第96页。

中，具有如下特点：第一，无论是在英美法系的代表国家，还是在大陆法系的代表国家，基于财产权保护的重要地位，普遍性地规定了涉案财物的处分决定权由法官行使。但是，基于稳定性及灵活性相结合的要求，司法令状主义也设置例外。即在紧急情况下，警察等办案主体也可以临时性地行使涉案财物处分的决定权，不过，这需要法官在事后予以司法确认。第二，在两大法系代表国家中，不仅重视对被追诉人人身权的保障，也将对被追诉人财产权的保障列为重要事项，甚至提升到宪法位阶的地位。第三，在两大法系代表国家的审前涉案财物处置制度中，不仅程序比较规范，实施扣押等对物的强制措施应符合程序法定原则，而且明确了对物强制措施的标准，即"合理根据"或者"合理理由"标准。相对明确的标准让对物强制措施具有了更强的操作性，也减少了办案机关权力肆意的空间。第四，两大法系代表国家确立了相对完善的涉案财物处置中财产权属人的救济程序。譬如，在法国，财产权属人可以针对扣押的司法裁定上诉并提出扣押决定无效。如果上诉法院审理后查明上诉符合法定事由，则裁定扣押裁定无效。在美国，针对警察、检察官搜查（扣押）行为，权属人可以申请司法确认。如果是根据法官司法令状实施搜查（扣押），也可以向州法院申请抗告。

四、我国涉案财物处置制度与基础性原理的悖反

（一）违背法官保留原则

法官保留原则，是指将特定的公法上的事项保留由法官行使，并且也仅法官始能行使的原则。[①] 强制处分之法官保留原则，最先发源于英国宪政史上的人身保护令。迄今为止，拘束人身自由的逮捕拘

① 林钰雄：《刑事诉讼法》（上），中国人民大学出版社2005年版，第78页。

禁必须经过法官的审查,早已是现代法治国宪法的共同要求,而非英美法与大陆法之区别。[①] 不仅在英美法系国家中如此,在大陆法系的国家中也是如此。在意大利,对涉案财物的查封、扣押产生争议之时,亦有司法介入以保证其公正性。譬如,意大利刑事诉讼法就规定,查封扣押的对象涉及犯罪客体及有关物体,对于查封扣押的决定,可以通过"限制自由控制法院"(Tribunale delle Libera)进行复查,针对后者的裁决,可以向最高法院上诉。法官保留原则的思想根源深植于人身自由保障的历史土壤中,在现代社会中,其更有宪政根基,包括羁押、逮捕、扣押等强制处分都可以在现代国家的宪法上得以发现。在宪法制度上,法律保留可分为"单纯的法律保留"与"特别的法律保留",前者是指宪法概括授权立法者对人民基本权利得以法律限制;而后者是指宪法明定以法律限制人民基本权利之原因、目的及方式。譬如宪法规定,国家除了以法律限制人民的人身自由外,并规定关于"审问"及"处罚"事项,专由法院为之。此种特别的法律保留的情形,使立法者如欲侵犯该种人权时,仅能依循宪法所规定的方式加以立法,立法者可以拥有裁量的空间也就因此大幅萎缩。非但如此,这也为权利保护建造了界墙。在界墙之外,属于宪法可以容忍的干预权利的范围;在界墙之内,则意味着对宪法的挑战。在作为宪法"测震仪"的刑事诉讼法中,采行法官保留原则主要是基于几点考虑:首先,就工作方式与职业倾向而言,侦查机关的主要任务为侦查犯罪、诉追犯人,而发动强制处分是使侦查较为容易的方法,因此较诸法官,侦查机关容易从宽审查;其次,法官除了受人身及事物独立性保障之外,另受法定法官原则及听审原则拘束,因此由法官审查,相对人所受之事前保障较充分;最后,将强制处分之发动,分为声

① 林钰雄:《刑事诉讼法》(上),中国人民大学出版社 2005 年版,第 227 页。

请与决定两个阶段，而权限分别交给侦查机关与法院，可以彼此分权制衡。[①] 因此，法官保留原则所蕴含的意义并不表明法官对事实和法律的认辨能力比警察等主体更高明，也不表明法官更热爱公正，[②]而是因为只有法官才能更中立、公正地决定涉案财物等审前强制处分，从而对有关办案机关非法或者不当对涉案财物的处分进行制衡。

对于我国的涉案财物处置，在审前的程序中都是公安机关或者检察机关的天下，法官在审前阶段的相关司法审查权被上述两机关剥夺。一方面这和我国刑事诉讼的线性结构有着密切的勾连。刑事诉讼中公检法三机关分别在侦查、起诉和审判阶段管理一段、分工负责的工作模式被形象地称为“流水线式”工作模式。[③] 在这种流水线诉讼构造中，公检法三机关如同“铁路警察——各管一段”，特别在涉案财物处置方面更是如此。在审前阶段，涉案财物处置属于公安机关或者检察机关的控制领域，只有进入审判领域后，法官才有权对涉案财物处置进行司法认定。对于公安机关先行处置涉案财物而言，在其决定和执行为一体的情况下，仅靠内部监督是很难保证这种处置实质上和形式上正义的。尽管检察机关可以介入，但是，其效果经过现实验证也是不尽如人意。当然，对于检察机关先行对涉案财物处置也是如此，如果被告人或者案外人对相关财产有争议，也是由内部监督或者上级检察机关进行监督，这种监督效果也是不容乐观的。这与我国在侦查阶段一贯的重视“对人”的侦查而轻视“对物”保护的理念有关。实际上，涉案财物处置直接关系到被处分人的财产权益，特别对比较重要的经济利益而言，通过对物强制处分变更财产权

---

① 林钰雄：《刑事诉讼法》（上），中国政法大学出版社 2005 年版，第 227—228 页。

② 李蓉：《刑事诉讼分权制衡基本理论研究》，中国法制出版社 2006 年版，第 268 页。

③ 陈瑞华：《刑事诉讼的前沿问题》，中国人民大学出版社 2016 年版，第 245 页。

归属的影响不亚于对被追诉人的人身影响。因此,这也是通过中立的司法官以司法审查的方式控制“对物”处分的原因,同时,这也是被处分人的宪法权利保障的要求。通过司法审查的方式解决涉案财物的权属争议,这也是现代国家刑事诉讼中普遍的做法。然而,目前我国更多地是采取行政化、封闭性的方式处理,而不是通过诉讼化、公开性的司法方式解决,这直接违背了法官保留原则。在目前审前涉案财物处置中,法官作为中立、客观的裁判者无法进行司法制约,从而导致涉案财物处置问题频出,如超额处置、非法处置案外人财产等等。特别是在涉及金额巨大的经济犯罪中,可能会严重影响有关主体的生产、经营或者生活。这一切都与法官保留原则缺位有着密切的关联。

(二)与比例原则矛盾

通常认为,比例原则是一个广义的概念,包括妥当性原则、必要性原则以及狭义的比例原则。妥当性原则指法律规定的手段有助于实现立法目的;必要性原则指在有多种手段同样能实现立法目的时,应选择对人民权利侵害最少的方式实施法律规定的手段;狭义的比例原则是对法律规定的目的和手段与人民权利损失进行利益权衡,采取手段所造成对人民权益的损害不得与立法目的规定的利益(通常指公共利益)显失均衡。[①] 比例本身就意味着衡平。根据英国法学家梅因的考察,衡平是为使法律和社会相协调而提出的命题。一般认为,衡平 Equitas 就是希腊文 XoXrys,即平均或按比例分配的原则。[②] 比例原则与正义或公正有着天生的契合关系与本质的一致性,

① 陈新民:《法治国公法学原理与实践》(上),中国政法大学出版社 2007 年版,第 148—151 页。

② 陈兴良:《罪刑均衡的司法体认》,载《中央检察官管理学院学报》1997 年第 2 期。

是侦查权力与当事人权利之间的关系的最佳选择。这样,无论就双方的权利(力)而言,还是就双方的地位而言,抑或站在科学的角度上,公正都与比例原则有着天生契合性。正如亚里士多德所说,公正,就是合比例;不公正,就是破坏比例。①

涉案财物处置比例原则是指相关办案机关采取相应强制处分时,应秉持对被处分人权利侵害最小、最温和、最有必要的要义,并保证对被处分人所造成的损害不能低于公共利益的获得,从而保证强制处分实施能够实现立法之目的。根据该原则,必须使干预刑事被告人基本权利的政府措施的严重程度与限制措施的目的存在合理的关系。② 这就要求在对涉案财物处置时,如果有其他措施可以选择,应当选择对被处分人最温和的、影响最小的措施。采取相关的涉案财物处分时,根据比例原则的要求,对涉案财物采取的处分应与被处分对象具体涉案情况相适应,控制在必要的限度之内,对涉案财物处置的严厉程度不能超越合法、合理立法目标的需要。二者之间应当保持一种动态的均衡和比例关系。譬如,如果被追诉人涉嫌传播淫秽物品罪,只能对涉嫌犯罪的那部分音像制品进行扣押,而不能对被追诉人与案件无关的物品进行扣押。根据该原则,对付犯罪的手段必须同犯罪的严重程度和怀疑的强弱程度以及所涉及的宪法权益存在相当的比例关系。③ 这要求公安等机关对涉案财物处分时,其适用的力度或者范围应与犯罪具体情况之间符合必要性的要求。如果权属人或者案外人可以提供更合适的财产作为涉案财物代替时,应当允许这种合理的要求。但是,在公安机关对物查封、扣押、冻结中,却

---

① [美]莫蒂默·艾德勒、查尔斯·范多伦主编:《西方思想宝库》,吉林人民出版社 1998 年版,第 943 页。

② 《国际刑法大会决议》,赵秉志等译,中国法制出版社 2011 年版,第 120 页。

③ 熊秋红:《刑事诉讼涉案财物处置程序检视》,载《人民检察》2015 年第 13 期。

存在严重违背比例原则之情形,这主要是指公安机关在涉案财物处分时,往往超越案件需要查封、扣押、冻结涉案人的财产,这种超额处分的行为无疑是没有必要的,也是超出合理范围的,很可能会给被处分人生产、经营或者生活带来不必要的损害。实际上,公安机关在涉案财物的处分中,往往会采取追缴决定的方式,进行“一扣到底”,不合法、不合理地延伸了自己的权力。这本身就是对比例原则的违背及挑战。

(三)违背物权保护原则

我国《宪法》第13条第1款规定:“公民的合法的私有财产不受侵犯。”我国《刑事诉讼法》第2条中规定:“尊重和保障人权,保护公民的人身权利、财产权利、民主权利和其他权利。”我国《民法典》第207条规定,国家、集体、私人的物权和其他权利人的物权受法律平等保护,任何单位和个人不得侵犯。这就是法定的物权保护原则,该原则也是执法机关或者司法机关在执法或者司法过程中应当遵守的法定原则。“有恒产者有恒心”乃符合人心之至理名言,也说明了对物权或者财产权进行保障的内在价值。基本人权包括人身权与财产权。要想确保公民生存权就一定要确保公民的财产权。① 在被追诉人没有被法院最终确定有罪之前,其涉案财物也是受到宪法、民法等法律保护的,即使是国家公权力机关也不能以任何理由剥夺。但是,在刑事诉讼中,有关办案机关基于部门利益或者被害人上访等压力因素的考量,往往会置宪法或者其他法律于不顾,现实的利益刺激超过了对宪法或者法律的遵守,从而导致采取违背物权保护原则的行为。

之所以我国涉案财物先行处置中出现一系列的违反物权保护原

① 陈永生:《刑事诉讼的宪政基础》,北京大学出版社2010年版,第174页。

则的现象，首先，这与我国司法现实中存在的财政返还制度有着一定的关系，这是指公安机关等办案机关对涉案财物作为赃款赃物上交财政部门后，该笔款项会以一定比例被返还，这就给了公安机关等办案机关处置涉案财物的巨大利益动机，特别是在这些公权力机关办案经费不足的情况下，这甚至成为办案机关办案的重要追求目标之一。特别是在重大经济犯罪案件中更是如此，相关部门负责人会向上级部门要求把案件移送到本地进行异地管辖。其中，经济利益的刺激无疑起到了很大的作用。

其次，我国涉案财物先行处置违反物权保护原则与扩大化的被害人保护主义有着一定的联系。基于被害人保护主义的理念，侦查机关查封、扣押、冻结的对象可能不是直接与案件有关的物品，而是一切涉及案件的物品，这就可能导致办案机关对被追诉人涉案财物处置扩大化的问题。在轰动一时的"刘汉等人组织、领导、参加黑社会性质组织"一案中就是如此，刘汉的个人财物以及所在的汉龙集团的财产包括现金账户、股权、房产、土地等全部被冻结。"一揽子扣押冻结"的财产保全措施固然有利于保障被害人的财产权利，但在缺乏法律授权的情形下实施扩大的扣押冻结，无疑是对程序法定原则的违反，也构成对被追诉人及相关第三人财产权的严重侵犯。① 其实，被害人保护主义本身并无错误，错误在于过分强调被害人保护主义。这也与侦查机关过于强调执法便利有关。通过扩大化的被害人保护主义，在财产上可以尽量满足被害人一方的要求，从而减轻被害人上访或者采取其他过激行为的压力。从本质上讲，扩大化的被害人保护主义也是一种懒政行为，不能以牺牲被追诉人甚至是案外人合法财产来满足被害人的利益，这本身就是一种明显的违背物权保护原

---

① 向燕:《论刑事没收及其保全的对象范围》，载《中国刑事法杂志》2013 年第 3 期。

则的行为。

（四）与平衡原则相冲突

平衡，亦称均衡，是指行为主体在互动的过程中，所有的行为主体同时达到价值最大化的目标而趋于持久存在的相互作用形式，并在此作用形式上各行为主体所处的相互作用、制约的状态。① 在哲学意义上，平衡是指由于矛盾双方协调而使事物处于相对稳定状态时的量的比例关系，是一种有序运动的状态，也是事物相对稳定存在和可持续发展的根本条件。② 刑事诉讼中的各项强制措施并不能只是追求单方利益保护，而是一种利益平衡的过程，犯罪嫌疑人或者被告人甚至是案外人的物权保护也是不容忽视的问题。但是，在我国审前涉案财物处置制度中，却存在明显的违背平衡原则的现象。这主要体现在办案机关重视"对人"之诉而轻视"对物"之诉，重视办案机关的执法、司法便利而轻视被追诉人或者利害关系人的财产权保护，重视被害人的财产权而轻视被追诉人的财产权，从而导致涉案财物先行处置中各种利益失衡之风险。

五、我国审前涉案财物处置制度的完善

我国《刑事诉讼法》的有关条款，③并没有规定查封、扣押的启动标准，同样，查封的扣押对象也没有要求一定属于要没收的财物。这导致查封、扣押启动的随意性过大，涉案财物处置中权力之间制衡不足，且几乎不受当事人权利的制约，涉案财物处置措施行政化色彩浓厚而诉讼化色彩不足，不利于被处分人财产权的保障与救济，不适应

---

① 李蓉：《对法律的经济学分析》，载《国家检察官学院学报》2001 年第 4 期。

② 宋远升：《强奸案件被害人性品格证据的有限适用》，载《环球法律评论》2022 年第 4 期。

③ 《刑事诉讼法》第 140 条和第 143 条规定。

保障人权和刑事诉讼法治现代化的需要。这要求在我国涉案财物处置的审前程序中,应建构以司法审查及诉讼化为控制工具的独立于证据保全的审前涉案财物处置体系。具体包括以下几点。

(一)涉案财物处置应采取法定原则与司法令状原则相结合的制衡机制

自近代法治原则确立以来,各国的成文法或判例法普遍对强制处分权力进行严格控制。一般认为,大陆法传统上倾向于"静态控制",即实行"强制处分法定原则",其具体要求是通过成文法对强制处分的类型、期限、申请和决定权限,适用条件和程序,违反程序规则的法律后果进行全面规定,侦查、裁判机关在适用强制处分时必须严格按照法律的规定行事;英美法传统上倾向于"动态控制",即实行"司法令状原则",其具体要求是除紧急情形外,强制处分属于法官的权限,侦查机关需要运用强制处分时,必须以宣誓书提供必要的证据材料,向法官申请司法令状,凭法官签发的有效令状对具体的个人或场所采取强制处分,侦查机关在具体案件中能否运用强制处分,取决于法官的个别判断。然而,自 20 世纪中期以后,这两种控制方式出现了融合趋势。目前,就侦查过程中强制处分的法律控制而言,两大法系已经基本上达成一致,二者都采取"法定原则与司法令状原则相结合"的办法。[①] 这对于我国的涉案财物处置制度不啻提供了一条很有借鉴价值的立法进路。即在审前程序中,除了立法中应当对刑事涉案财物处置的申请、决定主体、运行程序、违反后果等作出明确规定外,还应当详细规定涉案财物处置的构成要件。同时要确立司法令状制度,由司法官员根据涉案财物处置制度的构成要件并考虑涉案财物处置是否有必要性或合理根据作出决定。即在涉案财物处

---

① 孙长永:《探索正当程序——比较刑事诉讼法专论》,中国法制出版社 2005 年版,第 52 页。

置制度上采取法定原则与自由裁量相结合的制衡机制。

1. 涉案财物处置应引入司法令状制度。

(1)司法令状的申请。第一,申请主体。对于申请主体,在世界上,一般分为三种申请模式,即单轨制,由警察直接申请,这主要适用于英美国家;双轨制,警察和检察官都可以以自己的名义向法官提出令状申请,主要适用于日本;混合制,由警察以自己的名义向法院提出申请,但是必须事先获得检察官的同意,这主要适用于我国台湾地区。对于我国涉案财物处置的申请主体,应当在宪法的框架下,立足于现行刑事诉讼法的规定,考虑到诉讼经济成本等因素进行合理确立。根据我国的侦查体制,警察机关为法定的申请主体,检察院也具有涉案财物处置的申请权。第二,申请的形式。在申请时,应当首先提供拟采取涉案财物处置的申请书,详细说明支持该令状申请的相关事实,以及草拟的司法令状。

(2)司法令状的颁发。第一,司法令状的决定主体应当中立无偏。在刑事诉讼中,法官决定涉案财物处置是现代法治国家普遍的做法。对于审前涉案财物处置应采取诉讼化或者异体监督的形式,这一点目前相关研究者没有争议,关键是采取何种方式的诉讼化或者异体监督。一种观点认为,应当采取司法审查的方式,由法官专门对涉案财物进行处置,也即采取法官保留原则。如果需要对涉案财物进行处置,侦查或者检察机关人员向法官申请,由法官决定查封、扣押、冻结涉案财物处置。当然,基于德国等国家的相关做法,司法令状主义并不是绝对的,在遇到紧急情况时,由侦查或者检察机关人员直接决定查封、扣押、冻结涉案财物。另一种观点是采取诉讼化听证的方式处置查封、扣押、冻结涉案财物的问题,涉案财物的当事人及其代理人或者其他利害关系人可以向法院申请,如果法官决定召开听证会,原则上采取公开的方式,听取办案机关的意见,以及涉案财物当事人及其代理人或者其他利害关系人的意见，在相关的事实及证据的基础上，对涉案财物的性质、范围以及最终权属作出裁定。当然，在听证主持主体或者决定主体方面，还存在到底是由法官还是由检察官决定的问题。我国司法机关包括两大机关——检察机关和法院，与其他许多国家只以这个词指代法院不同。也就是说，人民检察院、人民法院均被确认为“司法机关”①。但是，相较而言，法官具有更加中立及超脱的地位，而检察官总体而言还是属于控诉共同体的一员，同时，还涉及检察机关自身查封、扣押、冻结涉案财物的问题，此时让其审查监督自己，即使实际上公正，形式上也会落人口实。因此，无论从涉案财物处置制约机制的形式公正性还是实质公正性来说，都应由法官来最终决定涉案财物处置争议。“由于涉案财物属性的认定和犯罪事实紧密相关，且牵涉当事人的财产权利，因此，应当由人民法院依法作出处理。”②当然，如果让审判相关案件的法官再负责审前的司法审查，由于其在审前就提前介入案件中，可能会影响其审判中的中立地位，从而导致案件审判结果与司法审查结果相靠拢。因此，应设置专门的负责司法审查的法官，或者让司法审查法官与审判法官轮换，从而让司法审查法官和审判法官相互分离。第二，司法令状应当满足一定的实体要件。在我国的司法令状的实质要求方面，应当确立“合理根据”的要求，即法官决定是否颁发司法令状时，应当裁量该涉案财物处置是否具有合理根据。对于合理根据的判断标准，在英美国家一般有三种理论，即主观说、客观说以及混合说。主观说认为合理根据是一个主观标准，即在申请书上提出事

---

① 由检察机关签发这一令状的做法在我国民国时期也实行过，按照当时刑事诉讼法的规定，羁押（相当于现在实行之逮捕）要用押票，签发押票的职权，侦查中属于检察官，审判中属于审判长或受命推事。

② 戴长林：《依法规范刑事案件涉案财物处理程序》，载《中国法律评论》2014 年第 2 期。

实和证据的警察,主观上有合理理由信以为真,即可作为令状签发的基础。即使事后发现警方所提供的事实和证据客观上不存在或是错误的,也不影响令状的合法性。但是,这种观点的弊病是难以避免警察在申请令状时故意伪造事实和证据、弄虚作假,而辩方对此却很难证明。客观说认为合理根据是一个客观标准。所谓客观标准是指"一般人"是否会认为合理根据存在。混合说认为,合理根据是客观标准和主观标准结合。此即,在主观上,警察在事实上必须相信申请强制处分有合理根据。在客观上,合理根据必须实际存在。该标准几乎达到了审判标准,虽然可以有效地防止强制处分执行机关滥权,但却不符合刑事侦查的一般规律,具有过于理想主义的缺点。因此,相比较而言,特别在英美法系国家,客观说的"一般人"标准更具有合理性。但是,即使是"一般人"的客观标准,也是一个比较模糊的术语,在我国是否可以完全适用也是值得深思的。这是因为,首先,美国在合理根据的确定上适用"一般人"的客观标准,主要是控辩双方在是否存在合理根据发生争议时,裁决最终要由陪审团作出,而陪审员就是"一般人",因此,陪审员会以一般人的视角理性地看待合理根据存在与否,为了防止合理根据以后被陪审团推翻,警察或法官必须在此方面与陪审团保持"步调一致"。但是,在我国,由于陪审制度日渐式微,特别在刑事案件中几乎不适用。在司法令状发生争议时也不具有由陪审员解决的可能性,而由专业法官决定合理根据是否存在,所以,"一般人"的标准也就无存在必要。其次,在我国,无论是警察还是法官,由于浓厚的官本位色彩以及角色惯性,在决定合理根据是否存在时,不可能以"一般人"的角色去审查和决定,文化传统的不同也决定了采取此种标准的困难重重。此外,特别基于我国法官、检察官、警察整体素质以及外部司法环境的考虑,只是规定合理根据,并且规定按照"一般人"的认识来进行判断,容易产生警察滥权之流弊,法官、检察官、警察也很难对自己的角色进行调整。在美国,若侦查人员欲向法官申请司法令状以进行扣押,那么,需要证明该扣押行为具有“合理理由”,也即“合理理由”标准。我国也可以借鉴这种标准,作为查封、扣押、冻结的客观标准或者依据。在我国,在确立司法令状合理根据存在与否的标准时,应当对合理根据进行相对法定化。即应当详细具体地规定涉案财物处分的构成要件,如果采取查封、扣押、冻结等强制处分符合其构成要件,那么,合理根据就视为存在。警察等办案主体必须衡量是否满足强制处分构成要件的要求,然后才能决定是否申请司法令状。而法官也应当以此为标准,决定合理根据是否存在以及令状是否应予颁发。

(3)司法令状应当满足一定的形式要件。美国宪法修正案第四条规定,令状必须“具体记载欲搜查的地点和准备扣押的人或物”。要求令状的内容具体化,是为了避免出现像一般令状和帮助令状之类的滥用情形,这种情形曾经在英格兰以及殖民地时期的普通法上出现过。缺乏具体化特征的令状,使警察在令状执行过程中享有太大的自由裁量权,并因此削弱了合理根据要件的作用。[①] 对于扣押令,应当进行特别描述,以保证警察或其他执法主体能够在通常情况下确定并辨认出要找的地点或发现需要扣押的物品。此外,无论哪种司法令状,都应当注明令状执行的时间或期间,以防止执行司法令状时原先的理由或者合理根据不再存在。

虽然应尽量对司法令状要求的每一项内容都作出具体的记载。但在扣押物品的情况下,在搜查阶段常常不能明确确定物品的个别性特征,因此,在某种程度上采取概括性记载也是不得已的办法。但即使在这种情况下,也要尽量揭示物品的形状,内容等,努力加以特

① [美]约书亚・德雷斯勒、艾伦・C.迈克尔斯:《美国刑事诉讼法精解》(第一卷・刑事侦查),吴宏耀译,北京大学出版社2009年版,第177页。

定化。在实务中还常见在列举物品之后,以“其他本案相关的物品”的形式附上其他物品,这种列举方式有利于限定扣押物,因此是有效的。但是,即便如此,这时也要记载嫌疑事实的要点等,来揭示“本案”为何内容。① 所谓本案有关的物品,不仅包括与犯罪事实直接相关的证据物品,也可以包括间接事实和其他事实。② 通过这种方式,既符合通过令状的具体化或特定性要求以控制强制处分权滥行的目的,同时又兼顾了侦查瞬息万变的机动灵活性的要求。③

2. 审前涉案财物处置决定的救济。如果被追诉人认为办案机关查封、扣押、冻结处置侵犯了自己的财产权,不服相关法院通过司法令状予以财产保全的裁定,可以针对相关裁定向上级法院上诉。如果公安机关等办案机关基于紧急情况决定涉案财产的查封、扣押、冻结,被追诉人可以申请同级法院进行审查。

(二)在涉案财物处置中应确立诉讼化的案外人听证制度

对于案外人财产可能被查封、扣押、冻结的问题,在英美法系的美国,如果涉及对案外人的财产处置争议,则采取公开听证的方式予以解决。在大陆法系的德国,如果涉及案外人财产争议,则是通过案外人异议之诉来解决。根据我国《刑事诉讼法》第 117 条的规定,利害关系人可以对非法处分涉案财物的司法机关及其工作人员申诉或者控告,受理申诉或者控告的机关应当及时处理。对处理不服的,可以向同级人民检察院申诉;人民检察院直接受理的案件,可以向上一级人民检察院申诉。由于公安机关及检察机关之间存在控诉利益一致的关系,向同级检察机关申诉缺乏中立机制保障处理结果的公正

① [日]松尾浩也:《日本刑事诉讼法》(上),丁相顺译,中国人民大学出版社 2005 年版,第 76 页。

② 彭勃:《日本刑事诉讼法通论》,中国政法大学出版社 2002 年版,第 104 页。

③ 宋远升:《刑事强制处分权的分配与制衡》,复旦大学 2010 年博士学位论文,第 193—199 页。

性。在检察机关违法处分涉案财物时,向其上级检察机关申诉则更是陷于检察机关自我监督的怪圈。在我国,在处置案外人财物争议时缺乏诉讼化的听证程序,这就让财产权受到影响的案外人缺少有效的程序救济,从而丧失保卫自己合法财产的机会。

因此,在刑事诉讼立法中应规定,财产被查封、扣押、冻结的案外人可以通过诉讼化的听证程序寻求救济。这是因为,案外人本身就可能和案件无关,在其财产受到查封、扣押、冻结后,可能会严重影响到其生产、经营或者生活。这就需要通过立法确立有利害关系的案外人在听证程序中享有当事人地位,确立案外人的告知制度,规定案外人的程序参与权。唯有如此,案外人才能知情并通过法定程序保护自己的财产权。在案外人参加的听证程序中,应当采取公开开庭的方式,案外人有权申请调查取证,有权传唤证人、鉴定人并向其发问、质证,有权提出新的证据,有权与查封、扣押、冻结的处分机关进行辩论。案外人对涉案财物主张是权属人,就应对此承担证明责任,能达到“高度盖然性”标准即可。

第六章

“强奸盾牌条款”的有限适用

在强奸案件中,侦控方及辩护方在证据适用方面都存在一定的困境。因为强奸案件本身所涉及的具体犯罪环境具有隐秘性,以及被害人与被告人之间关系可能具有隐私性,从而导致被害人与被告人之间的证据呈现1∶1的特点。同时,最近几年强奸案件体现出新的特点,主要是指强奸犯罪对象类型的变化,其中包括犯罪嫌疑人/被告人对特定身份关系人的强奸(包括对恋人、情人或者前妻的强奸),以及对特定职业女性的强奸(包括对性工作者、有偿陪侍者的强奸),这给强奸案件的证据适用造成了更大的困扰。基于查明强奸案件事实的需要,以及有效辩护、被告人获得平等审判权或对质权的需求,应在借鉴英美证据法的被害人性品格证据的基础上,确立我国的被害人性品格证据规则。然而,我国被害人性品格证据规则应当是一种有限度的、有条件的适用,这是实现被告人权利与被害人权利有机平衡的需要。

一、作为切入点的“强奸盾牌条款”

强奸盾牌,是指在性侵案件的审判中,原则上辩护人一方不得提出被害人性行为、历史或声誉的证据。“强奸盾牌条款”是一个“分水岭”,该条款制定前后对强奸案件被害人性品格证据的适用存在明显的差别。在强奸盾牌条款制定以前,从历史上看,制定强奸法是为了保护贞洁的妇女免受婚姻以外的性暴力。① 根据普通法,最初在强奸案件审判中,被告人一方几乎可以向被害人提出任何问题。由于普通法的目的是保护女性贞操,在审查被害人性行为历史之前,早期强奸法几乎不为提出强奸控告的妇女提供证据保护。被害人贞洁或滥交的证据,以及其在这些品质方面的声誉,通常都会被采信。② 在20世纪六七十年代,由于女权主义运动的推动,以及基于保护被害人隐私权等因素的考量,美国各州普遍确立了“强奸盾牌条款”,也就是除非一些特别的例外,在强奸案件中原则上限制被告人一方提出被害人的性品格证据。③ 这确实保护了被害人的隐私权,却对被告人获得公平审判的权利造成了损害。因此,权利的权衡问题,或者说强奸案件被害人隐私权能否绝对超过被告人获得公平审判的宪法权利,导致严格的强奸盾牌条款受到了挑战。美国一些州在强调适用“强奸盾牌条款”的前提下,也采取了一些权衡,即确立了一系列的例外。同时,在美国采取“强奸盾牌条款”立法模式的不少州法院,在司法适用中也对“强奸盾牌条款”进行了调整或者规避,具体体现为公开抵制、秘密变通等方式。之所以确立“强奸盾牌条款”的例外适用,主要是出于对被告人对质权等宪法权利的考虑。在现实意义上,确立“强奸盾牌条款”例外的一个直接的原因就是防止强奸案件的被害人捏造事实诬告被告人。在司法实践中,并不能排除被害人这种捏造被

① Karin S. Portlock, *The Racial Ramifications of Admitting Prostitution Evidence under State Rape Shield Legislation*, Columbia Law Review, Oct., 2007, Vol. 107, No. 6 (Oct., 2007), p. 1409.

② See Teague v. State, 67 S. E. 2d 467, 471 – 72 (Ga. 1951).

③ 被害人性品格证据,主要是指被害人性名誉证据以及被害人与被告人或者第三人发生性关系的性行为证据。前者主要是指从事特定职业的被害人(性工作者或者有偿陪侍者)的性名誉的评价问题,后者主要是指被害人与被告人或者第三人的先前性行为能否推导出引起案发的性行为是否属于双方的合意问题。

强奸的动机。从某种意义上说,“强奸盾牌条款”的支持者自己也承认,没有绝对规则可以适用。在某些情况下,立法者认为被害人先前性行为更具证明性而非偏见。事实上,根据至少一项“强奸盾牌条款”,几乎所有可以想到的性品格证据的使用都是具有可以采信的例外的。[①] 这就是在美国“强奸盾牌条款”中确立一系列例外的原因,以此作为被害人与被告人利益平衡的准则。这种立法模式能够更好地协调被害人的隐私权及被告人获得公平审判权的冲突。

目前在我国,立法中并没有关于“强奸盾牌条款”或者强奸案件被害人性品格证据的规定,但是,这并不代表“强奸盾牌条款”或者强奸案件被害人性品格证据规则没有立法价值及实践意义。这是因为,近年来,我国强奸案件的类型发生了一定的变化。以往强奸基本上都是发生在陌生人之间、带有高度强制性的类型,而现在有相当一部分属于对特定身份人的强奸(情人、恋人甚至是离婚后前夫对前妻的强奸),或者强奸从事性服务或者有偿陪侍行业的女性。上述强奸类型在近些年来也出现逐渐上升的趋势。这种变化为女性带来新的威胁的同时,也为强奸案件的被告人/犯罪嫌疑人带来了更高的错案风险。这是因为,在上述强奸类型中,存在着由于被害人与被告人因性交易价格谈不妥而勒索或者男女之间由于感情破裂而报复的较高可能。可以说,上述这些案件有“真强奸”,也有“假强奸”。所谓的“假强奸”是指女性在发生性关系时并未违背其意志,其可能出于报复或者敲诈勒索钱财的目的而故意报假案。强奸案件的被害人的自愿(强奸犯罪的核心构成要素)具有即时性或者易变性,譬如,被害人可能在与被告人发生性关系前同意而实际发生时不同意。特别是强

---

① J. Alexander Tanford and Anthony J. Bocchino, *Rape Victim Shield Laws and the Sixth Amendment*, University of Pennsylvania Law Review, Jan., 1980, Vol. 128, No. 3 (Jan., 1980), p. 569.

奸案件中实际上还存在一种半推半就的行为,如果仅由被告人承担因此带来的法律后果也是一种司法不公的行为,这也不符合刑法评价的目的。这给侦查机关的证据收集以及法官的司法判断带来很大的挑战。同时,刑辩律师对此也很难提出有力的辩护意见。然而,主要依靠被害人陈述来完成犯罪构成的论证显然在技术上不具有客观性及合理性,这也是我国需要建立被害人性品格证据规则的重要根据。反之,就会给侦查机关在强奸案件中留下广泛的裁量空间。同时,也为法官裁判的恣意提供了契机。因此,即使“强奸盾牌条款”具有保护女性权利的特殊价值,如果我国引入严格“强奸盾牌条款”而不考虑例外情形,其实也蕴藏了侵犯被告人获得公平审判权的风险,同时,也有导致侦查、司法机关发生错案之虞。因此,我国不能采取完全排除例外的“强奸盾牌条款”的模式。基于最大限度地实现被告人利益与被害人利益平衡的需要,应确立一种原则上不适用被害人性品格证据,在例外情形时适用被害人性品格证据的模式,也即采行一种有限适用“强奸盾牌条款”的模式。

二、我国强奸案件中被害人性品格证据适用的实践维度

(一)我国强奸案件中存在被害人与被告人权利保护失衡的现象

在笔者调研中发现,在强奸案件中,特别在近几年,涉及被害人性品格证据的案件屡见不鲜,譬如众所周知的李某某强奸案就是其中一例。当然,即使是从事卖淫或者有偿陪侍活动的女性的性权利仍然属于法律的保护对象。但是,在此类强奸案件中,往往存在着因为价格谈不拢等原因而导致被害人报案为强奸的情形,这就导致据此给被告人定罪失去了前提和基础。特别是在目前强奸案件定罪率非常高的情况下,这就给被告人权利保护带来很大的风险或者障碍。

因为即使是被告人与被害人发生了性关系，然而，仍然存在其他诸多可能性。譬如，由于男女恋爱关系破裂而泄愤报复、出于经济利益原因而栽赃陷害、由于奸情暴露而采取报案的手段以掩饰自己的窘境或者获得自己家庭的谅解，等等。然而，在现实中，如果女方以强奸案件报警后，基于我国公安、司法机关强烈的追诉倾向、强奸案件中的被害人与被告人之间证据1∶1的困境，以及女权主义的压力，最终法院基本上都会对被告人予以强奸罪既遂或未遂的认定。在笔者对山东省L市主要从事刑事辩护的10位律师的调研中，法院对这些律师代理的强奸案件定罪率达到98.36%，仅有1起案件被侦查机关撤销；在山东省C县公检法机关对强奸案件的刑事处分中，法院对移送起诉的强奸案件的定罪率达到100%，只有1起案件被检察机关不起诉处理（见表6.1、表6.2）。

表6.1　山东省L市10位律师在其代理的强奸案件中被害人品格证据适用情况

律师	执业年限/年	辩护的强奸案件数量/件	涉及被害人品格证据的案件/件	提出被害人品格证据的次数/次	被害人出庭次数	侦查、司法机关采纳、采信情况
高某强律师	16	13	4	4	两件案件中有被害人出庭	法院采信1次
李某利律师	6	6	2	1	无	公安机关撤销案件1次
贾某律师	19	7	2	无	无	无
王某洪律师	16	6	3	无	无	无
李某友律师	6	5	1	无	无	无

续表

律师	执业年限/年	辩护的强奸案件数量/件	涉及被害人品格证据的案件/件	提出被害人品格证据的次数/次	被害人出庭次数	侦查、司法机关采纳、采信情况
王某豪律师	16	6	1	无	无	无
黄某正律师	8	6	1	无	无	无
孙某刚律师	10	5	1	1	无	无
张某印律师	12	4	2	2	无	无
周某柱律师	8	3	1	无	无	无

表 6.2 2013—2015 年山东省 C 县公检法对涉及被害人性品格证据的强奸案件的刑事处分情况

单位:件

年份	强奸案件立案数量	涉及被害人性品格证据案件	侦查机关撤销案件	不起诉/撤诉案件	法院最终判决有罪案件
2013	25	3	0	0	25
2014	32	5	0	1	31
2015	21	4	0	0	21

(二)我国存在强奸案件中被害人性品格证据供给严重不足的现象

在我国的强奸案件中,无论是控方还是辩方,都存在证据供给不足的情形。在笔者对山东省 L 市 10 位刑辩律师代理刑事案件的调研中得知,在该市司法辖区,在2010年之前,强奸案件中的证据类型主要是以被告人供述和被害人陈述为主。在侦查案卷中,一般强奸案件的被害人的职业背景问题、案件发生的环境、性行为发生的体位是否能够完成强奸等并不在侦查机关的侦查范围之内,其并不对这种对被害人不利的证据予以收集或者论证,侦查机关需要做的只是直奔犯罪构成要件的主题,即强奸案件到底是否发生、被告人的行为是否违背被害人的意志、是否采取了暴力等。此外,在山东省L市的强奸案件中,一直到2010年左右,才较为普遍地适用了DNA鉴定意见这种科学证据。总体而言,在强奸案件中,辩护方能够利用的最主要的还是被告人供述和被害人陈述这两种证据,从而呈现出强奸案件辩护证据短缺的现象。这也说明了被害人性品格证据的重要性,即性品格证据是一种重要的间接证据,能够对强奸是否真正发生提供相应的证据补强。在调研中发现,现在的强奸案件类型出现了相对明显的变化,对特定身份关系的人强奸或者强奸性工作者、娱乐场所工作的有偿陪侍女性的案件占据了较高的比例。这些强奸案件类型存在相当多的半推半就的情形,以及性交易后发生冲突的成分。因此,被害人性品格证据在强奸案件中的作用匪浅。然而,从表6.1可以看出,仅有4位律师在8件案件中提出被害人性品格证据,其他律师或者是没有相应的线索而无法提出,或者是明知提出被害人性品格证据也不会被法官采信而不愿提出。而侦查机关基于严重的追诉倾向不会提出被害人性品格证据。辩护律师由于缺乏相关的调查能力而难以提出被害人性品格证据,从而造成我国强奸案件中被害人性品格证据的"空心化"状态。

(三)在我国强奸案件中存在对被害人性品格证据采信或者适用严重失调现象

具体到我国的司法语境中,法官在对被害人性品格证据采信方面存在一定的困境。实际上,在司法实践中,一方面,侦控机关基于追诉需要几乎不会收集、提供被害人性品格证据。另一方面,在强奸案件的审理中,出于保护被害人隐私等方面的考量,基本上都是由女法官主持审判。我国司法机关惯有的追诉犯罪的思维及女性法官易于倾向保护女同胞权利的心理,造成了在强奸案件中不利于被告人的一种叠加效应,具体体现为强奸案件无罪判决率极低。此外,在笔者对强奸案件的调研中,还发现存在法官对一些间接证据过度依赖的现象。譬如,被害人的外伤、衣服破裂、哭泣等证据(这些证据被用以证明被告人性行为的强制性或者被害人的非自愿性)。诚然,这属于强奸案件直接证据供给不足前提下的一种无奈选择。然而,上述证据无论是外伤、衣服破裂还是被害人哭泣都具有高度的主观性或者可复制性/伪造性,譬如,在我国具有很大社会影响力的“教师黄静裸死案”中就存在外伤情况,但是,最终的调查结果是黄静并非被强奸而是死于疾病。作为一种鲜明的对比是:即使辩护方提出被害人性品格证据的相关线索或者证据,法官也基本不会调查或者采信,从而使法官对被害人性品格证据的采信处于“失语”状态。然而,在司法实践中,确实存在一定数量的从事特殊职业的女性因为性交易价格谈不妥或者情人之间产生矛盾而勒索或诬告陷害的现象。譬如,在表6.2的调研中,张某(女)与蔡某(男)存在通奸行为。在一次通奸被他人撞破后,张某为了挽回自己的面子或者挽救家庭声誉而报警。此外,在2014年“李某军强奸案”中,在侦查案卷中可以发现,李某军以徐某(女)与别的男人发生性关系将告知其父母为借口,威胁与徐某在某超市二楼楼梯下面的床上两次发生性关系,而被指控涉嫌强奸。在律师辩护意见中,提出有证人作证曾经见过徐某在此处与第三人发生性关系,且该发生性关系的场所属于徐某控制的范围。然而,最终法官对此没有确认。可以看出,在强奸案件中,法官对被害人性品格的采信方面存在严重的缺失。对于被告人或刑辩律师而言,其提出的被害人性品格证据几乎没有法官会采纳。即使有的律师模糊提出被害人性品格证据问题,法官也可能会当庭驳回,或者在判决时不予考虑。

三、美国等英美法系国家被害人性品格证据的适用历史与“强奸盾牌条款”立法模式

(一)美国等英美法系国家被害人性品格证据适用的历史

英美法系国家被害人性品格证据适用经历了一个曲折的发展过程。在普通法中,强奸案件被害人先前性行为的证据最初是可以采信的。早期关于强奸案件被害人性品格证据的法律反映了一种普遍的道德氛围,在这种氛围中,女性在结婚前都应该保持贞洁。制定法律并不是出于体现保护女性的骑士精神,而是出于男性保护自己财产的需要。这一历史观点解释了女性在证明强奸指控时所面临的巨大困难。① 在维多利亚时代,英国承认强奸案件被害人先前性行为的证据具有可采性。之所以如此,是因为当时的道德氛围背后的三个因素促成了这一立场。首先,男性主导的社会担心有报复心的女性会对无辜的男性实施虚假的强奸指控。② 其次,社会将贞节概念化为一种性格特征。③ 最后,社会认为婚前性行为是不道德的。维多利亚

① J. Alexander Tanford and Anthony J. Bocchino, *Rape Victim Shield Laws and the Sixth Amendment*, University of Pennsylvania Law Review, Jan., 1980, Vol. 128, No. 3 (Jan., 1980), p. 546.

② Tanford & Bocchino, *Rape Victim Shield Laws and the Sixth Amendment*, 128 U. Pa. L. Rev. 546 (1980).

③ Tanford & Bocchino, *supra* note 24, at 546.

时代总体上表现出对社会上男性成员福利的普遍关注,很少考虑女性。①

在美国,在为保护被强奸女性而进行的改革运动之前,一个不守规矩的女人比一个贞洁的女人更可能同意性行为,这是许多法院对强奸犯罪审判中的被害人采取的普遍态度。② 有两种刻板印象支持了这样一种理论,首先,传统意义上放荡的被害人由于“滥交”的天性而缺乏可信度。法官和陪审员都可能认为这样的受害者是不值得相信的。关于强奸案件被害人的第二种刻板印象是,一个曾经同意过性行为的女性总是会同意:“如果她做过一次,就会再做一次。”③

“20 世纪 60 年代末到 70 年代出现了一场旨在促进妇女权利和尊严的广泛的社会运动。由此产生的社会习俗的转变推动了现行法律赋予强奸案件被害人的待遇而进行的立法和司法改革。”④在上述阶段,美国第二次女性主义浪潮高涨。在法律领域,强奸盾牌条款的确立被认为是其最重要的成果。其主要内容是:在强奸案件中辩方律师不能够通过介绍被害人的性历史或性名声证据来质疑被害人的动机或表明她同意。⑤ 可以说,女权主义运动的发展及影响成为制定

---

① Andrew Z. Soshnick, *The Rape Shield Paradox: Complainant Protection Amidst Oscillating Trends of State Judicial Interpretation*, The Journal of Criminal Law and Criminology (1973 -), Autumn, 1987, Vol. 78, No. 3 (Autumn, 1987), p. 649 - 650.

② David Ellis, *Toward a Consistent Recognition of the Forbidden Inference: The Illinois Rape Shield Statute*, The Journal of Criminal Law and Criminology (1973 -), Vol. 83, No. 2 (Summer, 1992), p. 395.

③ Vivian Berger, *Man's Trial, Woman 5 Tribulation: Rape Cases in the Courtroom*, 77 Colum. L. Rev. 1, 45(1977).

④ Andrew Z. Soshnick, *The Rape Shield Paradox: Complainant Protection Amidst Oscillating Trends of State Judicial Interpretation*, The Journal of Criminal Law and Criminology (1973 -), Autumn, 1987, Vol. 78, No. 3 (Autumn, 1987), p. 647.

⑤ 吴慧敏:《美国强奸盾牌规则的法理基础及实践效果》,载《人权研究》第 20 卷。

“强奸盾牌条款”的一大社会背景。人们对女性在社会中的角色的态度发生了变化,女性从数百年来男性主导的法律和其他职业中崛起。虽然断言性别角色定型观念不再存在还为时过早,但男女关系领域的进展已促使法律制度发生根本性变化。在这些变化中就包括颁布“强奸盾牌条款”。在被害人性品格证据规则发展过程中,“强奸盾牌条款”具有界碑式的地位或者角色。“强奸盾牌条款”旨在保护刑事诉讼中的强奸犯罪的被害人。在非常有限的例外情况之外,该条款阻止被告人提出被害人的性行为、历史或声誉的证据。① 一般而言,“强奸盾牌条款”的目的包括五项:第一,保护强奸受害者的隐私。第二,鼓励强奸受害者站出来。第三,通过排除无关或有偏见的证据,提高强奸案件审判结果的准确性。第四,震慑。强奸盾牌条款向攻击者发出了一个明确的信息,潜在强奸犯罪嫌疑人因为知道他们将因强奸而受到惩罚而被震慑,从而不考虑受害者是否有过性经历。“强奸盾牌条款”还鼓励受害者举报强奸案,从而进一步实现了震慑目标。第五,保护女性的自主权。“坏女孩是不公平的游戏”这一信息表明,女性对性生活方式的选择不会影响她受到“强奸盾牌条款”保护的程度。因此,女性选择性伴侣的自由不会因为这样的假设而受到阻碍,即如果她同意一次性行为,她就失去了说不的合法权利。②

除了有女权主义运动作为外部环境外,“强奸盾牌条款”的制定

---

① Lukas Saunders, Rape Shield Laws: Protecting Sex – Crime Victims Learn about what's off – limits in rape and other sex – crime cases. November 8, 2013. http://www.nolo.com/legal – encyclopedia/rape – shield – laws – protecting – sex – crime – victims.html.

② Sakthi Murthy, *Rejecting Unreasonable Sexual Expectations: Limits on Using a Rape Victim's Sexual History to Show the Defendant's Mistaken Belief in Consent*, California Law Review, Mar., 1991, Vol. 79, No. 2 (Mar., 1991), p. 551 – 552.

也与陪审团的非专业性及其引起的诉讼效率低下,以及被害人性品格证据的弱证明力等因素有关。因此,如何更有效实现强奸案件中被害人利益的保护成为相当一段时间内社会和立法、司法领域关注的热点。禁止采信女性名誉证据的影响趋势在20世纪70年代强奸盾牌改革开始时已经确立。① 1974年美国密歇根州第一个制定了“强奸盾牌条款”,其采取了原则加例外的立法方式,也即除非在特定例外情况下,原则上对强奸案件的被害人性品格证据不予采信。在美国联邦相关立法层面上,在1978年,美国国会在《联邦证据规则》中增加了第412条,也即“强奸盾牌条款”。其主要内容包括:(a)尽管有任何其他法律规定,在刑事案件中,如果一个人被指控犯有《美国法典》第18编第109A章规定的罪行,则该罪行的受害者过去性行为的名誉或意见证据不具有可采性。(b)尽管有任何其他法律规定,在刑事案件中,如果一个人被指控犯有《美国法典》第18编第109A章规定的罪行,除了名誉或意见证据之外,受害者过去性行为的证据不具有可采性。② 可以说,“强奸盾牌条款”在美国影响非常广泛,在1970年中期席卷各州立法机构和国会,到1980年,几乎每个州都通过了某种形式的强奸改革立法,目的是在强奸案件审判中保护女性的性隐私。

然而,基于保护被告人公平审判权的要求,即使考虑到被害人隐私权等利益的保护,也不能忽视被告人对自己不利的证据进行质证的权利,否则,将会陷入另外一个悖论之中。在美国,对“强奸盾牌条款”的质疑主要包括:第一,宪法确立了被告人与被害人或者检察官

---

① Karin S. Portlock, *The Racial Ramifications of Admitting Prostitution Evidence under State Rape Shield Legislation*, Columbia Law Review, Oct., 2007, Vol. 107, No. 6 (Oct., 2007), p. 1410.

② Federal Rules of Evidence, Rule 412.

之间的对质权。“强奸盾牌条款”在屏蔽被害人过去性行为不端的历史的同时侵害了被告人的对质权。① 第二,美国宪法第五修正案保障被告人有免于自证其罪的权利。但是,“强奸盾牌条款”的审前证据开示制度——这需要被告人在审前透露某些证据及可能承认某些行为——就是需要被告人自证其罪。② 第三,在强奸案件中,被害人陈述成为主要的控诉性证据也易于导致被害人由于特殊原因而诬告/勒索被告人的风险。“被害人报假案容易,而针对强奸案件指控的辩护却非常困难。”③这也是美国“强奸盾牌条款”采取一系列例外的重要原因。

(二)美国强奸案件被害人性品格证据的立法模式

英美法系国家是品格证据规则的发源地,并对此有相关详细的立法规定。相对而言,在大陆法系国家及我国,即使在司法实践中经常会遇到关于被害人性品格证据方面的问题,品格证据规则并没有得到关注。“任何人如果想从欧洲大陆的证据法中找有关个人性格、嗜好或者过去经历的详细规定都必定会感到失望。”④当然,这并不是说大陆法系国家没有任何相关法律规定,譬如在德国就有关于品格证据的法律规定。然而,如果从成熟程度看,模式化、精细化的被害人性品格证据规则主要体现于英美法系国家。一般而言,强奸案件被害

① Lukas Saunders, Rape Shield Laws: Protecting Sex – Crime Victims Learn about what's off – limits in rape and other sex – crime cases. November 8, 2013. http://www.nolo.com/legal – encyclopedia/rape – shield – laws – protecting – sex – crime – victims.html.

② People v. Blackburn, 56 Cal. App. 3d 685 (1976).

③ CE. *LeGrand Rape and Rape Law: Sexism in Society and Law*, 61 Cal. L. Rev. 932 (1973).

④ Dama. ka, M. R., *Propensity Evidence in Continental Legal System*, 70 Chi. – Kent. L. Rev. 55 (1994).

人性品格证据或者“强奸盾牌条款”立法模式主要包括以下几种。①

1. 明确界定例外模式

该模式主要适用于美国的乔治亚州、亚拉巴马州、佛罗里达州等州。根据该种模式，在例外规定条款中，由立法或者判例明确界定哪些被害人性品格证据具有可采性，除此之外就是法官的裁量禁区。这些具体规定适用被害人性品格证据的内容包括：第一，用于证明第三人而非被告人是精液、伤害或者其他物证的来源；第二，被告人可以提出与被害人过去的、经过被害人同意的特定性行为证据，证明被指控的性行为是经过被害人同意的；第三，如果排除此类证据将会侵犯被告人的宪法性权利。②

2. 宪法最终审查模式

这是一种在美国康涅狄克州、夏威夷州、伊利诺伊州、新罕布什尔州③等十一个州及哥伦比亚特区适用的强奸盾牌模式。在此模式

---

① 美国也有学者将其分为五种模式，即尽管各州强奸保护法之间存在巨大差异，但法院的法规和规则可分为五大类：(1)一般禁止引入过往性历史证据的法律，除非在有限的情况下；(2)一般禁止过往性历史证据的法律，除非在少数明确规定的情况下，甚至只有在听证会确定可采性之后；(3)根据传统证据规则，承认过往性历史证据的法律要求相关性大于审判前影响；(4)通常允许过往性历史证据的法律，但要求对该证据的某些用途的可采性进行听证；(5)法律赋予初审法官一般自由裁量权，允许其接受过往性历史证据，但在某些情况下限制了这种自由裁量权。Tanford & Bocchino, Rape Victim Shield Laws and the Sixth Amendment, 128 U. Pa. L. Rev. 548 (1980).

② [美]乔恩·R.华尔兹：《刑事证据大全》，何家弘等译，中国人民公安大学出版社1993年版，第71页。

③ 在新罕布什尔州，法院将“强奸盾牌条款”的有效性问题界定为一个重要的宪法问题。法院承认，新罕布什尔州法令旨在完全禁止被害人与被告以外的人进行合意活动。然而，这项禁令不能限制宪法第六修正案。针对宪法第六修正案中的对质条款，法院认为，为了维护新罕布什尔州“强奸盾牌条款”的合宪性，必须在提出动议后，给予被告机会，证明根据正当程序要求在被害人过往行为历史的证据的证明价值超过对被害人的不利影响时，才能予以采信。Andrew Z. Soshnick, *The Rape Shield Paradox: Complainant Protection Amidst Oscillating Trends of State Judicial Interpretation*, The Journal of Criminal Law and Criminology (1973 -), Autumn, 1987, Vol. 78, No. 3 (Autumn, 1987), p. 644.

中,确立了以宪法作为最终审查裁量"压舱石"的做法。之所以确定宪法最终审查模式,是因为如果过于精确地将采信被害人性品格证据的例外限制于一种或者几种例外情形,在其他情形中就可能会侵犯被告人的宪法权利,这主要是指被告人的辩护权及对质权。因此,就会出现宪法第六修正案规定的被告人质证权和被害人的隐私权之间的冲突。"宪法禁止州颁布强奸盾牌条款限制被告提出其他可接受证据的能力。当证明价值超过了不利影响时,任何被控犯罪的人都不得被剥夺提出证据的权利。州和联邦政府不得通过立法修改证据规则,从而给被告人的自我辩护能力带来新的负担。根据这一联邦宪法标准检验强奸盾牌条款,发现其中许多都是无效的。由于性品格证据在某些强奸案件中可能具有相关性,那些包含绝对禁止的法规,肯定无法与美国宪法第六修正案相协调。"①可以说,"强奸盾牌条款"除了会因不合理限制被告人提出相关性无罪证据的能力而违宪外,实际上被害人过往性历史在一些情形下还是有其特定的证明价值的。因此,基于权衡强奸案件被告人权利和被害人权利的需要,在美国一些州中,即使不是明确列明可以采信的被害人性品格证据,法官也可以借助宪法条款予以采信,这等于扩大了"强奸盾牌条款"明确界定例外模式中可以采信被害人性品格证据的范围,即扩大了法官在采信被害人性品格证据的裁量权,至少法官在这种模式下的裁量权要大于明确界定例外模式。

3. 法官权衡裁量模式

这是一种法官根据案件的必要性决定是否适用被害人性品格证据的模式。这种模式包括美国的得克萨斯州、阿肯色州、纽约州、阿

① J. Alexander Tanford and Anthony J. Bocchino, *Rape Victim Shield Laws and the Sixth Amendment*, University of Pennsylvania Law Review, Jan., 1980, Vol. 128, No. 3 (Jan., 1980), p. 589.

拉斯加州等州法院以及在英国适用。在美国法官权衡裁量模式中，不同州的法官具体裁量方式也存在差异。作为这种模式的代表，审判法院对于性行为证据享有几乎无拘无束的自由裁量权。这个模式试图通过程序来适应原告和控方的需求：那就是在介绍性行为证据前进行不公开听证来决定证据是否具有关联性。这个程序鼓励司法系统仔细地衡量这些证据的证据价值。它没有对性行为证据可采性的实质性限制，权力都在法官。[①] 在英国，根据《1976年性犯罪法》，禁止被告人一方提出被害人与被告人以外的第三人之间的性关系来作为强奸罪的抗辩理由，却不禁止被告人一方可以提出被害人与被告人之间的性关系来作为抗辩理由。基于保护强奸案件被害人的目的，《1999年青少年审判与刑事证据法》又进一步进行了限制，不再区分被害人与被告人的性行为和被害人与被告人以外的第三人的性行为。[②] 在通常情况下，都不得提出有关二者的证据与问题。当然，这种禁止并不是绝对的。如果绝对禁止提出被害人的品格证据可能会根本影响案件的公正处理，也允许法官行使裁量权在满足特定条件下采信被害人的性品格证据。

此外，总的来说，根据“自愿”及“可信”决定是否采信，也是一种法官权衡裁量的方式。在美国的涉嫌强奸案件中，“自愿”及“可信”一般都是控辩双方争议的焦点。当然，这也成为法官判断是否采信被害人过往性品格证据的重点，从而催生了在美国部分州法院根据“自愿”及“可信”来区别对待是否采信被害人过往性品格证据的模式。在加利福尼亚州等州，被害人过往性品行证据如用以证明“自愿（合意）”，则该证据不可采；但若该证据是用以攻击被害人证言的可

---

① 吴慧敏：《美国强奸盾牌条款的证据法分析——从密歇根州诉卢卡斯案谈起》，载《中国案例法评论》2017年第1辑。

② 齐树洁：《英国证据法》，厦门大学出版社2002年版，第353页。

信度,该证据可采。在内华达州和华盛顿州,情况正好相反。被害人过往性品行证据不得用于证明被害人证言的可信度,但却可以用来证明本次性行为是否自愿。①

四、美国采取原则——例外方式适用被害人性品格证据的法理基础

被害人性品格证据规则,在美国,经历了从开放式适用被害人性品格证据,再到目前普遍采取的原则加例外方式适用被害人性品格证据的过程。其实,被害人性品格证据的适用与否及其限度,都与其背后的法理基础或者公共政策有着密切勾连。原则加例外方式适用被害人性品格证据,也即原则上不适用被害人性品格证据,例外时适用被害人性品格证据,无论是原则禁止,还是有条件适用,都从根本上改变了美国最早推定被害人性品格证据具有可采性的做法。其中除了女权主义运动的影响,还可以看到其背后的法理基础在起着支撑作用。其中包括以下几种。

(一)保护被害人的隐私权

美国最早开放式适用被害人性品格证据,主要是因为强奸案件的特殊性及其引起的难以辩护的特点。但是,如此则将被害人的隐私权置于极大风险之中,被害人隐私权的保障形同虚设。在美国各州立法普遍确立"强奸盾牌条款"时期,这个法律盾牌保护的就是被害人的隐私权。这是因为,开放式地适用被害人性品格证据在根本上挑战了被害人的隐私权,而隐私权正是现代社会中公民的一项重要的权利。日本学者前田雄二认为:"人,无论谁都有不愿被他人知道的一部分私生活,这些如被窥见或者被公开发表,而让很多人知

① 参见王禄生:《美国"强奸盾牌条款"评析》,载《比较法研究》2014 年第 3 期。

道，便会觉得羞耻或不愉快，也就是说，那些希望‘沉默过去的事’如被暴露，便构成对隐私权的侵害。”①即使被害人性生活混乱或者是性服务工作者，也不能因为其从事的工作而失去性自主权，更不能因此丧失隐私被保障的权利。隐私权不仅是一项部门法意义上的权利，也是一项宪法意义上的权利。剥夺被害人性隐私权突破了蒙昧和文明的界限，从根本上损害了被害人的人格尊严。

此外，即使从有利于查明案件事实方面考虑，部分被害人性名誉证据其实对查明案件事实也是没有必要的，因为二者之间并没有太大的证明相关性，如果因此侵犯被害人以后在社会中生活的至关重要的性隐私权，显然没有必要。在被害人隐私权保护方面，这更是一种得不偿失的行为。

（二）避免被害人二次被害

对于强奸案件的被害人而言，第一次伤害是性侵犯罪带来的伤害。二次伤害是指在刑事诉讼程序中，为了证实被害人被性侵事实是否真实，通过质证、询问等方式让被害人再次面对先前性历史或者性行为而造成的精神伤害。强奸案件的被害人受到的二次伤害主要是被告人律师进攻性辩护所造成的结果，在庭审过程中，为了获得对自己的当事人有利的判决结果，辩护律师往往会咄咄逼人，专门迫使强奸案件的被害人回答那些让其尴尬的过往性历史，这些问题会在实质上让被害人受到伤害。② 当然，也不排除法官等其他司法人员询问被害人造成的影响。被告人律师提出被害人具有私生活混乱等放荡、不贞的性品格证据，其实是一种迂回的辩护策略，是一种通过提出间接证据的方式，证明被害人在涉案中的性行为也是自愿的，因为

① 吕光：《大众传媒与法律》，商务印书馆 1981 年版，第 4 页。

② Regan Kreitzer La Testa, *Rape Shied Statutes and the Admissibility of Evidence Tending to Show a Motive to Fabricate*, 46CLev. St. L. Rev. 489(1998).

这种人更容易接受放荡的性关系，从而间接证明被害人的强奸指控不可信或者撒谎。允许适用被害人性品格证据的基础逻辑是，婚外或者婚前有过性生活的女性，比一般性生活循规蹈矩或者保守的女性，具有更高的同意发生性关系的概率。①

如果无原则地允许被告人及其律师提出被害人性品格证据，就会将被害人陷入二次受害的境地，也会使刑事诉讼的目标发生方向性错误。美国学者伯吉斯和霍姆斯特龙报道了一起强奸案被害人在法庭上的经历，说明了许多性犯罪被害人在审判中的共同反应：我觉得想哭，我感到受了侮辱，我讨厌被告律师的提问，我觉得有罪的被告反被律师证明是无罪的，我想被告律师真是开了一场大大的玩笑，我想他与我们谈话，就像我们是白痴，倘若我们不能记住那些要点，他就会问我们为什么记不住，虽然强奸已不可避免地发生了，但我们害怕被杀，当你产生了死亡的恐惧时，就不会再考虑别的什么了，被告律师不让我们说，我真想对他大喊："如果我是你的妻子或姐妹，你会这样对待我吗？"②如此，强奸案件的被害人在遭受性侵后，又遭受到刑事程序对其的双重侵害。

如果允许将被害人性品格证据完全开放式带入刑事诉讼程序中，就会给人一种印象，即被害人过去曾经性生活混乱，容易随便同意与他人发生性关系，从而推论出在目前的涉案中也同意与他人发生性关系。那么，被害人的品行就成为被任意指手画脚之处，会给法官留下被害人品行不良的印象，从而扰乱刑事诉讼正常的运行方向。法官内心可能对被害人的被性侵认为是"罪有应得"。这本身不再是

---

① 易延友：《英美法上品格证据的运用规则及其基本原理》，载《清华法学》2007年第2期。

② 杨志：《性犯罪视野中的品格证据研究——以英美法为中心》，载《学术研究》2013年第2期。

一种法律评价，而是一种道德评价，将本来是对被告人的刑事审判，变成对被害人的名誉审判，从而导致现代刑事审判不是法律审判而是道德审判的风险。被告人一方对被害人过往性品格证据的诘问，导致被害人暴露于过度的羞耻之中。同时，这也会限制被害人被性侵后报案或者指控犯罪的积极性，间接地纵容或者鼓励了强奸等性犯罪。

（三）诉讼效率的考量

即使刑事诉讼有其他价值追求，效率也无疑是重中之重。在强奸案件中，迅速推动诉讼程序进行，让案件事实及时呈现，针对案件的核心争议起诉并审判，让被强奸的女性及早恢复到平静的生活状态，是强奸案件中刑事诉讼程序的主要追求之一，这也是刑事诉讼效率的奥义或者价值。

但是，被害人性品格证据的提出或者适用则是与此相违背的。这是因为，在强奸案件中，争点是被害人是否被强奸的事实、证据及法律适用，然而，如果没有适当限制，被告人及其律师会将提出被害人性品格证据作为争议的重点，从而与公诉方在此展开过多的争议，使法官关注的重点集中到被害人性品格证据方面。但是，相对而言，被害人性品格证据却属于相关性或者证明力不大的证据，从而会混淆案件的争议焦点，拖延诉讼的进程，让强奸案件被害人的正义迟迟得不到实现。波斯纳曾经说过，公正的第二个含义就是效率。[1] 迟来的正义非正义。对于强奸案件被害人而言，不必要拖延本身就一种不公正。

（四）女性自治地位的关注

禁止提出被害人的性历史证据可以清晰地表明，女性对性生活

---

① ［美］理查德·A. 波斯纳：《法律的经济分析》，蒋兆康译，中国大百科全书出版社1997年版，第31页。

方式的选择不应影响她受法律的保护程度。妇女选择性伴侣的自由不应受到这样一个假定的妨碍,即如果她一旦表示同意,她将失去拒绝的法律权利。[①] 可以说,女性自治地位本身就包含选择性伴侣的自由。禁止提出被害人性品格证据,其实也是与保障女性的自治地位或者性自主权有着联系。这是因为,如果法律强制规定要求提供被害人性品格证据,那么,当被告人及其律师提出相关证据时,涉案的女性将不能拒绝这种提议,就可能因此类法律而影响女性选择性伴侣的自由。实际上,即使是性服务工作者也有性自主权或者自治地位,性服务工作者并不能因为其从事的工作而失去性自主权,这是女性的一项重要权利,也是女性自治地位的应有之义,一般是不能予以剥夺的。

五、强奸案件中禁止适用被害人性品格证据与基础性理论的悖反

美国从禁止适用被害人性品格证据,到有限度地放开适用,也就是采取原则加例外的方式,这背后的法理基础是,被害人利益的保护也不是绝对的。并且在美国各个州,"强奸盾牌条款"在各州法院司法判例的冲击下实际上"充满漏洞"。这既有司法现实的需要,更是由于权衡被告人与被害人利益的需要,关系到被告人重要的权利问题,包括被告人的对质权、有效辩护、知情权等。

(一)与对质权原理悖反

对质权制度之内容,美国司法通说认为至少应包含如下两部分:第一部分是"面对面"部分,即使得证人作证时"目视"被告人的权

① 刘宇平:《品格证据规则研究》,西南政法大学2007年刑事诉讼法博士学位论文,第39页。

利。第二部分是“交叉询问的权利”[①]。在刑事案件中，对质权在被告人权利体系中的地位举足轻重。正如美国证据法学家威格莫尔所声称的那样，“在普通法中，从来没有任何一项公认的权利像对质那样是必不可少的。[②] 这也是这项权利被诸多现代国家列入宪法条款的重要原因，譬如，美国宪法第六修正案明确规定了被告人对其不利证人的对质权，第五修正案和第十四修正案也明确规定了这一权利。在 In Re Oliver 案中，法官布莱克概述了公平审判的最低内容：一个人有权获得对他的指控的合理通知，并有机会为其辩护。他有权出庭。这是我们法律体系的基础；这些权利至少包括对质对他不利的证人、提供证词和获得律师帮助的权利。[③] 这也说明了对质权是被告人获得公平审判权的核心内容。在钱伯斯诉密西西比案中，法院指出：在刑事审判中，被告人享有正当程序的权利，实质上是有权获得公平的机会对刑事指控进行辩护。对质和盘问证人以及传唤证人的权利长期以来被认为是正当程序的必要条件。[④] 因此，对质权也是支撑正当程序必不可缺的组成部分。可以说，对质权是一项具有基本人权属性的权利，其目的在于维持审判程序的公正，以及发现案件真实。就维持程序公正而言，美国联邦最高法院认为，任何人在面对刑事追诉时，要求与指控者面对面对质，乃人类之本能反应，亦为确保审判公正的要素，故被告人有要求与证人（美国证人亦包括被害人）

---

① 郭烁：《对抗秘密取证对质权属性及范围重述》，载《现代法学》2020 年第 1 期。

② Evan Y. Semerjian, *The Right of Confrontation*, American Bar Association Journal, FEBRUARY 1969, Vol. 55, No. 2 (February 1969), p. 152.

③ 333 U. S. 257, 273 (1948). See also Pointer, 380 U. S. at 405, in which the court described the right to cross – examination as fundamental to a fair trial.

④ Chambers, 410 U. S. 284, 294 (1973) (Justice Powell, for the court); Davis v. Alaska, 415 U. S. 308, 316 (1974): “cross – examination is the principal means by which the believability of a witness and the truth of his testimony are tested.”

面对面的基本人权。[①] 在事实查明方面,面对不利的证人也是另一个获得明确观察的机会,这是任何其他审判方法都无法获得的。通过这种方法,将使事实的裁量者有机会观察证人的素质、年龄、教育、理解能力、行为和倾向。[②] 因此,对质权不仅是实用主义方面的要求(查明案件事实),更具有正当程序及人权保障的需要(价值层面)。在美国,虽然"强奸盾牌条款"在保障女性的尊严及隐私权等方面价值匪浅,但是,其却与对质权之间有着比较尖锐的矛盾。易言之,"强奸盾牌条款"对强奸案件被告人的对质权形成了挑战。"从表面上看,一项限制性的'强奸盾牌条款'剥夺了被告人在盘问中追问某些问题并从支持自己的证人那里获取证言的能力。"[③]美国宪法第六修正案保障被告人有权对不利的证人对质,并有权为自己作证。然而,"强奸盾牌条款"可能会阻止被控强奸的被告人行使宪法第六修正案规定的权利,直接体现为阻止被告人与受害人和其他不利证人对质。这种缺乏对质的情况反过来又使被告人根据宪法第十四修正案的正当程序条款中获得公正和公正审判的权利的有效保护受到质疑。[④]强有力的强奸盾牌条款有助于保护受害者的隐私和尊严,会鼓励受害者举报强奸,并可能会降低涉嫌犯罪者恐吓受害者保持沉默或通过削弱真正受害者的可信度而逃避定罪的能力。然而,强有力的强

---

① 王兆鹏:《辩护权与诘问权》,华中科技大学出版社 2010 年版,第 119—120 页。

② Anthony Gray, *The Right to Confrontation in Common Law Systems: A Critical Comparison*, New Criminal Law Review: An International and Interdisciplinary Journal, Vol. 18, No. 1 (Winter 2015), p. 135.

③ J. Alexander Tanford and Anthony J. Bocchino, *Rape Victim Shield Laws and the Sixth Amendment*, University of Pennsylvania Law Review, Jan., 1980, Vol. 128, No. 3 (Jan., 1980), p. 555.

④ Andrew Z. Soshnick, *The Rape Shield Paradox: Complainant Protection Amidst Oscillating Trends of State Judicial Interpretation*, The Journal of Criminal Law and Criminology (1973 -), Autumn, 1987, Vol. 78, No. 3 (Autumn, 1987), p. 650.

奸盾牌条款也可能限制被告人进行全面辩护的能力。①

在我国,查明性关系是否属于自愿是认定强奸是否真正发生的重要构成要件。对于发生性关系是否属于自愿,只有被告人及被害人最为清楚,然而,出于保护强奸案件被害人隐私等方面的考虑,同时法官也怕在庭审中激化被害人与被告人的矛盾而导致庭审秩序不好控制,或者基于维护庭审严肃性等方面的考量,一般而言,即使辩护一方掌握着涉及被害人性品格证据的重要线索而申请被害人出庭,法院出于保护强奸案件被害人特殊利益的考虑也一般不让被害人出庭。然而,对于强奸这种一般只有被告人及被害人才了解详情的犯罪而言,被害人不出庭不仅不利于案件事实的查明,更难以直接质证被告人性侵被害人的真实的因果。易言之,即使被害人有因报复或者敲诈勒索等先前性历史证据也没法提出,或者说提出也难以质证。可以说,在实体意义上,这损害了法院查明案件事实的能力以及增加了错案发生的风险。在程序意义上,这无疑是对被告人对质权的一种挑战。或者说,这直接损害了被告人宪法位阶的权利——对质权。

(二)与有效辩护原理矛盾

有效辩护是指辩护方在有充分而完整辩护权的条件下,为实现期望达到的好的诉讼效果而勤勉和有效地进行辩护的活动。有效辩护的理念可以在以下四个方面得到贯彻和体现:一是合格称职的辩护律师;二是为辩护所必需的防御准备;三是与委托人进行的有效沟通和交流;四是有理、有据、精准、及时的辩护活动。② 在理想的对抗

① Jack E. Call, David Nice & Susette M. Talarico, *An Analysis of State Rape Shield Laws*, Social Science Quarterly, December 1991, Vol. 72, No. 4 (December 1991), p. 776.

② 陈瑞华:《有效辩护问题的再思考》,载《当代法学》2017 年第 6 期。

制诉讼中,称职的律师能通过交叉询问证人来揭穿谎言,能攻击指控中的弱点来削弱证据体系,更能娴熟地掌握调查技巧来帮助无辜的被告人洗脱罪名。① 这就是辩护律师有效辩护的价值所在。充分而完整的辩护权是有效辩护的核心。在接受委托后,律师有义务代表被告人以勤勉和有效的态度进行辩护。② 然而,在强奸案件中,即使辩护律师具有勤勉和有效的态度,在辩护技巧或者能力上也没有问题,如果辩护权方面受到严格限制,或者说并没有达到充分完整的程度,要想达到预期的好的诉讼结果也是困难重重。因此,充分完整的辩护权意味着不应严格限制辩护人一方的辩护权,否则,这种辩护不仅是不充分及不完整的,也难以达到有效辩护的目的。

在实行"强奸盾牌条款"的美国,存在严格适用该条款与辩护律师的有效辩护之间的悖论。这是和强奸案件的特殊性直接相关的。可以说,即使在普通法系国家中,强奸案件也是公认的最难以辩护的案件类型之一。在强奸案件的辩护中,基于其具有"控诉易而辩护难"的特点,特别是强奸案件存在报复或者金钱敲诈的情况下更是与真正的强奸犯罪难以准确区分。这本身就构成了有效辩护的障碍。在美国制定联邦"强奸盾牌条款"之初,就存在过激烈的争议,其中反对者的争议焦点之一就是:由于"强奸盾牌条款"的例外情形过少,会对辩护方的有效辩护的权利造成困扰,这也是导致 1976 年的联邦"强奸盾牌条款"草案流产的重要原因之一。

在我国,还存在强奸案件被害人供述具有天然优越的特点,其在强奸案最终定罪中起到了关键性的作用,而被告人的辩解或者律师的辩护意见往往形同虚置。在大多数强奸案件中,辩护律师所能依

---

① 牟绿叶:《美国有效辩护原则的当代困境》,载《北大法律评论》2017 年第 2 辑。

② People v. Kirkland, 14 Ill. 2d 86, 150 NJE. 2d 788 (1958).

赖的主要是被告人的供述,而这种供述往往都是被告人在人身自由不能保证甚至意志自由被限制的情况下作出的,其对辩护律师的支持作用不容乐观。同时,只要强奸案件被立案,辩护方很难通过被害人陈述获得有利线索。更有甚者,强奸案件被害人改变证词就可能被视为作伪证,从而使后者会以伪证罪被刑事处分,这在司法实践中不乏前例。如北京大学学生陈某被指控强奸前女友缪某。缪某一度否认被强奸,结果被北京市海淀警方以涉嫌伪证传唤。最终,缪某更改证词,得以取保候审。[①] 可以说,无论是在先天方面(强奸案件本身的犯罪特点),还是在后天方面(侦查、公诉等国家机关对刑辩律师的“惯性”压制),都使我国律师在强奸案件中的有效辩护举步维艰。在我国,一方面,并没有确立被害人性品格证据规则,这意味着侦查机关具有了广泛的自由裁量空间。另一方面,强奸案件中被害人的性名誉或者过往的性经历在我国刑事辩护中往往成为禁区。即使刑辩律师提出被害人性品格证据,无论关于性名誉方面还是以往的性行为方面,最终几乎都被审判法官漠视,这是我国强奸案件中有效辩护的形式性障碍及实质性障碍。

(三)与平衡原则冲突

平衡,亦称均衡,是指行为主体在互动的过程中,所有的行为主体同时达到价值最大化的目标而趋于持久存在的相互作用形式,并在此作用形式上各行为主体所处的相互作用、制约的状态。[②] 具体到强奸案件被害人与被告人权利配置中的平衡互动关系上,应当兼顾两主体的权利要求,实现一种整体上的平衡。平衡原则意味着不仅

---

① 黄秀丽:《公权力作伪证:无人追究,无法追究》,载《南方周末》2011 年 1 月 27 日,A06 版。

② 杨蓉:《法学研究的新视野:对法律的经济学分析》,载《国家检察官学院学报》2001 年第 4 期。

在被害人与被告人权利之间量上应相当,而且在质上也应当均衡。在强奸案件中,被告人及被害人的利益之间需要有更高的平衡技术。对其如何平衡在普通法及大陆法国家都成为难题及争议的焦点。其实,在我国,在强奸案件中存在着较为严重的被害人与被告人利益保护的失衡状态,从而导致平衡原则的失灵。在笔者调研中发现,只要是被害人陈述被强奸,以及被告人在第一次供述承认有性交/强奸行为(不论这种供述在何种情况下作出的),最终被告人几乎都被定罪。在山东省C县公检法机关三年内处理的强奸案件中,仅有1例被告人获得不起诉的处分(该案件被告人并未在侦查机关承认有强奸行为),其他所有案件的被告人最终都被处以实体刑事处罚。同时,上述所有的这些案件都没有任何一种考虑到被害人性品格证据。反观美国,虽然其经历了强奸案件中偏重保护被告人利益(前"强奸盾牌条款"时期)到偏重保护被害人利益("强奸盾牌条款"时期)的过程,然而,如同其对待未成年人犯罪的态度一样,其同样逐渐回归到一种对被害人与被告人利益的平衡保护的状态,从而防止了从绝对保护被告人利益走向绝对保护被害人利益的另外一个极端。在我国,侦查机关在强奸案件中具有的强大的侦查资源及广泛的裁量权,以及强奸案件中辩护方诉讼资源或者辩护证据的短缺,加剧了侦控方与辩护方地位或者权利的不平等。因此,在特定条件下引入被害人性品格证据其实也是一种平衡控辩方权利/权力的必要举措。因此,如果强奸案件是由被害人"引起的"或者被害人存在一定的过错行为,可以酌情参照美国目前适用被害人性品格证据的模式。譬如,在被告人与从事有偿陪侍服务女性发生性关系而被控告强奸的案件中,被害人暧昧的言语及肢体语言本身可能存在一定的诱发犯罪的过错,这其中就包含着自愿的可能性,在被害人丈夫发现或者担忧公安机关打击的情况下,被害人就可能声称被强奸。如果完全禁止被害人性品格证据的适用,就有冤枉被告人而酿成错案的可能性。因此,在强奸案件中,可以适当允许辩方提出被害人性品格证据且可以有条件地适用。

六、强奸案件中被害人性品格证据的有限适用

在我国目前强奸犯罪的司法实践中,由于被害人性品格证据适用与否而影响案件结局的案件,即使是报道出来也有不少。笔者在调研时也发现不少案例。譬如在卖淫嫖娼中,出现了不少因为男子支付费用争议而被诬陷强奸的案件。因此,并不能忽视一部分不应当被追诉的强奸案件的被告人的利益。这也说明了虽然我国目前立法中没有被害人性品格证据的规定,但是,却存在有限度适用被害人性品格证据的必要性。

在表6.1山东省L市10名刑辩律师代理的强奸案件中,可以看出,在总共有61件强奸案件中,可能涉及被害人性品格证据的案件就有18件,占调研案件总数的29.51%,这在一定程度上亦说明被害人性品格证据并不是个案问题,而是在所有强奸案件中占到了一定的比例,具有一定的普遍性。虽然在此方面全国的数据难以统计,然而,窥一斑而见全豹,从全国公开报道的案例中,譬如“李某某强奸案”等,可以从中推知被害人性品格证据规则的确立具有相应的必要性。如果仍然罔顾这种现实,不仅不利于规范强奸案件中侦查机关过于强大的裁量权,而且也可能会给法院带来一定的错判风险。此外,无论是在查明案件事实的实用主义方面,还是从价值层面(有效辩护、对质权实现、平衡保护原则等),都应在我国确立被害人性品格证据规则。这是因为,是否发生强奸,被害人及被告人双方是否合意非常关键。然而,合意或者自愿又是一种即时行为,属于心理状态而很难证明。如果限制被害人性品格证据对此方面进行补强或者印

证,那么,司法审判就可能演变为被害人的单方控诉行为,被告人只有被动地接受刑事处分而很难有还手之力。因此,基于被害人与被告人、侦控机关与辩护律师之间利益平衡的需要,同时在借鉴英美证据法的基础上,应当确立限制性或者有限适用被害人性品格证据的规则。

实际上,被害人性品格证据规则属于“舶来品”。在调研中,相当一部分刑辩律师及公检法办案人员甚至不知被害人性品格证据这一术语。当然,这也与我国相关的立法缺失有关。虽然在我国立法中并未正式提出被害人性品格证据规则,然而,在相关的规范性文件中,仍然也可以看到被害人性品格证据的实质性表述。对于强奸犯罪,1984 年最高人民法院、最高人民检察院、公安部印发的《〈关于当前办理强奸案件中具体应用法律的若干问题的解答〉的通知》中对于“怎样认定强奸罪”这一问题,具体提出:“在认定是否违背妇女意志时,不能以被害妇女作风好坏来划分。强行与作风不好的妇女发生性行为的,也应定强奸罪。在区分强奸与通奸的问题上,该通知还指出:“有的妇女与人通奸,一旦翻脸,关系恶化,或者事情败露后,怕丢面子,或者为推卸责任、嫁祸于人等情况,把通奸说成强奸的,不能定强奸罪。在办案中,对于半推半就的问题,要对双方平时的关系如何,性行为是在什么环境下发生的,事情发生后女方的态度怎样,又在什么环境和情况下告发等事实和情节,认真审查清楚,作全面分析,不是确系违背妇女意志的,一般不宜按强奸罪论处。如果确系违背妇女意志的,以强奸罪惩处”该通知已经考虑到被害人性品格证据的一些构成要件、表现形式、例外情形等要素,只是不够规则化而已。

此外,即使法律中没有明文规定,却也通过司法解释提供了其他可资借鉴的法律性救济渠道。在“两高”2013 年《关于办理敲诈勒索刑事案件适用法律若干问题的解释》第 6 条第 2 款规定:“被害人对敲诈勒索的发生存在过错的，根据被害人过错程度和案件其他情况，可以对行为人酌情从宽处理；情节显著轻微危害不大的，不认为是犯罪。”在认定上，刑法意义上的被害人过错应当具备以下三个要件：(1)被害人先行实施了不当行为。这里所谓行为的不当，是指被害人所实施的行为违反法律规定，或者违背社会公德、善良风俗，但值得注意的是，在违背社会公德或者善良风俗的行为认定上不能以过高的标准来要求社会普通民众。(2)被害人侵犯了被告人的正当法益或社会公共利益。被告人的正当法益或者社会公共利益，是法律所保护的。(3)先行不当行为与犯罪行为之间存在关联性。虽然该司法条款在目前的案例中，主要保护的是女性，适用于因男方不当婚外情而导致的相对女方实施的敲诈案件，但是，法律不应区分男女而分别保护。作为一种借鉴或者参照，对于性侵案件中女性被害人确有过错的，应当酌情裁量减轻其刑事责任。可以说，这都为被害人性品格证据规则的制定或者适用提供了一定的立法积累或者基础。

具体而言，在我国被害人性品格证据适用问题上，如果确立被害人性品格证据绝对不具可采性，显然无法满足司法实践的需要。因为强奸案件具有高度依赖被害人陈述的特点，从而导致有冤枉无辜的可能性。诚然，我国强奸犯罪的判定一般不考虑被害人的性品格问题，但是，在我国司法实践中，有的法官在审判时实际上采取隐蔽或者迂回的方式适用了被害人性品格证据。在孔某增强奸案中，当事妇女崔某一口咬定被强奸，但孔某增在多次审讯中均明确拒绝认罪。最终审判法院通过调查发现，崔某“名誉不好”。基于此，最终孔某增被判无罪。① 即使是在美国，也并不是绝对禁止适用被害人性品格证据；相反，美国各州确立了原则不适用被害人性品格证据的种种

① 王禄生：《美国适用性品格证据之借鉴》，载《法学》2014 年第 4 期。

例外,从而为有限度适用被害人性品格证据留下了例外管道。为了更精确地查明案件事实以及提高惩治真正犯罪的准确性,以及基于平衡被害人利益和被告人利益等多方面的需要,在特定情况下,也应当考虑案件的实质公平,对被害人性品格证据一般不具可采性规则适当放宽,确立对被害人性品格证据有限适用的规则,这主要包括以下几点。

第一,对于被害人先前性生活概况评价的性名誉证据禁止适用,这属于法官原则上不予采信/适用的范畴。

之所以如此,主要是因为被害人先前性名誉证据不具备相关性,无论是证明被害人的自愿性,还是证明其陈述不具有可信性,该类证据都不具有作用。这是导致该证据不具有可采性的重要原因。此外,禁止适用该类证据还出于保护性侵案件中被害人隐私权等方面的考虑。这也是目前有限适用被害人性品格证据国家的普遍做法。

第二,根据被告人一方举证的证明目的,区分“自愿”及“可信”,以此决定被害人性品格证据是否具有可采性。在被告人一方就被害人先前性行为提出性品格证据时,如果其认为被害人与被告人先前性行为是自愿的,从而证明涉案时性行为也是自愿的,那么,该性行为证据一般不具有可采性。但是,如果该证据用来质疑被害人陈述的可信性或者指控其说谎,则是可以采信的。

这是因为,如果被害人先前与被告人发生性关系时,其事前事后表现、情绪、环境等背景性因素与涉案时被害人与被告人发生性关系在相关方面具有高度一致性,那么,被害人陈述强奸的可信性本身就值得质疑。

第三,对于被害人与第三人发生性关系的行为(乱交行为),一般不应作为被害人性品格证据提出或者适用。然而,如果在特定案件中,被害人属于有偿陪侍者或者性服务者,且有通过性交易勒索他人的前科,在被告人一方提出的情况下,该性品格证据具有可采性。同样,即使被害人不是有偿陪侍者或者从事性服务者,但是,如果其有诬告他人强奸的前例,则被害人性品格证据具有可采性。

之所以在上述情况下适用被害人性品格证据,是因为根据同类情形推定的道理,在类似的情况下被害人也同样有敲诈勒索或者诬告的可能性,这其实反映了被害人以特定方式行为的某种倾向或者习惯。以特定方式重复先前行为属于一种心理惯性。特别是在背景因素不变的情况下更可能如此。

第七章

科学证据之于案件的迷思、悖反与建构*

一、问题提出

科学证据的适用是现代刑事诉讼进步的表现之一。一般而言，科学证据能够更为直接地指向待证事实，更为有效地协助法官裁判案件。专家证词正在成为许多法律案件的基本组成部分。但是，科学证据的适用也存在冲突与悖论。诚然，如果科学证据运用适当，可能是实现刑事诉讼任务的有力武器，但是，科学证据本身也具有"双刃剑"的秉性。"科学证据所带来的问题在最近几十年尤为突出。在二十世纪后半叶，法院和从业人员在各种各样的案件中面临着越来越多的科学证据。从化学和医疗产品制造商的民事责任到被告的刑事责任，几乎每一个法律领域都被迫与科学证据带来的好处和负担作斗争。"①无论是 DNA 证据、指纹证据等获得普遍认可的科学证据，还是测谎证据等并没有获得普遍认可的科学证据，本身都带有科学的神圣光环，具有天然使人信服和崇拜的力量。因此，出于人们崇

---

* 本篇由宋远升独著。

① See eg. , Sheila Jasanoff, Science and the Courts: Advice for a Troubled Marriage, Nat. Resources & Env't, Fall 1986, at 3, 3.

拜科学的心理,这些科学证据本身就会具有更大的迷惑性和误导性,从而可能会导致错案的发生,并且发生错案后更难以纠正,这就是科学证据适用的悖论。在近些年发生的一系列轰动社会的错案中,包括杜培武案、佘祥林案、呼格吉勒图案等,都可以看到科学证据成为导致错案的一大诱因。为何科学证据这种现代刑事诉讼的福利成为错案的诱发因素,这是值得相关理论界及司法实务界深思之处。针对科学证据这种价值及悖论的双重性,本书采取的研究进路是:司法者对科学证据的迷思——科学证据在司法实践中的风险——科学证据与刑事诉讼基础原理之间的悖论——反思及建构。通过对科学证据在实证中及基础性原理中进行验证,从而倒推科学证据的科学性、合理性等方面存在的问题。在这一研究链条上,需要重点考虑的问题是科学证据适用危机背后的两对矛盾:一是与科学证据表面的荣光与其在司法实践中导致错案的风险。二是科学证据在司法现实中的强势及其与刑事司法基础性原理的深层悖反。从上述科学证据适用的悖论出发,探寻我国科学证据适用的边界及规范性路径,从而确立一种以审判为中心的兼顾司法性与科学性的科学证据制度。

二、科学证据的专门价值及迷思

(一)科学证据的"科学性"

科学证据是指以科学原理为依托,运用专门鉴定技术及知识作出的具有科技含量的可以用来证明案件事实的证据。可以看出,科学证据具有科学专业性,可以用来回答某个特定领域的专门问题,并且科学证据的这种"解惑性"是以特定的科学原理为根据的,从而具备了可以让人信服的力量。"只有科学理论中的定理、定律、规则等(我们将这些东西统称为科学证据,以便与经验证据相对应)才能担当起回答‘为什么如此’的重任。”①一般而言，科学证据包括DNA、指纹等具有高科技含量的普遍认可证据，也包括测谎意见等获得中等程度认可的证据，同时也包括运用催眠术等方法产生的具有较低程度认可的证据。

科学证据是现代科技对证据发展促进的结果，是现代诉讼对科技需求的产物，也是现代证据法中所需要面对的重要问题。对此，米尔建·R.达马斯卡指出：“站在20世纪末思考证据法的未来，很大程度上就是要探讨正在演进的事实认定科学化的问题。”②一般而言，科学证据本身就意味着对案件事实的更客观及准确的诉讼证明。之所以科学证据具有客观、准确的特性，是与其本身蕴含的科学因素密不可分的。这是因为，科学证据以专门原理为支撑，是鉴定专家对专门问题的经验及自然规律研究的结果，这保证了科学证据较少地受个人主观意识的影响，具有更高的与客观规律相符合的程度。同时，科学证据是通过科学方法进行鉴定、检验的产物。这里的科学方法主要是指运用仪器设备的检验方法，而不是科学探究领域中的科学发现方法。例如，法庭科学检验中使用的观察分析法、图像比对法、物理检验法、化学检验法、仪器分析法、数理统计法和医学和生物学检验方法等。③ 因此，在方法上可以更高程度地保证科学证据产生的客观专业性。

（二）科学证据的专门价值

关于科学证据在法律中的作用，早在16世纪的英国，在伯克利诉拉斯·托马斯一案中，桑德斯法官就阐述了自己的观点：“如果我

---

① 张继成：《论命题与经验证据和科学证据符合》，载《法学研究》2005年第6期。

② ［美］米尔建·R.达马斯卡：《漂移的证据法》，李学军等译，中国政法大学出版社2003年版，第200页。

③ 张南宁：《科学证据论》，载《证据科学》2019年第3期。

们的法律遇到涉及其他学科和专业的问题,我们通常求助于有关学科或专业人员帮助,这是我们的法律应受尊重和值得赞赏的一面。如在重伤罪的诉讼中,根据我们的法律,法官通常需要外科医生的知识和技术最能分辨是否为重伤。"①在现代社会中,随着社会分工的精细化及诉讼待证事实专业性越来越强,更需要以专门的原理及技术性为依托的科学证据来予以专业性解释。因此,科学证据的价值有增无减。科学证据横跨科学技术与司法活动,能够扩大侦查及司法人员的认识范围,丰富证据的内涵及种类,最大限度地协助侦查及司法人员查明案件事实,以及可以纠正或者防止错案的发生,因此,其独特的价值越来越难以替代。具体而言包括:

第一,科学证据可以提高侦控效率及准确度。科学证据相比较口供甚至相比较一般物证具有更高的准确性,特别是科学性最高的指纹或者 DNA 证据,可以为直接锁定案件的犯罪嫌疑人或者排除无辜提供重要的证据基础。即使是科学性相对并没有那么高的测谎意见,也可以为破案或者排除无辜提供有价值的线索,因此,相比凭借经验甚至口供来破案而言,无疑通过科学证据认定案件事实更加客观、准确。

第二,科学证据在防止错案发生方面具有其他证据不可替代的作用。科学证据是以科学为基础的,并且通过科学证据对案件发生时的真实情况更加容易溯源,从而为纠正错案提供了可资信赖的依据。譬如 DNA 证据就是如此。根据密西根大学法学院 Samuel R. Gross 教授等人发表的《美国自 1989 年至 2003 年错案报告》,在 1989 年到 2003 年 15 年中的 328 例错案中,其中 145 人依靠 DNA 洗清了冤情。在这些错案纠正中,DNA 证据发挥了至关重要的作用,

---

① [英]麦高伟等:《英国刑事司法程序》,姚永吉等译,法律出版社 2003 年版,第 232 页。

特别是在强奸案和谋杀案中,案犯遗留的实物证据相对较多,更加适合应用 DNA 技术进行鉴定,从而给法庭提供更为科学、客观、真实的证据。借助 DNA 证据的帮助,在 20 世纪 90 年代以后,强奸和谋杀两类案件被发现错案的比例远比其他种类案件高。[①]

第三,科学证据可以弥补法官相关专业性能力的不足,从而更加客观、精确地裁判案件。随着现代社会的进展,社会分工日益复杂,专业化程度越来越高,这就将专业知识的适用封闭在更加狭窄的范围内,即使是专门人士对有关问题的专业性也很难应付。“专业主义的一个属性是职业技能的专一性。受过培训的专业人员只是在处理一个非常有限范围的问题上是个资深专家;他不具备大智慧——他既非圣贤也非智者。从业者对其客户的权威依赖于他对自己在某个领域的专业技能的自信;除此之外他毫无权威可言。”[②]基于社会分工细化的趋势,在刑事诉讼中,特别是相关争议事实需要专门技术作为基础的情况下,就需要具有专门知识的人士对此进行判断或者解释,这在某些案件中甚至成为争议解决的最为关键的前提,从而使得具有专门知识或技术,以及能够借助相关科学原理、设备和技术手段提供技术服务的科学证据鉴定专家成为刑事诉讼的关键人物。在法官裁判所需的鉴定知识空白之处,通过鉴定专家以提供科学证据的方式介入并且提出专业性的意见,这可以最大限度地弥补法官在鉴定方面专业化能力的不足,从而实现不同的专业各得其所。

第四,科学证据可以促进证据观念的提升以及诉讼文明的发展。在刑事诉讼领域,证据的适用是从神证到人证再到物证,而物证发展

---

① 宋远升:《DNA 证据的价值解析与法律判读》,载《中国司法鉴定》2008 年第 2 期。

② [美]彼得·M. 布劳、W. 理查德·斯科特:《正规组织——一个比较的方法》,夏明忠译,东方出版社 2006 年版,第 69—70 页。

的高级阶段就是科学证据的适用。科学证据的适用是现代科技发展的产物,也是证据理念提升的标识。这意味着现代的侦控或者司法人员可能摆脱历史传统中依赖神证、人证(口供)的桎梏,从而以科学为基础来判断案件事实。可以说,科学证据越是发展,侦控、司法人员的办案理念就会越科学、客观,这直接促进了诉讼文明的进步与发展。

(三)科学证据之于案件的迷思

在涉及科学证据的刑事案件中,可以说,整个诉讼阶段都可能被科学证据所控制。在侦查阶段,科学证据的认定会给警察立案侦查的信心,在起诉阶段,这种信心会被公诉人所加强,直到法官最终将科学证据指向的事实予以确认。特别在审判中这种科学证据为主宰的现象更为明显。然而,根据现代证据规则的理念,法官是案件事实的认定者,其能够根据自己掌握的法律知识及审判经验(也包括社会经验)来判定案件的事实。但是,当法官面对科学证据时,这些现代证据规则的精髓却受到严重的挑战。随着科学证据的出现,我们似乎重新回到了“被告知真理”的年代,只是“专家”替代了“神”的位置。在科学面前,法官又一次丧失了发现真理的能力。法官囿于经验与知识的不足,可能在甄别科学证据的证据能力问题上作出错误判断,甚至把一些貌似科学的论辩当作科学证据加以确认,有可能消解证据裁判原则宣示的基本理念。① 因此,在法律意义或者证据规则意义上,在涉及科学证据的刑事案件中法官是主宰,但实质上,真正的主宰隐藏在法官的背后,鉴定专家可能成为案件的主宰。鉴定专家成为科学的法官,而法官不过是科学证据指向事实的确认者而已,几乎很少有反抗科学证据的信心,从而形成了对科学证据的迷思或

---

① 史长青:《科学证据的风险及其规避》,载《华东政法大学学报》2015 年第 1 期。

者迷信。在涉及适用科学证据的案件中,法官在很大程度上充当了法律公章的角色,就是通过法院的公章将科学证据认定的案件事实予以司法确认。

之所以如此,首先,这是科学证据所附加的知识性权力决定的。所谓的知识性权力是指特定职业者由于其掌握的专门知识或者技艺而具有的让人不得不服从的力量。一方面,知识性权力源于特殊的专业知识。另一方面,这是一种因特殊需求或者难以替代性而产生的权力。可以说,不仅行政权力或者司法权力具有强制性,知识性权力也具有强制性。在涉及知识性权力程度高的鉴定领域,知识性权力具有了压制司法权力的力量。这是因为,鉴定领域具有较高的科学性,这本身对外界的业余人士设置了较高的理解门槛,从而也具有让业余人士信服甚至迷信的力量。同时,鉴定专家本身的知识性权力也会产生权威性,权威产生了权力。可以说,知识本身就具有了权力的含义。因为权力的内容也包括了对权威的信服。① 因此,鉴定专家同样会滥用专业知识赋予他们这个群体的权力。“工业社会的内在发展机制将使人类社会可能行进到一切都必须按照科学技术专家所提出的原则来进行管理的技术统治时代,或者行进到直接由科学技术专家统治一切的专家政治时代。”②在司法鉴定领域,鉴定专家

---

① 在著名的米尔格拉姆的实验中,就针对被实验者对权威专家的服从性予以验证,以此来论证权威在权力——服从关系中的强制程度。此实验表明,被实验者基于对权威的服从,愿意接受专家的意见,使这种知识性权力效果达到较好的发挥。然而,如果实验者表现得像外行人,并且使被实验者相信这就是外行人下的实验指令,那么,该实验的效果就有相当大程度的下降,实验的完成效果并不如专家主持时好,完成实验的比率只有80%左右。该实验表明,知识性权力来源取决于权力对象对权力掌控者权威地位的认可。权力对象认可特定领域的知识性权力掌握者的权威资格,认为其有能力对该领域的事务作出命令、指导或者建议,这是知识性权力发挥功效的关键之一。

② [德]乌尔里希·贝克:《从工业社会到风险社会——关于人类生存、社会结构和生态启蒙等问题的思考》(上),王武龙编译,载《马克思主义与现实》2003 年第 3 期。

基于对鉴定科学技术的垄断，从而实现了对这个领域的话语控制权。司法鉴定职业如无法律或者伦理控制，那么，其就可能堕落为以知识性权力为武器的威胁。其次，之所以司法者不愿意挑战鉴定专家或者科学证据，也与其功利主义的心理直接勾连。其实，即使是法官，也只是穿着法袍的人而已，并不一定有超越世俗的绝对崇高理念。在一定程度上，法官也是功利主义思想控制的普通司法者，也会具有功利或者利己思想。特别是在诉讼压力的大潮下，在适用科学证据更为安全，而否定科学证据更为危险的选择中，相信绝大多数法官都不会选择后者。对于法官而言，在案件中排除或者否定科学证据的适用是一种艰难的选择，适用科学证据却是一种更安全、更高效的选择。当然，不愿意挑战或者质疑科学证据，这也和部分司法者的惰性有着密切的关联。

三、我国科学证据之于案件的风险

在17世纪，牛顿力学的创立，标志着人类科学时代的到来。这是一种从破除迷信到科学的划时代变革，但是，却可能又进入了一个迷信科学的时代，或者称之为对科学无比狂热的时代。在这以后，科学就成了绝对正确、不可挑战的代名词。科学也成为社会上流行的真理，谁要是怀疑科学就等同于怀疑真理。这一现象直到20世纪初波普尔提出科学理论可证伪性的思想后才有了一定的改观。根据波普尔的观点："科学知识的增长永远是始于问题，终于问题——越来越深化的问题，越来越启发新问题的问题。"[①]这也说明即使是科学也有局限性，这种局限性可能来自科学主持主体的限制、方法或者程序的限制、科学实体条件的限制、科学依据原理或者理由的限制等诸

---

① ［英］卡尔·波普尔：《猜想与反驳》，傅季重等译，上海译文出版社1986年版，第318页。

多方面。这也意味着即使科学证据被冠以“科学”的头衔，也可能会出现错误。因此，以科学证据为基础的案件也会出现错案的隐患。即使在科学证据制度发达的国家譬如美国也是如此。根据美国错案报告，美国高达60%的案件都被错误的或者有偏差的科学证据所影响，而正是由于科学证据错误证明，直接导致了部分错案的发生。这也暴露了科学证据的真相，颠覆了人们对科学证据绝对的科学性、中立性以及客观性的普遍认知。

科学证据是以科技因素为支撑的，也被寄予了通过科技渠道直达案件真实的厚望。同时，科学证据是以可靠性而著称的，但是，参考科学证据在不同国家的适用，科学证据也具有误导的可能性。这是因为，由于人们对科学证据的信任，从而可能会因科学证据而导致错案。即使是对于可靠性最高的科学证据譬如指纹鉴定证据等也存在导致错案的可能性。指纹鉴定证据虽然具有客观稳定的特征，也获得了“首要证据”的称号，但是，这并不代表其具有无可置疑性，也不代表其是不容挑战的绝对真理。随着在美国、苏格兰、以色列等国指纹证据导致错案的频频发生，在当今的理论界和实务界出现了理性的质疑声音。①

近年来，科学证据在美国刑事司法的适用过程中也遭到了质疑。科学证据存在诸多问题，从简单的错误到无效的技术，再到明目张胆的欺骗，以及由此引发的错案，使人们对科学证据开始持保留态度。根据美国除罪释放登记机构2015年3月的更新报告，在1555例刑事冤案中，存在错误或者误导性科学证据的案件占32%。从犯罪类型来看，存在错误或者具有误导性科学证据的性侵犯罪冤案有37%，谋

① 宋远升：《指纹鉴定证据原理、冲突与选择》，载《中国司法鉴定》2009年第6期。

杀罪冤案有23%，以及23%的儿童性侵犯罪冤案。① 因此，即使科学证据有“科学”加持，但是，科学证据照样会说谎，也有导致错案的可能。一般而言，在我国的司法实践中，科学证据导致错案的因素包括如下方面。

（一）不规范鉴定得到的科学证据会导致错案发生

其一，鉴定人徇私导致刑事错案发生（见表7.1）。

表7.1　鉴定人徇私导致错案发生的案例

案件名称	案件基本事实	科学证据名称	后果
1. 邢士钦伪证案[1]	1998年10月以来，鉴定人邢士钦在负责对犯罪嫌疑人贾付元的精神病鉴定中，接受贾付元亲属的贿赂，故意作虚假鉴定	精神病鉴定意见	错案。鉴定人构成伪证罪
2. 刘某伪证案[2]	2018年，鉴定人刘某为使被鉴定人不受刑事追究，将司法机关存放的血液标本盗出，重新勾兑血液，出具不真实鉴定报告，使被鉴定人逃避了刑事责任的追究	乙醇含量鉴定意见	错案。鉴定人构成伪证罪
3. 梁利伪证案[3]	2019年，梁利接受委托为伤者程某群做鉴定，程某群同母异父的姐姐陈敏菁给他打来电话，交代他把伤情“做重”。梁利在刑事诉讼中作为鉴定人接受请托，故意作虚假鉴定陷害他人，其行为构成伪证罪	伤残鉴定意见	错案。鉴定人构成伪证罪
4. 孙战军伪证案[4]	2019年，鉴定人孙战军在医院副院长指使下，对案件有重要关系的情节，故意作虚假鉴定，意图陷害他人，造成公安机关错误立案侦查	伤残鉴定意见	错案。鉴定人构成伪证罪

① 樊崇义、胡志风：《美国通过可靠证据遏制刑事错案的机制考察》，载《国家检察官学院学报》2015年第3期。

续表

案件名称	案件基本事实	科学证据名称	后果
5. 黄源涛等伪证案	2003 年,黄彦良因宅基地纠纷和邻居发生打斗,后经原阳县公安局的黄源涛等三名法医作出鉴定,得出黄彦良殴打对方致使其左耳耳膜穿孔的鉴定意见。三鉴定人收受贿赂,故意作出错误法医鉴定	伤残鉴定意见	错案。鉴定人构成伪证罪
6. 唐某某伪证案[5]	2016 年,土默特右旗公安局就"郑某某故意毁坏财物案"中车辆损失及维修费用委托鉴定。为使郑某某在刑事处罚中处于不利境地,李某某贿买包头市某司法鉴定所邱某甲,要求将标的车辆损失及维修费用评高。邱某甲指使鉴定所外聘专家唐某某将该车实际损失为2.7 万余元故意进行调高虚报	物损鉴定意见	错案。鉴定人构成伪证罪
7. 刘某伪证案[6]	2018 年,徐某因涉嫌危险驾驶罪被公安机关查获,由执勤民警将其带至医院抽取血样。黄某为帮助徐某逃避刑法制裁,通过涂某与丁某多次取得联系,由丁某私自拿走徐某血样乙醇含量为128.80mg/100ml 的鉴定报告。徐某按照黄某要求抽取了两管新鲜血样,由丁某、黄某携带新鲜血样与盗得血样找到鉴定人刘某,要求刘某将血样乙醇含量鉴定结果降至 80mg/100ml 以下	乙醇含量鉴定意见	错案。导致被鉴定人逃脱刑事处罚。鉴定人构成伪证罪
8. 李某伪证案[7]	2015 年,法医师李某受该市公安局委托,对一起故意伤害案件的被害人翟某的伤情重新鉴定。李某在明知翟某伤情应构成重伤二级的情况下,仍接受请托,出具了翟某构成轻伤一级的鉴定意见	伤残鉴定意见	错案。鉴定人构成伪证罪
9. 朱某伪证案[8]	2000 年,杨义勇在住院期间,因琐事与病友刘行健发生争执,并在争执中将后者杀死。为了逃脱法律责任,杨义勇及其同伙花了约 10 万元活动。鉴定人朱某对杨义勇进行虚假司法鉴定,诊断为急性妄想阵发,结论为无责任能力,从而法院判决不予以刑事处罚	精神病鉴定意见	错案。鉴定人构成伪证罪

续表

案件名称	案件基本事实	科学证据名称	后果
10. 易某等受贿案[9]	2012年,宜春赣西精神病学司法鉴定所司法鉴定人易某、彭某在接受委托,为犯罪嫌疑人王某做精神病鉴定过程中,收受钱物,故意出具虚假鉴定意见,构成犯罪	精神病鉴定意见	错案。鉴定人构成受贿罪

注:[1]邢某伪证案,载赢了网,http://s. yingle. com/cr/211409. html。

[2]刘某伪证案,载医疗纠纷律师网,http://www. yiliaojiufenlvshi. com/Article - detail - id - 2539957. html,最后访问日期:2022年2月21日。

[3]《广东一法医因伪证罪获刑8个月》,载澎湃新闻2021年10月13日,https://www. thepaper. cn/news Detail_forward_14867356。

[4]《一个虚假鉴定,令五名医务人员被刑事处罚》,载澎湃新闻2022年2月12日,https://m. thepaper. cn/baijiahao_4639282。

[5]内蒙古包头市青山区人民检察院民事起诉书,(2020)115号。

[6]《司法鉴定人员出具虚假证明获刑七个月》,载搜狐网2022年3月2日,https://www. sohu. com/a/282801369_120067170。

[7]《手莫伸,伸手必被捉! 贵州一法医仅因5000元作虚假鉴定被判刑!》,载天眼新闻2020年10月18日,https://bajiahao. baidu. com/s? id = 16808512297252040458wfr = spider&for = pc。

[8]《公安局长微服私访"精神病杀手"原是黑老大》,载新浪网,https://news. sina. com. cn/s/2001 - 11 - 11/396749. html。

[9]《江西省司法厅对宜春赣西精神病学司法鉴定所鉴定人易某、彭某故意出具虚假鉴定的行政处罚案例》,载中国法律服务网,http://alk. 12348. gov. cn/Detail? dbID = 58&dbName = SJXC&sysID = 23,最后访问日期:2022年2月2日。

从表7.1的案例中可以看出,因为鉴定人徇私错鉴的错案的特点。首先,对于鉴定人虚假鉴定而导致的错案,基本上鉴定主体都具有主观性错鉴的故意,属于明知,而不是过失犯罪或者不属于业务能力问题。一般都是鉴定人接受请托,通过虚假鉴定使有关人员出罪、入罪或者加重刑罚等。其次,在上述因鉴定人徇私导致刑事错案的24起案件中,最多的案例主要分布于伤残鉴定、乙醇含量鉴定、精神病鉴定中。这些都属于鉴定造假的高发领域。在上述鉴定人虚假鉴定导致的错案中,其中伤残鉴定有 14 起,占样本案件总数的 58.3%。乙醇含量鉴定导致错案的有 4 起,占样本案件总数的 16.7%。精神病鉴定导致错案的有 16.7 起,占样本案件总数的 16.6%。其他鉴定导致错案的有 2 起,占样本案件总数的 8.33%。最后,在上述 24 起鉴定人徇私提供科学证据导致的错案中,法律后果是都造成了错案的发生。对于相关鉴定人所犯的罪名而言,有 22 起被判了伪证罪,占案件总数比例的 91.7%。有两起被判了受贿罪,占案件总数比例的 8.3%。

其二,科学证据鉴定专家的非客观性导致错案发生。即使科学证据本身可能是科学的,但是,如果鉴定主体具有很强的主观性,那么,科学证据也可能会由证明犯罪事实的利器转变成导致错案发生的帮凶。在域外一些国家的科学证据鉴定体制中,在刑事案件中,鉴定机构或者专家一般都是出自国家执法系统,即使能相信大多数科学证据的鉴定专家都是客观公正的,但是,隶属于国家执法系统的这些鉴定专家具有追诉犯罪的感情倾向,从而其可能会利用自己的法定鉴定资格来提供与事实不符的科学证据。这些鉴定专家会夸大或者捏造对犯罪嫌疑人或者被告人不利的证据,以及隐瞒对犯罪嫌疑人或者被告人有利的证据,从而虚构鉴定意见,导致错案的发生。我国在 2005 年实施了《关于司法鉴定管理问题的决定》(以下简称《司法鉴定决定》),本意是改变侦查机关内设鉴定机构侦鉴一体造成客观性不足的弊端,但是,基于部门利益的掣肘,《司法鉴定决定》的立法意旨并未得到真正落实。特别是侦查机关的内设鉴定机构,存在侦鉴一体化的较为明显的缺失,这些鉴定人基于追诉倾向可能会作出更有利于侦控方的科学证据。直至现今这种自侦自鉴现象也难以根绝。其实,在美国也有此类困境,因为美国的科学证据鉴定机构基本上属于执法系统,从而导致鉴定专家也会被执法机构的打击犯罪的倾向所传染,自觉或不自觉地扭曲原本应当客观公正的鉴定结果。

其三,鉴定人在鉴定过程中操作不规范或者技术失误可能导致错案的发生。这是因为,即使没有故意弄虚作假进行错误鉴定,也并不是所有鉴定人的鉴定水平都能达到得出客观、科学鉴定意见的程度。鉴定程序不规范或者技术缺陷等非主观性因素也是错误鉴定及错案的大敌之一(见表7.2)。

表7.2 鉴定人在鉴定过程中操作不规范或者技术失误、可能导致的错案(共有18起案例,选择10起列表)

案件名称	案件基本事实	错案原因	后果
1.李久明案	在2002年发生一起入室杀人案,被害人郭某夫妇怀疑此案是李久明所为。本案侦查人员对李久明进行了多次刑讯逼供后,李久明认罪后被法院判刑	DNA、毛发鉴定检材来源不明。DNA鉴定没有送检记录	错案。一审判李久明死缓。真凶认罪服法后,李久明被无罪释放
2.张庆伟案	1997年初,在盘锦市发生了一起特大强奸、杀人碎尸案。张庆伟被作为犯罪嫌疑人抓获,经刑讯逼供后张庆伟认罪,后被法院判刑	张庆伟床单上有血点,鉴定血型为O型血。这和被害人血型一致,却并未记载床单来源,鉴定检材来源不明	错案。一审张庆伟被判无期徒刑
3.念斌案	在2006年,丁云虾一家人用餐后中毒,一对儿女抢救无效死亡。警方侦查后认定念斌有重大嫌疑,其被抓获,后来在法院被判刑	存在检验方法混乱、不成熟、检验过程不规范等问题	错案。念斌4次被判处死刑。最终无罪释放

续表

案件名称	案件基本事实	错案原因	后果
4. 杨云忠案	在1995年,赵乃文被人用斧头砍死。由于怀疑杨云忠与被害人有矛盾,侦查人员将杨云忠抓获,其在刑讯逼供后认罪,后在法院被判刑	在鉴定检材来源上,鉴定的血迹并不是被害人的血迹	错案。真凶服法,杨云忠改判无罪
5. 杜培武案	在1998年,杜培武的妻子王晓湘及王俊波被杀,警方怀疑是杜培武所为,对其进行刑讯逼供后,杜培武被迫承认杀人	检测物来源为昌河面包车离合器踏板、油门踏板、刹车踏板上的泥土,在警方的《现场勘查笔录》上,仅记载了离合器踏板上附着有足迹遗留的泥土,并没包括“刹车踏板”和“油门踏板”,检材来源不明	错案。一审杜培武被法院判处死刑。真凶抓获服法后,改判杜培武无罪
6. 王子发案	2001年,王子发到吴宗谋家喝酒并留宿,吴宗谋被人刀刺20多处,后经抢救无效死亡。怀疑王子发为犯罪嫌疑人,后王子发在法院被判刑	王子发身上共有39处损伤。鉴定意见认为王子发身上的刀伤是自伤。鉴定存在错误	错案。法院判处王子发死刑。后改判无罪
7. 石东玉案	1989年,工人老赵在路边的水沟里发现关传生被杀,现场没有找到犯罪工具,侦查人员推测为军用刺刀。搜查时发现石东玉家中有军用刺刀与带血迹的衣服,因此将石东玉作为犯罪嫌疑人抓获,刑讯逼供后认罪,后在法院判刑	被害人的血型为AB型,鉴定人却鉴定为A型。石东玉身上没有被害人的血。鉴定意见严重失误	错案。法院一审判决石东玉死刑。真凶出现后石东玉无罪释放

续表

案件名称	案件基本事实	错案原因	后果
8. 郝金安案	1997年,因为刘茵河说自己发了几千元工资被人听到,因此被抢劫杀害。由于刘茵河死前的当天晚上,郝金安找过他。侦查人员把郝金安作为犯罪嫌疑人抓获,后在法院被判刑	在郝金安租住的房屋中,侦查人员搜查到带有刘茵河血迹的白衬衣。但是,对于本案涉及的有关血迹来源,并未进行调查。检材来源并未查明	错案。法院判处郝金安死缓
9. 孟存明案	1995年,张家口市一名女老师被一名陌生男人强奸。孟存明被公安机关认定为犯罪嫌疑人。孟存明被批准逮捕后,在法院被判刑	犯罪嫌疑人在被害人的小褥子上留下了精斑,当时并未按照规定送检,案发3年后送公安部检验,但是,鉴定意见为"未检出精斑"	错案。孟存明被判处9年有期徒刑
10. 李逢春案[1]	2000年4月3日深夜,两个初一的女生被一名歹徒强暴。由于李逢春行为可疑被抓获。2001年李逢春被移送法院审判	第一次鉴定结论为:"受害人褥面上精子DNA与李逢春血痕DNA谱带位置一致"。公安部重新鉴定结论为:"所检白色褥面上的精斑不是犯罪嫌疑人李逢春所留"	错案。李逢春在看守所羁押341天,后无罪释放

注:[1]《DNA鉴定让"强奸犯"蒙冤》,载搜狐网,http://news.sohu.com/2004/07/05/18/news 220851883.shtml。

科学证据的鉴定是由一系列的操作程序组成的,包括鉴定检材的收集、固定、保管等各个环节。在这些环节中,任何一个环节出现了问题,都可能会造成鉴定样品污染、毁损等诸多方面的问题。如果鉴定检材污染或者毁损,那么,就可能在鉴定特征比对中出现缺陷,从而成为诱发错案的因素。通过对上述案例样本的分析,可以看出有如下特点:第一,在造成错案的原因分布比例上,主要包括检材来源不明、鉴定材料污染、鉴定检材固定错误等方面。在上述18起案例中，检材来源不明的有5起，占总案例数的27.8%。鉴定材料污染的有6起，占总案例数的33%。鉴定检材固定错误的5起，占总案例数的27.8%。其他情况有2起，占总案例数的11%。第二，根据导致鉴定错误的是实体还是程序问题，可以将其分为鉴定事实失误型、鉴定程序失误型，以及事实失误和程序失误混合型。所谓的鉴定事实失误是指在鉴定中由于鉴定人的技术水平问题，导致对被鉴定的对象出具意见错误。譬如，石东玉案就是这种类型，鉴定人将被害人的血型鉴定为A型，实际上却为AB型。该类案例共有8起，占总案例数的44%。鉴定程序失误型是指鉴定人没有按照鉴定的操作规则鉴定而导致的错误。该类案例共有6起，占总案例数的33%。事实失误和程序失误混合型，是指鉴定人在鉴定过程中事实认定存在错误，在鉴定程序上也没有按照鉴定规则要求进行鉴定，从而导致错鉴，该类案例共有4起，占总案例数的23%。

（二）侦查、司法人员对科学证据认知偏差导致错案

侦查、司法人员对科学证据认知偏差是导致错案的一个重要诱因。当然，这种认知偏差不仅是指侦查、司法人员对科学证据认知的偏差，而且也包括鉴定专家的认知偏差。实验研究也表明认知偏差对法证科学的真实影响。英国伦敦大学学院安全与犯罪科学研究部的Nakhaeizadeh教授等人的研究发现了认知偏差对法医人类学的影响。他们要求41名受过系统训练的检验人员对尸骨进行检验，以得出有关尸骨的性别、血统和年龄的检验报告。实验中，一部分检验人员被告知尸骨来自年轻的白人男性或年长的亚洲女性等偏差信息（这些信息是为了让检验人员形成一定的期望或信念），另一部分检验人员未被告知这些信息。结果表明，检验人员都根据他们的期望对尸骨进行了评估，例如，没有得到偏差信息的检验人员中，31%的

人将骨骼识别为男性，相比之下，预期是男性骨骼的检验人员中，72%的人将骨骼识别为男性。① 可以说，即使鉴定专家具有相应的专业知识能力，也比非专业人士具有更高的客观性，但是，其还是会受到认知偏差的影响或者迷惑。

当然，科学证据导致侦查、司法人员认知偏差更明显。对于侦查、司法人员而言，即使对法律理论知识掌握得比较精深，司法实践经验也比较丰富，也不能保证排除对科学证据的认知偏差。这是因为，一般的侦查、司法人员很难真正了解科学证据的鉴定的原理或者技术，往往都是鉴定科学方面的普通人。因此，出于对鉴定专家的信任，侦查、司法人员就会把鉴定专家对科学证据认定的结果直接变为侦查结论或者司法裁判的结果（见表7.3）。

表7.3　侦查、司法人员对科学证据认知偏差导致的错案

（共有25起案例，选择10起列表）

案件名称	案件基本事实	错案原因	后果
1.呼格案	1996年，呼格吉勒图涉嫌杀害一名女性。在该案中，被告人呼格吉勒图是A型血，其指甲缝内检出的血型号是O型血，而本案的被害人也是O型血，办案人员以此为依据将呼格吉勒图抓获并移送起诉，直接导致了错案的发生	把种类认定作为同一认定	错案。1996年，呼格吉勒图被执行死刑

① 朱海：《法证科学中的确认偏差——一个刑事错案的致错因素》，载《人民法院报》2019年7月5日，第6版。

续表

案件名称	案件基本事实	错案原因	后果
2. 孙万刚案	1996 年,陈兴会遭奸杀,警方锁定死者的男友孙万刚为犯罪嫌疑人。其中最主要的根据就是陈兴会是 AB 型血,孙万刚是 B 型血,而从孙万刚的衣物上鉴定出 AB 型血。警方以此为根据将孙万刚抓获并判刑	把种类认定作为同一认定	错案。一审判决孙万刚死刑。2004 年无罪释放
3. 徐东辰案	在 1998 年的一起强奸杀人案中,徐东辰被怀疑是犯罪嫌疑人,理由是根据司法鉴定意见,徐东辰的血型是 A 型,被害人沙某阴道里残留物的血型也是 A 型,二者血型一致,不排除沙某阴道擦拭纱布和卫生纸上的精斑是徐东辰所留	把种类认定作为同一认定,公安部门的鉴定意见不具有排他性和唯一性	错案。一审判处徐东辰死刑
4. 常林锋案	2007 年,常林锋妻子马燕在家中失火死亡,常林锋被怀疑杀妻,并因涉嫌掐死妻子并纵火被追究刑事责任	对于被害人的死因,鉴定意见是“不能排除扼颈致机械性窒息死亡”。这是一种倾向性意见而不是确定性意见	错案。一审判处常林锋死缓。二审改判常林锋无罪
5. 念斌案	在 2006 年念斌案中,致二未成年人死亡的是氟乙酸盐。根据警方从念斌食杂店门把手上检出的氟乙酸盐离子碎片,鉴定人作出的鉴定意见为:倾向于认定门把上含有氟乙酸盐成分	把科学证据的倾向性意见当作确定性意见	错案。念斌先后四次被判处死刑立即执行

续表

案件名称	案件基本事实	错案原因	后果
6. 于英生案	1996年，于英生之妻韩某在家中遇害，案件性质为窒息性死亡的他杀。于英生因与其妻家庭矛盾被怀疑为杀人者。后被逮捕判刑	把双边关联的物证误读为单边关联的物证[1]	错案。于英生一审被判无期徒刑。再审被判无罪
7. 吴鹤声案	1991年，一名余姓妇女被杀，由于余某生前和吴鹤声有过交往，同时，根据案发现场发现的两枚烟头，检验出A型血物质，而吴鹤声也是A型血，二者相符，从而吴鹤声被抓获，并在刑讯逼供后被判刑	仅把现场的烟头作简单的血型物质鉴定，未作DNA鉴定。把种类认定作为同一认定	错案。吴鹤声被判无期徒刑。真凶落网后改判无罪
8. 张庆伟案	1997年，盘锦市发生一起特大强奸、杀人碎尸案。张庆伟作为犯罪嫌疑人被抓获，经历刑讯逼供后承认杀人	本案的科学证据是张庆伟床单上有血点，鉴定为O型人血，与被害人血型一致。但张庆伟不是O型血。把种类认定当同一认定	错案。一审法院判张庆伟无期徒刑
9. 滕兴善案	1987年，湖南麻阳县一条河中发现被肢解的女尸。警方认定失踪的石小荣为该案“被害人”。滕兴善是个屠夫，其拥有的一把斧头上的血液型号为A型，死者的血型也是A型。滕兴善被抓获，受到刑讯逼供后承认犯罪	把种类认定当同一认定	错案。滕兴善被执行死刑。失踪的石小荣后来出现

续表

案件名称	案件基本事实	错案原因	后果
10. 杨云忠案	1994 年,赵乃文被人用斧头砍死,警方找到杨云忠穿过的带有血迹的鞋子,鉴定的结果是该血迹的血型和赵乃文的血型相同。警方认定同杨云忠有重大嫌疑,其承认犯罪后被判刑	把种类认定当同一认定	错案。杨云忠被判处死刑。真凶落网后改判

注:[1]何家弘:《当今我国刑事司法的十大误区》,载《清华法学》2014 年第 2 期。案发后,侦查人员在现场勘察发现被害人身上不是于英生而是陌生人的精液,在本案申诉再审期间,检察人员发现抽屉上留有外来指纹的线索。在本案中,被害人体内的精斑应该与该杀人行为具有关联性,那两枚在被撬抽屉侧面发现的新鲜指纹印也应该与该犯罪行为具有关联性,但是侦查人员因为没有查找到留下精斑和指纹印的人,所以就否定了该物证与案件事实的关联性。这种做法显然是把本应双联的物证误读为单联的物证,把本来具有重大证明价值的物证视为“无效证据”,导致了错判。

在上述案件中具有一些较为明显的特点。首先,鉴定人作出的科学证据并未错误,但是,基于办案人员的追诉思维或者诉讼效率等方面的考虑,侦查、司法人员误读了科学证据真正的指向,从而导致了错案的发生。其次,在上述类型的案件中,导致错案的因素具有多样性。其中有 15 起案件属于将科学证据中的种类认定作为同一认定,占案例总数的 60%。实际上,在科学证据的适用中,种类认定不具有排他性,而同一认定则具有排他性。如果侦查、司法人员对此做出错误的解读,就可能会导致错案。在此方面,我国已经曝光的案件不在少数。在上述案例中,有 8 起案例是将科学证据的倾向性意见当作确定性意见,占案例总数的 32%。在鉴定专家作出科学证据时,由于检材条件不同,得出的确定性程度也就不同。对于检材条件相对不太好的送检样本,鉴定专家往往只是给出倾向性的鉴定意见。但是,在司法实践中,基于破案压力等方面的原因,办案人员可能就会将倾向性意见当成确定性意见，从而导致错案发生。此外，在上述案例中，有2起案例是将双边关联的科学证据误读为单边关联的科学证据，占样本案件总数的8%。

从表7.1、表7.2、表7.3中列出的30个案例中可以看出，第一，科学证据导致错案的时间大多数都发生在2005年《司法鉴定决定》颁布以前，在这之后，科学证据导致错案发生的数量比以前明显地减少。这说明由于此后我国采取了侦鉴分离制度，实行司法鉴定社会化，从而在一定程度上减少了自侦自鉴的弊端。同时，也由于加强了对鉴定人的管理，以及法官相对而言更加谨慎地对待科学证据问题，从而科学证据导致错案的情形出现了较大幅度的下降。第二，从上述列举的案例中可以看出，在经济相对落后地区，更容易发生鉴定导致错案的问题。因为鉴定的准确率直接是与经济勾连的，鉴定经费投入不足可能直接会导致鉴定的错误，从而最终将这一链条延续到法官错判。

（三）科学证据的鉴定原理、技术不成熟导致错案的发生

科学本身经历了一种从不成熟到成熟的发展过程。这也说明，以科学为基础的科学证据本身也存在天然不足，或者存在现有的条件难以克服之处。这意味着科学证据的不准确并非完全是人为原因所致，也可能是基于现有科学本身的局限造成的。可以说，科学证据鉴定依据的技术原理不成熟也是导致错案的重要因素之一。

由于科学证据毕竟属于一种相对新型的证明工具，可能在原理及技术规范方面缺少支撑，这包括客观性、科学性没有得到检验的新鉴定技术，以及科学证据鉴定原理没有得到该领域专家的普遍接受或认可等，从而就会导致错案的发生。即使是目前普遍适用且准确性较高的科学证据也存在一定的错误可能性，因此，以此作为证据基础的案件事实就会出现错案的风险。譬如，美国的不少研究表明，犯

罪实验室关于纤维、涂料和体液的分析，其错误率达 10% 甚至更高。指纹分析的错误率可能处于 1% ~4%。而运用广泛的咬痕证据则更加地不可靠。① 即便被冠以“证据之王”的 DNA 鉴定意见目前也存在风险。DNA 检验得出的匹配概率不可能达到 100%，最佳条件下得出的也就是 99%。例如，我们可以把肯定同一的匹配概率定为 93%，把否定同一的匹配概率定为 80%。凡是物证检材与样本检材的匹配概率高于 93% 的就可以肯定同一，而低于 80% 的就可以否定同一。那么，当匹配概率在 80% ~93% 的时候，怎么办？这就是科学证据的“灰色地带”。② 这种灰色地带本身也是导致错案的隐患。在司法鉴定过程中，科学只是手段，但科学手段不等于科学本身。即使专业性极强的 DNA 技术，虽然理论上并未受到太多质疑，但因推理过程、取材准确度、清晰程度、实验条件、实验过程等各种因素制约，实践中仍然饱受争议。③

此外，测谎技术目前属于一种很有前途的科学证据，但是，支撑测谎的技术原理尚未达到成熟程度，并未获得普遍的认可。在司法实践中，测谎意见明明是一种破案线索，却可能被侦查机关当作具有证据资格以及证明力的证据。杜培武案就是如此。本来在对杜培武第一次测谎时，并没有成功测出其有杀妻的可能，然而，由于测谎人员经验比较欠缺，在第二次测谎时打杜培武耳光，强迫其承认，并由此获得了想要的结果，这也是杜培武后来被刑讯逼供及造成错案的

---

① Radley Balko & Roger Koppl, Forensic Science Is Badly in Need of Reform Here Are Some Suggestions, http://wwwslate. com/id /2197284/pagenum/all/#page_start, accessed 2010,626. 转引自史长青：《科学证据的风险及规避》，载《华东政法大学学报》2015 年第 1 期。

② 何家弘：《当今我国刑事司法的十大误区》，载《清华法学》2014 年第 2 期。

③ 董秀婕：《刑事技术鉴定证据价值司法现状分析》，载《东北农业大学学报（社会科学版）》2007 年第 1 期。

原因之一。可以说，测谎技术原理的不成熟加上先入为主偏见的叠加效应，是导致杜培武等一些错案的重要诱因。

四、美国等域外国家中科学证据导致错案的理论与实践

在美国，适用专家证言已成为现今各州和联邦法院的固定程序。从纤维比较到经济预测，再到精神病学评估，所提供的专业知识涵盖了人类知识的范围。[①] 基于科学证据是以科技作为基础，具有更高的可靠性及便利性，自从科学证据制度确立之初，美国的执法及司法部门就迫不及待地予以接受。诚然，科学证据有其可以信赖之处，然而，却不是不可置疑的证据，其与普通证据相比只是披上了一层科学的外衣。实际上，科学证据在美国造成的错案屡见不鲜，并且日益引起重视。"未经充分验证的法医学所带来的风险不仅仅是理论上的或抽象的。通过 DNA 无罪免责的那些已经定罪的错案中，大约一半的已知案件中出现了错误的法医学因素，使其成为第二个最常见的归因因素（仅次于错误的目击证人证明）。"[②]不仅测谎等科学性相对不是特别高的科学证据如此，而且 DNA 这种目前科学性最高的第二代科学证据也存在导致错案的风险。"刑事司法系统在历史上未能阻止政府利用虚假科学和错误或欺诈性证据来对无辜被告人定罪，其程度令人震惊。例如，一项研究发现，有缺陷的科学证据导致了超过一半的错误定罪。"[③]可以说，在美国，科学证据经历了从普遍相信

---

① Shirley A. Dobbin, Sophia I. Gatowski, Rebecca J. Eyre, Veronica B. Dahir, Mara L. Merlino & James T. Richardson, *Federal and State Trial Judges on the Proffer and Presentation of Expert Evidence Source*: *The Justice System Journal*, 2007, Vol. 28, No. 1 (2007), p. 1.

② Jennifer L. Mnookin, *The Uncertain Future of Forensic Science*, Daedalus, Fall 2018, Vol. 147, No. 4, Science & The Legal System (Fall 2018), p. 102.

③ Michael J. Saks, *Scientific Evidence and the Ethical Obligations of Attorneys*, 49 Clev. St. L. Rev. 421, 424 (2001).

到有条件怀疑的适用过程。基于科学证据的风险,美国学者 Brandon L. Garrett 和 Peter J. Neufeld 等也专门进行了深入的研究。他们的一项研究揭示了科学证据或者法医学对错案发生的影响不可忽视(见表 7.4)。

表 7.4 按分析的类型划分的无效法医学证据

法医分析的类型	有审判记录的案件/例	涉及无效科学证据的案件/例	审判记录涉及无效的案件百分比/%
血清学分析	100	57	57
头发对比	65	25	38
土壤对比	6	0	0
指纹对比	13	1	8
咬痕对比	6	4	67
鞋印对比	3	1	33
DNA 检测	11	3	27
声音对比	1	1	100

从表 7.4 可以看出,137 起无罪获释者审判中的专家证言主要涉及血清学分析(100 例)和显微镜下的毛发对比(65 例),因为这些案件中的大多数涉及性侵犯罪,而这些证据在当时是普遍可以采信的。事实上,在许多情况下,头发和精液都是从犯罪现场找到的。一些案件还涉及以下方面的专家证言:指纹对比(13 例)、DNA 检测(11 例)、法医地质学土壤对比(6 例)、法医牙病学咬痕对比(6 例)、鞋印对比(4 例)、声音对比(1 例)。研究集中存在的两大类证据,即血清学和头发对比。研究发现如下:在 100 例涉及血清学的案例中,有 57 例即 57% 的被确定为无效的法医学证据。在 65 例涉及显微镜下头

发对比的案例中,有25例即38%的被确定为无效的科学证据。[①]

对于科学证据导致错案的问题,美国理论界及司法实务界也都给予警醒与反思。即使某些类型的证据具有“科学”客观光环及科学技术因素,但是,如果通过一种本质上是主观的表达,此类证据一般会受到高度审查,通常被排除在外。司法界对主观性的关注相当普遍,法院经常在其裁判意见中明确提及这一点。[②] 历史学家和法医监督机构现在声称,包括专家笔迹鉴定在内的七种法医学,甚至传统上最受信任的证据形式指纹识别,实际上都没有建立在良好的科学基础上,它们没有得到充分的测试,其方法也没有得到充分的审查。[③]当然,在美国,错案并不是单一因素促成的,然而,却并不能忽视科学证据在其中起到的作用。具体而言,科学证据导致错案的原因主要可以包括以下几点。

(一)科学证据鉴定的技术及程序缺陷导致错案

应当承认相比较传统证据,科学证据在准确性方面具有一定的优势。然而,在科学证据之间,其准确性也并不平衡,譬如说,测谎等科学证据的准确性就相对DNA证据较差。“法院担心,围绕证据的科学光环可能会说服事实裁量者过度相信主观结论,仅仅因为这些结论具有科学的外衣。这种危险的典型例子是测谎证据。”[④]然而,即使是科学性最高之一的DNA证据也有导致错案的风险。“因为DNA证据在过去30年中对我们的刑事司法系统变得如此重要,以

---

① Brandon L. Garrett and Peter J. Neufeld, *Invalid Forensic Science Testimony and Wrongful Convictions*, Virginia Law Review, Mar., 2009, Vol.95, No.1 (Mar., 2009), p.15.

② See, e.g., State v. Peoples, 319 S.E. ad 177, 184 (N.C. 1984).

③ 《无知作为理性知识的代表:笔迹鉴定的经验教训“专业知识”》, 137 U. Pa. L. Rev. 731739 – 51 (1989)。

④ See, e.g., United States v. Alexander, 526 F. 2d 161, 167 – 70 (8th Cir. 1975).

至于科学家们研究了 DNA 分析的准确性。但事实是,我们对 DNA 案件中人类或实验室错误率的了解,并不比我们对采用其他法医学技术的案件中人类或实验室错误率的了解更多。"[①]"DNA 指纹识别"是一种识别个体的新技术。据报道,这种识别方法比任何其他经过科学测试的个体化方法都更准确。[②] DNA 分型被称为典型的第二代科学。执法人员认可 DNA 证据的收集、处理、存储和搜索的便利性。检察官欣赏它对公众的吸引力,以及它在法庭上基本上无懈可击的程度。法官欢迎它的开发和一般应用的科学严谨性。就连辩护律师也在很大程度上接受了 DNA 技术,并寻求更广泛地使用 DNA 鉴定为那些被错误怀疑或定罪的人开脱。[③] 然而,DNA 证据会由于收集、固定、保存等程序缺陷或者技术操作失误而导致错案。实验室中固有的问题屡屡发生。实验室环境及其程序并非万无一失。在任何实验室中,探针 DNA 和样本 DNA 之间或两个样本 DNA 之间的交叉污染都是一个持续的危险。DNA 分析有一些明显的优势。然而,即使是很小的检测要求也可能需要从犯罪现场提取大量样本。在 50% 涉及生命密码相关的强奸案中,DNA 分型测试没有结果,因为样本量太小或拭子没有精液。因此,从犯罪现场提取的样本通常不足以进行检测。这在法医学中很重要,因为法医学无法控制留在犯罪现场的样本的大小。DNA 也是相对适应性强的材料。因此,DNA 分型是为数不多的声称能够对旧样本或暴露于不同环境条件的样本

---

① Jonathan J. Koehler, Intuitive Error Rate Estimates for the Forensic Sciences, Jurimetrics, Vol. 57, No. 2 (Winter 2017), p. 154.

② Andre A. Moenssens, DNA Evidence And Its Critics—How Valid Are the Challenges? Jurimetrics, Fall 1990, Vol. 31, No. 1 (Fall 1990), p. 87.

③ Erin Murphy, *The New Forensics: Criminal Justice, False Certainty, and the Second Generation of Scientific Evidence*, California Law Review, Jun., 2007, Vol. 95, No. 3 (Jun., 2007), p. 731.

进行分型的测试之一。然而,如果 DNA 太旧或保存不好,它会分裂成“低分子量”的微小片段,就无法可靠地进行分型。①

DNA 检测已成为刑事司法程序的一个常规部分,在法庭上认可检测结果的可采性已成为惯例。在怀疑 DNA 与证据样本不匹配的情况下,它消除怀疑的能力没有争议。然而,当出现明显的匹配时,关于有罪程度的争论仍在继续。②“基因指纹”的说法可能会产生巨大的说服力,即使检测程序的实际情况与宣传的情况不符。③ 因此,法院指出,对此类证据的司法裁量需要谨慎,并警告说,交叉询问可能不足以抵消鉴定专家引用的统计概率所产生的误差。④ 在一些案件中,通过定罪后对证据进行的重新分析,发现了审判时表现不明显的重大错误。这些重大错误包括血清学证据输入错误、未能注意到大量精子、错误地连接大量毛发、在比较过程中未能注意到材料差异,以及未能正确使用设备。⑤ 文献揭示了 DNA 鉴定技术在法医学中应用的严重缺陷,从科学的角度来看,这使它不可靠。主要的批评并不是说它永远都不可靠,而是因为缺乏统一的标准和质量控制。具体而言,在 DNA 分型技术的结果在法医学中被认为是科学可靠之

---

① William C. Thompson 8c Simon Ford, *DNA Typing*: *Acceptance and Weight of the New Genetic Identification Tests*, 75 Va. L. Rev. 45, 65 (1989).

② Subhash Chandra Singh, DNA Profiling and the Forensic Use of DNA Evidence in Criminal Proceedings, Journal of the Indian Law Institute, APRIL – JUNE 2011, Vol. 53, No. 2 (April – June 2011), p. 195.

③ Joseph L. Peterson, John P. Ryan, Pauline J. Houlden & Steven Mihajlovic, *The Uses and Effects of Forensic Science in the Adjudication of Felony Cases*, 32 J. Forensic Sci. 1730, 1748 (1987).

④ Dubose v. State, No. CR – 89 – 359, 1993 WL 381482 (Ala. Crim. App. Sept. 30, 1993).

⑤ Brandon L. Garrett & Peter J. Neufeld, *Invalid Forensic Science Testimony and Wrongful Convictions*, Virginia Law Review, Mar., 2009, Vol. 95, No. 1 (Mar., 2009), p. 79.

前,必须制定以下质量控制和标准:(1)确保结果准确解释的控制;(2)宣布统一的标准;(3)多态性位点的选择和数量标准;(4)确定巧合匹配概率和确定相关人口研究的标准;(5)记录保存标准;(6)能力验证和许可标准。①

(二)鉴定人的偏见导致错案的发生

偏见是指评判者由于利益、立场、背景、环境等因素导致的不客观的倾向性。在美国,由于鉴定专家的偏见导致错案主要包括动机偏见和认知偏差。动机偏见是指鉴定人由于利益等因素导致的鉴定中不客观倾向。司法鉴定表面上是一种以科学技术为依托的客观行为,但是,却不能排除鉴定专家因为特定的利益等因素而有主观判断的可能性。一般而言,职业利益是决定鉴定专家动机倾向的关键之一,在美国也是如此。如果是警察委托的执法机构的鉴定专家,那么,这些鉴定专家的意见可能就会更符合侦查机关的追诉利益。美国的犯罪实验室的鉴定机构及专家一般都是出自国家执法系统。即使犯罪实验室确实雇用了合格的科学家,这些人也可能充满了亲警察的偏见,以至于他们为了"阐明自己的观点"而愿意绕过真正的科学调查方法。这种态度在犯罪实验室的一些"技术人员"(非科学家)中更为普遍。对他们来说,一旦警方的调查方法聚焦于可能的犯罪嫌疑人,无罪推定就消失了。同样,这些人中的许多人在接受过培训的领域做得很好,但他们的偏见往往是如此强烈,以至于他们可能缺乏人们对真正的科学家所期望的那种客观判断。② 基于上述一些

① Janet C. Hoeffel, *The Dark Side of DNA Profiling: Unreliable Scientific Evidence Meets the Criminal Defendant*, Stanford Law Review, Jan., 1990, Vol. 42, No. 2 (Jan., 1990), p. 480.

② Andre A. Moenssens, *Novel Scientific Evidence in Criminal Cases: Some Words of Caution*, The Journal of Criminal Law and Criminology (1973 –), Spring, 1993, Vol. 84, No. 1 (Spring, 1993), p. 5.

鉴定专家的亲警察的偏见，其鉴定技术也就有了更多的主观因素，从而会自觉或者不自觉地向着有利于警察的一方倾斜。“从理论上讲，对物证进行复杂的实验室分析可以提供精确的刑事鉴定，并最终排除被错误定罪的被告人。然而，在实践中，有罪鉴定的缺点和无罪结果的重要性可能被低估。”①当然，在鉴定专家的动机偏见中，表面上是向着警察倾斜，实质上可能是向着职业利益倾斜。即使亲警察的鉴定人提供了不客观的专家意见，然而，基于科学证据本身的特殊魅力，也会导致法官在审查中出现障碍。全国对打击犯罪的痴迷，以及对个体公正的关注明显减少，为尖端技术提供了外部的环境，这项技术在“几乎”或“99% 确定性”识别罪犯方面的承诺令人眼花缭乱。面对这一新颖的科学证据，法院失去了所有的平衡感和克制感，对其实际可靠性几乎没有审查，对个人权利的影响也很少关注。②

因为美国采取的是当事人主义鉴定启动模式，控辩双方都有权聘请鉴定专家，而辩护方聘请的律师，就有可能有不利于犯罪控制的动机偏见。在一个假设案件中，美国学者奥托(Otto，1986)比较了临床心理学研究生关于是否精神健全而提出的建议，结果发现，那些认为自己是被告方指定的学生认为被告人犯罪时精神错乱的频率明显高于认为自己是控方指定的学生。③ 这个研究也证明了职业利益可能是鉴定专家动机偏见的重要发动机。

在认知偏见中，背景偏见的可能性延伸到对不同类型证据的评

① See, e. g. , Paul C. Giannelli, *Criminal Discovery*, *Scientific Evidence*, *and DNA*, 44 Vand. L. Rev. 791, 794 & n. 18, 796 - 97 (1991).

② Janet C. Hoeffel, *The Dark Side of DNA Profiling*: *Unreliable Scientific Evidence Meets the Criminal Defendant*, Stanford Law Review, Jan. , 1990, Vol. 42, No. 2 (Jan. , 1990), p. 466.

③ Jean C. Beckham, Lawrence V. Annis and David J. Gustafson, *Decision Making and Examiner Bias in Forensic Expert Recommendations for Not Guilty by Reason of Insanity*, Law and Human Behavior, Mar. , 1989, Vol. 13, No. 1 (Mar. , 1989), p. 80.

估和解释,其中最令人惊讶的是 DNA 证据。学者 Dror 和 Hampikian 使用了一个美国真实轮奸案件中的 DNA 混合物(从不止一个人身上获得的生物材料)来测试模棱两可的 DNA 证据是否也容易受到与任务无关的上下文信息的影响。在本案中,一名参与强奸的人作证指控另一名成员(目标 DNA 是从该成员处获得的),以换取较低的刑期,法医鉴定人员得出结论,目标 DNA 不能从 DNA 混合物中排除。在 Dror 和 Hampikian 的三项研究中,同样的材料被提交给了 17 名新的法医鉴定人,但没有任何与任务无关的被告人或者被告人背景信息(攻击者的证言)。在 17 名鉴定人员中,12 人决定排除目标 DNA,4 人发现 DNA 证据不确定。这项研究表明,对模棱两可的 DNA 证据的解释是不一致的,它可能会受到与任务无关的上下文信息的影响。①

(三)鉴定专家不称职导致错案的发生

专家证人游离于他们的专业领域之外②,也是导致错案的重要原因之一。一个不称职的人可以在 300 多个案件中成为专家,这是"律师和法官容易受骗的惊人现象"③。对于一些鉴定专家而言,捏造或夸大的诱惑肯定存在。在他们的职业生涯中,在很多时候专家都会受到诱惑,当他们的调查没有结果时,他们会报告积极的结果,或者当所有其他调查线索似乎都指向同一个人时,他们会将消极的结果报告为积极的结果。专家们可以放心地相信,他们的轻率行为可能

① Lee J. Curley, James Munro, Martin Lages, Rory MacLean and Jennifer Murray, *Assessing Cognitive Bias in Forensic Decisions: A Review and Outlook*, J Forensic Sci, March 2020, Vol. 65, No. 2. p. 355 – 356.

② Andre A. Moenssens, *Novel Scientific Evidence in Criminal Cases: Some Words of Caution*, The Journal of Criminal Law and Criminology (1973 –), Spring, 1993, Vol. 84, No. 1 (Spring, 1993), p. 7.

③ 492 So. 2d 948, 958 (Miss. 1986).

永远不会曝光。并非所有人都屈服于这种诱惑,很可能大多数人从来没有这样做过。然而,"体制"无疑使这种情况成为可能,因为在美国各地的许多实验室中,专家证人证言没有得到其他专家的验证,除非他自己要求这样的验证。① 在一定程度上,由于法医学的发展,越来越多的案件曝光,一些训练有素的鉴定人员(他们都称自己为真正的"科学家")得出了错误的结论。错误识别甚至发生在像指纹识别这样古老且广泛使用的学科中。② 鉴定专家在专业技术方面的不称职,会导致一系列的问题,而这可能成为错案发生的直接原因。这包括:(1)把不具有证明犯罪作用的证据作为具有证明犯罪作用的证据提出。最常见的是将非证明性证据解释为有罪证据。也就是说,专家证言忽略了证据是非证明性的;相反,其提供了一个据称包括被告人的统计数据,并暗示排除了一定比例的人口。(2)免责证据被忽略。(3)频率或统计数据不准确。(4)未提供实证支持的统计数据。(5)未提供实证支持的非数字陈述。(6)证据源于被告人的结论。鉴定人声称证据确实来自被告人,并且是被告人独有的,尽管没有经验数据允许有这样的结论。③

(四)鉴定技术原理的不可靠导致错案的发生

对于鉴定专家而言,其鉴定技术的基础就是相关原理的成熟或者可靠。如果鉴定技术原理达不到成熟的程度,以此为基础的专家意见就有导致错案的较高可能性。基于便利性,美国在司法实践中

---

① Andre A. Moenssens, *Novel Scientific Evidence in Criminal Cases: Some Words of Caution*, The Journal of Criminal Law and Criminology (1973 –), Spring, 1993, Vol. 84, No. 1 (Spring, 1993), p. 17 – 18.

② See, e. g., State v. Caldwell, 322 N. W. 2d 574 (Minn. 1982).

③ Brandon L. Garrett and Peter J. Neufeld, *Invalid Forensic Science Testimony and Wrongful Convictions*, Virginia Law Review, Mar., 2009, Vol. 95, No. 1 (Mar., 2009), p. 1620.

已经普遍采用科学证据。这些科学证据既包括科学性、认可度较低的笔迹鉴定专家证言等,也包括科学性、认可度很高的指纹证据等。然而,不可否认,这些科学证据在技术原理上并未达到可靠的成熟程度。

笔迹鉴定专家证言最初被认为是最低阶的证据,通过向法官推销他们想要的东西,笔迹鉴定专家极大地改善了其形象,提高了他们的可信度,这主要是让笔迹鉴定专家的解释看起来合理、可信、科学,至少表面上让陪审团能理解。[①] 在美国,通过"弗莱伊规则",笔迹鉴定专家意见在法庭上获得了可采性。然而,在 2000 年,围绕笔迹鉴定专家证言的可采性展开了激烈的审前斗争。有人提出了笔迹鉴定专家证言不可信的论据,认为这种形式的证据虽然在法庭上普遍地使用了一个世纪左右,但经不起"道伯特规则"的审查。法院开始限制笔迹鉴定专家。一些法官采取了不同寻常的措施,其中包括禁止作证专家就被鉴定作品的作者发表意见,而其他一些法官则完全排除了笔迹鉴定方面的不当证言。[②] 之所以笔迹鉴定开始遭受到严厉的指责,是因为其没有办法证明的确拥有真正的专业性。易言之,由于不可靠,对于此类科学证据的原理存在巨大的争议之处。在过去十几年来,笔迹鉴定专家在法庭上的地位再度受到挑战。法院现在对其是否属于有效性的科学知识存在争议。首先对笔迹对比存在专业知识提出质疑的是 D. Michael Rising、Mark P. Denbeaux 及 Michael

---

① Jennifer L. Mnookin, *Scripting Expertise: The History of Handwriting Identification Evidence and the Judicial Construction of Reliability*, Virginia Law Review, Dec., 2001, Vol. 87, No. 8, Symposium: New Perspectives on Evidence (Dec., 2001), p. 1729.

② Jennifer L. Mnookin, *Scripting Expertise: The History of Handwriting Identification Evidence and the Judicial Construction of Reliability*, Virginia Law Review, Dec., 2001, Vol. 87, No. 8, Symposium: New Perspectives on Evidence (Dec., 2001), p. 1726.

J. Saks 三位法学教授。对存在争议的法律文书,如对鉴定人出示某人以往书写的标准本,笔迹鉴定者真的能决定是否该人所写?就像占星学真的能够预测一个人的未来?气象学者真的能预测天气一样吗?要回答这个问题,三位学者认为实证研究是最重要的。Rising、Denbeaux 及 Saks 三位教授经过实证研究,并且认真地对结果进行了分析,检视所谓笔迹鉴定专家所提出的专业知识凭据的研究资料,发现无法证明有笔迹对比这门专业知识的存在,亦即在经验上无法证实这些专家所称的专业知识。①

精神病鉴定专家意见也存在鉴定原理不足以保证结果准确性的困境。精神病鉴定本身具有一定的科学性及专业性,而法官对于精神病鉴定意见所揭示的问题一般是门外汉,需要通过精神病鉴定意见帮助其形成心证,确定罪与非罪的界限,作出准确的裁决。尽管是由法官和陪审团做出最终决定,但精神健康专业人士的证言对几乎所有因精神病而无罪的案件至关重要。近年来,精神健康专业人员作为专家证人的角色受到越来越多的批评。具体而言,精神健康专家受到的批评主要原因体现在:(1)大多数鉴定的评估者提供的鉴定意见可靠性较差。(2)提供的证词可能存在有意或无意的偏见。偏见证言包括发表观点、建议或结论,这些观点、建议或结论由于明显无关的情境或个人因素而被歪曲。(3)缺乏标准化的方法和程序做出精神病认定。由于精神健康专业人员对精神症状的存在或不存在没有可靠的一致意见,美国学者 Ziskin 质疑他们是否可以在法庭上得出任何有效的临床或法律结论。② 可以说,即使在美国,精神病理

① 朱富美:《科学鉴定与刑事侦查》,中国民主法制出版社 2006 年版,第 353—360 页。

② Jean C. Beckham, Lawrence V. Annis and David J. Gustafson, *Decision Making and Examiner Bias in Forensic Expert Recommendations for Not Guilty by Reason of Insanity*, Law and Human Behavior, Mar., 1989, Vol. 13, No. 1 (Mar., 1989), p. 79 – 80.

学的相关原理并未完全成熟,鉴定标准也不明确,精神病鉴定又是一项具有较高主观性的活动,这都是让精神病鉴定意见的客观准确性遭受怀疑的原因。因此,美国一些学者不愿把精神病鉴定意见看作严谨的自然科学,而是看作社会科学的一种。由于精神病鉴定专家证言在确定被告人是否属于精神病人时有一锤定音的作用,而法官对精神病鉴定专家意见却过度依赖,这会直接诱发涉及精神病人案件的错案风险。

在科学证据中,指纹证据可以说是与 DNA 证据并列,都是获得刑事司法中普遍认可的准确度最高的证据之一。指纹鉴定的唯一性也让它成为在侦破各类案件的过程中都是优先使用的手段。指纹鉴定人员长期以来一直声称指纹识别是“绝对正确的”,公众也普遍相信这一说法。即使在梅菲尔德案之后,指纹鉴定人仍在为指纹鉴定绝对正确的说法辩护。① 例如,梅西探员在一篇关于梅菲尔德案件的报道中评论说:“我会宣扬指纹,直到我死。它们是绝对正确的。”②

然而,自从指纹鉴定证据在刑事司法中适用后,其导致的错案就屡见不鲜。考恩斯案的被告人考恩斯是第一个被指纹证据定罪并被 DNA 证据证明无罪的人。③ 早在 1920 年就有 13 起指纹导致错案的案件,却并没有打破指纹证据绝对正确的神话。④ 一百多年来,指纹

---

① See, e. g., Flynn McRoberts et al., *Forensics Under the Microscope*, Chi. Trib., Oct. 17, 2004, at 1.

② See, e. g., Flynn McRoberts et al., *Forensics Under the Microscope*, Chi. Trib., Oct. 17, 2004, at 1.

③ The Innocence Project, at http://www.innocenceproject.org/ (last visited May 8, 2021). 斯蒂芬·考恩斯因枪伤 1 名警官而被判处 30—45 年徒刑,服刑 6 年半后获释。考恩斯只是根据指纹和目击者的证据被定罪,但定罪后的 DNA 测试表明,他不是犯罪者。波士顿警察局随后承认指纹证据是错误的,这使考恩斯成为第一个被指纹证据定罪并被 DNA 证据证明无罪的人。

④ Commonwealth v. Loomis, 110 A. 257 (Pa. 1920); Albert S. Osborn, *Proof of Finger-Prints*, 26 Am. Inst. Crim. L. & Criminology 587, 587 (1935).

证据一直被美国法院承认为刑事案件中的同一性证据。从犯罪现场发现的未知指纹(所谓的潜在指纹)与犯罪嫌疑人或其他个人的已知指纹相匹配的证据很少在法庭上受到质疑,从而证明匹配指纹的人是相关潜在指纹的来源。即使匹配的是部分的、有污迹的或其他低质量的指纹,也会出现这种情况,尽管上述所有这些特征都增加了确定匹配的难度以及可能的错误。① 可以说,指纹鉴定在技术操作中是存在问题的。在鉴定原理方面,指纹鉴定的负面因素也不可忽视。指纹鉴定与法医分析的许多其他领域类似。但是,指纹的打印证据与大多数其他类型的法医证据在来源属性的表述方式上有着至关重要的不同。例如,在法医 DNA 分析中,鉴定人通常会说明被告人可能是 DNA 样本的来源。该声明与随机匹配概率放在一起,这种概率表示随机选择的具有相同种族或民族背景的个体与未知 DNA 样本一致。然而,当指纹鉴定人员进行"匹配"时,他们总是证明被告人是指纹的来源,排除了宇宙中所有其他可能的来源。事实上,指纹鉴定人只能证明来源的归属,他们被禁止在法庭上发表概率意见。②

(五)法官或者陪审员专业知识不足以穿透科学证据的错误幕布而导致错案

鉴定专家是专门技术的掌握者,这种专门技术在很大程度上可以转化为强大的说服力量,这种力量甚至可以超越司法权力。因此,这就需要刑事司法系统中的审查者熟悉科学证据知识。然而,这些审查者基本上都是外行。几乎在所有情况下,科学证据都会检验法

---

① Joseph B. Kadane and Jonathan J. Koehler, *Certainty & Uncertainty in Reporting Fingerprint Evidence*, Daedalus, Fall 2018, Vol. 147, No. 4, Science & The Legal System (Fall 2018), p. 120.

② Simon A. Cole, *More than Zero: Accounting for Error in Latent Fingerprint Identification*, The Journal of Criminal Law and Criminology (1973 -), Spring, 2005, Vol. 95, No. 3 (Spring, 2005), p. 991 - 992.

官、律师和陪审员的能力，他们都可能缺乏理解科学证据并以知情的方式评估证据的科学专业知识。① 在诉讼中使用专家证言的根本悖论是，那些有权力和义务评估专家证言的人，对争议的专门问题的知识少于其正在评估的专家。② 这不仅体现在科学证据对法官的挑战，而且体现在对陪审员的考验。用加利福尼亚州最高法院法官的话说，专家可以“在陪审团的眼中摆出神秘无误的姿势”③。科学证据的主要危险在于它可能误导陪审团；科学无误的光环可能会掩盖证据，从而导致陪审团在没有严格审查的情况下接受科学证据。其他因素如不适当的偏见、问题的混淆和浪费时间，可能与科学证据有关，但这些因素往往与误导陪审团的危险重叠，或者只是次要因素。④

正是由于法官等科学证据审查者缺乏相关专业知识，在很大程度上成为傀儡，从而被科学证据的专家证言所蛊惑，陷入科学证据专家的自信泥潭之中。专家夸大各种科学技术得出的结论并不罕见。例如，中子活化分析被描述为“与指纹……一样可靠”⑤。类似地，他们对于咬痕和声纹证据也作出了无保留的断言。事实上，“声纹”一词因在声谱分析和指纹识别之间作了不必要的类比而受到批评。当然，如果初审法官了解这项技术，这个问题可以通过更严格地控制专家的证言来解决。然而，如果法官没有相关专门知识，例如，如果他

---

① See William W. Schwarzer, *Introduction to Reference Manual on Scientific Evidence I* (Federal Judicial Ctr. ed., 1994).

② Valerie P. Hans and Michael J. Saks, *Improving Judge & Jury Evaluation of Scientific Evidence Source*: *Daedalus*, Fall 2018, Vol. 147, No. 4, Science & The Legal System (Fall 2018), p. 164.

③ People v. Kelly, 17 Cal. 3d. 24, 32 (1976).

④ Paul C. Giannelli, The Admissibility of Novel Scientific Evidence: Frye v. United States, a Half - Century Later, Columbia Law Review, Oct., 1980, Vol. 80, No. 6 (Oct., 1980), p. 1237.

⑤ State v. Coolidge, 109 N. H. 403, 420, 260 A. 2d 547, 560 (1969).

不知道活化分析和声纹识别与指纹明显不同,他就无法理解陪审团被误导的程度。一些法院强调的一种解决方案是要求提供警示说明。然而,知识的缺乏再次限制了这种方法的有效性。[①] 作为被告人保护者的律师也由于缺乏科学证据的专业知识而对其真伪辨别无能为力。对于专家证人,可能是出于对科学技术的敬畏,律师也很少质疑。长期以来,专家们一直习惯于说任何话,因为他们知道律师一般不会核实专家证言。事实上,犯罪实验室也通常不会核实或检查其雇员在法庭作证过程中所作陈述的准确性。一些专家证人在多年的作证后发现,无论是直接审查者还是交叉询问审查者都不理解他们所说的大部分内容,或者只是假装理解,也没有对他们的陈述提出有意义的质疑。[②] 得克萨斯州休斯敦的摩西·桑切斯律师在谈到科学鉴定技术时感到震惊,他为自己的当事人辩护时没有成功,当一位专家进来说,你的当事人不是那个人的概率是七亿分之一,而你知道他是这个国家仅有的三千万黑人之一时,你就死定了。这会恐吓陪审团。辩护律师最好做好准备。[③] 辩护律师就无法有效地反驳这些证据,也无法找到科学家为其作证。巴里·舍克教授在 1989 年 3 月向国会作证时说,在许多关于 DNA 分型测试可采性的预审听证会上,“几乎没有对 DNA 证据提供者进行知情的交叉询问。”[④]

---

① Paul C. Giannelli, *The Admissibility of Novel Scientific Evidence: Frye v. United States, a Half - Century Later*, Columbia Law Review, Oct., 1980, Vol. 80, No. 6 (Oct., 1980), p. 1238.

② Andre A. Moenssens, *Novel Scientific Evidence in Criminal Cases: Some Words of Caution*, The Journal of Criminal Law and Criminology (1973 -), Spring, 1993, Vol. 84, No. 1 (Spring, 1993), p. 9.

③ Gary Taylor, From One Speck, a Case is Made, Nat'l LJ., Jan. 16, 1989, at 22.

④ No. 1508/87 (N. Y. Sup. Ct. 1989).

五、科学证据的适用与刑事诉讼基础原理的悖反

(一)科学证据的适用与司法最终裁决原则悖反

科学证据是鉴定专家根据鉴定原理运用司法鉴定技术而作出的,其本身蕴含着更高的科学智识性。这主要体现在科学证据的可靠性相比较而言更高,受人为因素的影响更小,适用科学证据做出的裁判也更不容易受到当事人或者社会公众的质疑。然而,这并不能说可以让提供科学证据的鉴定专家来扮演法官的角色。实际上,科学证据的风险并不可忽视,毕竟鉴定专家也是有个人情感、情绪或者利益的人,这就难以完全克服非客观因素的烙印,科学证据也不可能是完全依照法定的鉴定流程产生的产物。此外,值得深思的是,即使科学证据蕴含着更高的科技含量,但是,其中需要依据的科学基础也是一种历史的产物,也需要经过司法实践的不断检验,这也说明科学证据的相对性,其客观及准确性并不是无可置疑的。法官不应从科学证据本身直接得出与其指向一致的裁判后果。不能让科学证据或者鉴定专家控制法官,以及直接决定裁判结果,而是应当相反。法官应当是科学证据审查的主人,而不是成为鉴定专家或者科学证据的仆从。这也是审判中心主义诉讼模式的体现之一,同时也是司法最终裁决原则的必然要求。因此,“单从形式上看,科学证据作为一种意见证据,与裁判者作出的事实认定一样都是在一定事实基础之上运用判断力得出的结论;同时由于鉴定人在有关专业领域相对于普通人占有智识上的优势地位,这就使其所作出的鉴定结论具有了较高的权威性。但是,这些都不足以使鉴定结论获得与裁判者作出的事实认定同样的终局性的效力。鉴定结论仍然仅仅是证据的一种,

其证明力同样要接受裁判者的判断”[①]。

然而，在我国涉及科学证据的审判中，相当数量的法官丧失了司法最终裁决者的地位，而成为鉴定专家的背书者，基本上是鉴定专家的意见就是法官的最终裁判意见。不仅在我国如此，即使世界上其他法治进步国家亦是如此。在美国，“对于刑事判决而言，大多数法官或者陪审员都不能独立地或者可以令人信服地利用这些科学知识来作出裁决。相反地，其反而向专家证人表示了一种法律对技术的求助及服从倾向”[②]。这是因为，虽然法官是掌握法律专门知识的司法者，但是，术业有专攻，法官在科学证据的原理或者技术方面却可能是门外汉。可以说，科学证据本身的科学性及技术性对法官等司法鉴定业余人士设置了认知门槛或者迷宫。一方面，法官会基于对鉴定专家的知识性权力的敬服心理，自然地放弃了对科学证据的审查，从而在涉及科学证据的案件中法官放弃了司法最终裁判权。其实，即使在法官内部，在让科学证据在司法审判中享有特殊地位的观点也并不孤单，也获得了其内部的相当程度的支持。另一方面，对于具有较高科学性或者获得普遍认可的科学证据，如果在裁判中改变科学证据指向，这对法官是一种不小的风险。相反，按照科学证据指向的方向裁判，即使最终案件出现了什么问题，法官承担的责任也比不适用或者否定科学证据的适用轻得多。即使是法官，一般也都是实用主义者，也会通过推卸责任的方式获得司法审判的安全。在进行权衡之下，法官就会更容易按照科学证据指向的方向进行判决，从而使司法最终裁判原则受到巨大的挑战。

---

① 汪建成：《司法鉴定基础理论研究》，载《法学家》2009 年第 4 期。

② Scott Brewer, Scientific Expert Testimony and Intellectual due Process, 107 Yale L. J. 1535(1998).

（二）科学证据的适用与控辩平衡原理冲突

平衡，亦称均衡，是指行为主体在互动过程中，所有的行为主体同时达到价值最大化目标而趋于持久存在的相互作用形式，并在此作用形式上各行为主体所处于的相互作用、制约的状态。[①] 我国司法鉴定的启动及运行方式，以及叠加控方一贯的追诉倾向及强势作风，导致在涉及科学证据的案件中控辩双方更为失衡。

首先，我国在司法鉴定中采取职权主义启动模式，这意味着在刑事案件中，如果需要进行司法鉴定，只有公检法机关才有启动的权力。然而，侦控机关一般都是对自己有利的事项决定进行司法鉴定以及得到相关的科学证据，对自己不利的事项则一般不予以启动鉴定。即使有相关鉴定，公诉方也可能只是出示对侦控方有利的科学证据。同时，虽然目前我国进行了司法鉴定体制的改革，规定社会机构负责司法鉴定，然而，特别是在枪弹痕迹等专业技术特别强的鉴定项目方面，由于社会鉴定机构的鉴定能力等方面的问题，还是掌握在公安机关内部，而公安机关内部鉴定机构作出的科学证据，就会有倾向侦控机关的可能。本质上，这还是自侦自鉴。这种运动员及裁判员合一的角色混同，对于被告人一方而言，本身就是一种不公正的现象，也在鉴定方面或者科学证据适用方面造成了控辩双方的失衡。此外，即使侦查机关到社会鉴定机构进行鉴定，由于鉴定是与经济收益直接挂钩的，侦查人员作为鉴定机构的“顾客”或者“甲方”，如果对相关鉴定机构的鉴定意见不满意，就可能会选择到其他社会鉴定机构进行鉴定，这种不合理的利益激励，就会导致社会鉴定机构趋向于根据侦查机关的意见进行鉴定。这是一个难以言说的规则，却是实际存在的“潜规则”。

---

① 杨蓉：《法学研究的新视野：对法律的经济学分析》，载《国家检察官学院学报》2001 年第 4 期。

其次,在科学证据的适用上,公诉机关也具有优先权或者优势。鉴定专家都是由侦控机关所聘请,起码在情感上会更倾向于侦控机关,在需要传唤专家证人出庭时,鉴定专家基于对国家权力的天然依附心理,也会更容易做出对公诉方有利的言辞。何况如果其作出的科学证据对公诉方不利的话,本身就可能不让其出庭。这意味着在涉及科学证据的刑事案件中,公诉方与被告人一方之间的权力/权利配置表面上是平衡的,实质上却是不平衡的。不仅在科学证据适用的量的方面不平衡,而且在科学证据适用的质的方面也不平衡,这都直接违背了控辩平衡的原理。

因此,在一定程度上科学证据削弱了辩方的防御能力,同时也增加了错案的风险。之所以科学证据可能导致错案,其中原因还包括科学证据的适用实际上降低了被告人一方的抗辩能力。特别对于我国而言,与英美国家当事人主义鉴定启动模式不同,在我国启动鉴定需要公安、司法机关的同意,这就意味着一旦公安司法机关委托后作出了对被告人不利的科学证据,如果辩方想否定,就是想自己单独启动鉴定也成为难题。对于辩护方而言,独立委托启动做出对自己有利的科学证据进行辩护是最有力度的。但是,在我国,在启动模式上限制了辩方在此方面的机会。易言之,科学证据无形中扩大了侦控方控诉的力度,在涉及适用科学证据定案的案件中,这让辩方更加没有招架之力。

六、以审判为中心的防控科学证据导致错案的路径

科学证据具有两面性,其既是现代诉讼发展的需求,能够更加准确高效地协助侦查和司法机关查明、判定案件事实。但是,科学证据也有一定的导致错案的风险。当然,相比较其他证据而言,科学证据还是具有更高的价值。因此,可以在以审判为中心这一主题下,采取

司法为主、鉴定科学为辅的科学证据适用制度。为此,可以通过包括规范科学证据的适用程序,控制科学证据认定偏见,提高控辩双方适用科学证据的平衡性等诸多方面进行建构,从而最大限度地凸显科学证据的价值以及减少错案的发生。具体而言,这需要做到如下方面。

(一)将职权主义鉴定启动模式改为当事人主义鉴定启动模式,使控辩双方在科学证据适用上更加平衡

我国采取的是职权主义鉴定启动模式,司法鉴定的启动只能由公检法机关掌控,这就意味着侦控方具有了更多的科学鉴定证据适用与否及如何适用的权力。然而,就控辩双方平衡的角度而言,也需要赋予被告方单独启动鉴定的权利。

由于鉴定科学证据的检材是由侦查机关提供的,因此,这就存在检材造假的可能性,在念斌案中就是如此。更为重要的是,即使现在鉴定机构不再由国家专门机构垄断,但是,某些特定种类的鉴定权还是被控制在侦查机关手中,譬如尸体解剖决定权就是如此,从而这方面的"自侦自鉴"问题并没有根本解决。而相较而言,如果采取了当事人主义鉴定启动模式,当事人启动鉴定不需要公检法机关的同意,那么,被告方对有利于自己的科学证据可以启动鉴定,由此获得的科学证据可以用于在庭审中与控方对质,从而在科学证据适用方面可以实现控辩双方的平衡,也可以减少公检法机关在科学证据适用方面滥权而导致错案的可能性。

(二)确立庭前科学证据的开示程序

相较其他类型的证据,科学证据本身的科学面纱使其更难以被司法裁判者所穿透,也比一般证据具有更多的认识盲区。对于控辩双方而言,其一般也对科学证据的认知具有盲区,这就使对于控辩审三方在庭前实行科学证据的开示都成为必要。可以说,科学证据的

庭前开示对防止证据的突袭,确立科学证据的争点,将涉及科学证据的案件争议焦点集中于庭审不无裨益。

在科学证据的开示主体方面,公诉方负有当然的全部的开示义务。对于辩护方而言,则只是在特定情形下负有开示义务。法律依据主要规定在我国2012年《刑事诉讼法》第40条中,即"辩护人收集的有关犯罪嫌疑人不在犯罪现场、未达到刑事责任年龄、属于依法不负刑事责任的精神病人的证据,应当及时告知公安机关、人民检察院。"对于犯罪嫌疑人未达到刑事责任年龄、属于依法不负刑事责任的精神病人的情形,通常可以通过骨龄鉴定、精神疾病司法鉴定等方式获得相关的科学证据,辩护人也负有开示科学证据的义务。① 这不仅是适当平衡控辩双方利益的需要,也是保证诉讼效率的要求。

(三)在涉及科学证据的案件中为法官提供专家辅助人,从而让法官更好地承担法庭"守门人"的角色

即使科学证据中蕴含科学性或者具有科学原理基础,这并没有让其获得不受法官审查的豁免权。鉴定专家在专业方面具有权威性,但是,其提供的科学证据并不是判决书,法官并不能迷信科学证据而充当"橡皮章"的角色,从而在有科学证据作为基础的案件中不做实质审查。因此,需要法官对鉴定专家的技术水平、认知因素以及做出的科学证据的证明力进行综合考察。

当然,应当承认法官在科学证据适用方面专业性的不足,需要有专业的人士介入,以协助法官在综合全案的基础上作出更加理性、客观的判断,这就是专家辅助人介入的价值所在。通过引进专家辅助人,可以平衡鉴定专家对鉴定技术话语权的垄断,控制鉴定专家的自信自大倾向。专家似乎都有对自己领域内的知识无比自信的倾向。

---

① 陈邦达:《科学证据质证程序研究——基于中美两国的比较》,载《现代法学》2017年第4期。

“他们出于习惯，总是以肯定的语气作出判断，发表观点。……专家们不愿承认他们自己和他们研究方向的局限性，特别是因为他们自己也不一定清楚这些局限时就更不会承认。”[①]特别是科学证据的“权威”鉴定专家，可能其知识偏执和普通专家更不相同，具有更大的欺骗性。由于“权威”专家在某个科学领域的“道行”更加高深，他对于知识运用的“硬伤”所存在的错误会更加地隐蔽，更不容易被发现。普通人（包括法官）更加搞不清楚，这究竟是“权威”专家的意见错了，还是批评他的人的意见错了。因而，对于这种有“道行”的权威专家，需要聘请另外一个“道行”同样高深的权威专家，才有可能发现他在专业知识运用中的“硬伤”。[②] 因此，专家辅助人可以通过协助法官审查鉴科学证据中存在的问题，防止鉴定专家提供的科学证据不当影响法官最终的裁判。

（四）确立鉴定人出庭及接受质证的有效机制

即使根据我国刑事诉讼法的规定[③]，鉴定人应当出庭作证，但是，我国鉴定人出庭接受质证应满足“公诉人、当事人或者辩护人、诉讼代理人对鉴定意见有异议”，同时还需要获得法官的同意。但是，由于鉴定人出庭费用补助机制缺失，鉴定人人身权利保障不足，鉴定人不出庭制裁不力，我国法官对科学证据的迷信以及对控方追诉倾向的支持而不要求鉴定人出庭等因素，在目前司法实践中，鉴定人出庭率还比较低。2012 年 1 月 1 日至 2020 年 12 月 31 日，“中国裁判文

---

① ［美］肯尼斯 · R. 福斯特等：《对科学证据的认定——科学知识与联邦法院》，王增森译，法律出版社 2001 年版，第 68—69 页。

② 张斌：《科学证据采信基本原理研究》，中国政法大学出版社 2012 年版，第 154 页。

③ 我国《刑事诉讼法》第 187 条规定：“公诉人、当事人或者辩护人、诉讼代理人对鉴定意见有异议时，人民法院认为鉴定人有必要出庭的，鉴定人应当出庭作证。经人民法院通知，鉴定人拒不出庭质证的，鉴定意见不得作为定案的根据。”

书网”共发布涉“鉴定意见”的刑事裁判文书1683327件，其中有关“鉴定人出庭”的裁判文书为1606件，占比仅为0.095%。[①] 不少法院不足1%，一些法院甚至3年为零，当庭质证面临较大局限。[②] 这种现状的直接后果就是科学证据不能在庭审中接受控辩双方质证之检验。如此，本来应当通过庭审中控辩双方反复质证而确认的科学证据的证据资格及证明力，法官不得不通过阅卷的方式来进行书面审查，这会直接影响庭审的实质化及法官最终的正确判断。可以说，如果不能通过这种证明标准最严格的刑事审判，就不利于实现涉及科学证据案件的形式公正与实质公正。对科学证据进行质证不仅是保障被告人质证权的需要，同时，也是保证法官在控辩双方的激烈对质中得出正确内心确信的需要。因此，应当保证鉴定人有效出庭，通过鉴定人接受质证而释明异议，在科学证据接受控辩双方的质证中，让法官获得最直观的内心评判要素。当然，基于程序公正及诉讼效率平衡的需要，对于鉴定人出庭让科学证据接受质证的模式中，应当进行分类设计：第一，对于诸如血液酒精度检测报告、可卡因检验报告等单纯形式的科学证据，由于此类证据可以直接影响被告人的定罪与否，如果没有特殊情况，鉴定人应当出庭，其提供的科学证据应接受控辩双方的质证。但是，如果控辩双方对鉴定事项并无争议，并且法官认为鉴定人不出庭不会影响科学证据的采信与否，鉴定人可以不出庭。第二，对于DNA等类似的可靠性极高的科学证据，如果鉴定人死亡、疾病及其他无法排除的障碍不能出庭，可以作为对质权的豁免情形。第三，对于刑事案件中个体识别技术（如犯罪嫌疑人同

---

① 刘科学：《刑事诉讼中鉴定人出庭制度的运行现状及其改进——以88份裁判文书为研究样本》，载《中国应用法学》2021年第5期。

② 张勇、钱岩：《鉴定人、有专门知识的人出庭制度构建——以天津市法院系统实践探索为基础》，载《法律适用》2018年第19期。

一认定、枪支同一认定等)、死因、中毒原因分析等情形下的科学证据,一个专家往往以另一个专家出具的检验数据当作其鉴定意见的基础,是否部分鉴定专家出庭还是全部出庭,由法官根据具体案件需要决定。①

(五)应坚持司法最终裁判原则及对科学证据进行实质审查

法律要求确定性和终局性,并通常强制其参与者以二元对立的形式作出决定和判决,例如因果关系/无因果关系和责任/无责任,即使证据模棱两可、不确定、复杂且不成熟。相比之下,科学事业通常包含概率和不确定性,不需要法院经常要求的结果二分法。② 这种法律与科学的对立,在给予法官裁判便利性的同时,也给法官在科学证据的判断中造成了难题。基于科学证据本身的特性,让相当数量的法官让出了司法最终裁判权,从而在涉及科学证据的案件中,鉴定专家成为真正的法官,而法官却成为鉴定专家的辅助者。然而,即使在涉及科学证据的案件中,也应确立司法最终裁判原则,这是一个基本立场问题,是不容挑战的,也是一个司法审判的底线原则问题。因此,法官并不是鉴定专家的助手,科学证据也不是法官无须审查的"优等"证据,在涉及科学证据审查时,法官应享有主导地位。"司法程序的发展要求法官具备专门的法律知识与技能,比如关于证据的知识与技能、关于解释的知识与技能、关于推理的知识与技能,还有关于程序的知识与技能。它们就是被称为'人为理性'的那些东西。这种知识与技能基本上可以被看作是一种科学,当然,是一种特殊的

---

① 王跃:《对质权如何适用于科学证据——Williams v. Illinois 判例及启示》,载《现代法学》2014 年第 4 期。

② The Harvard Law Review Association, *Admitting Doubt: A New Standard for Scientific Evdence*, Harvard Law Review, JUNE 2010, Vol. 123, No. 8 (JUNE 2010), p. 2032.

科学。”[①]法官作为这种特殊法律科学的操作者，职业特性使其具有严谨的精神，以及不易于被外来因素所影响的职业本能，即使是科学证据也是如此，不能超过法官的职业本性。“法院对鉴定人所完成之鉴定必须自己再加以独立的判断、确信，个人识别，法院独立完成了该案之证明的评价（即心证）。”[②]唯其如此，才能防止科学证据适用时司法审查失灵的状态，这也是对鉴定专家进行制约的需要。无论如何，为鉴定专家或者科学证据多加一道司法审查门槛，也可以最大限度地减少错案的发生概率。

在涉及科学证据的案件中，如何进行审查是司法最终裁判的核心要素，在目前的司法实践中，法官往往只是进行形式审查，这就难以触及科学证据适用的关键所在。“司法系统必须确保决策者能够理解诉讼当事人提供的证据。如果决策者无法理解复杂的证据，它可能会仅根据表面标准做出决策，而不是对证词进行实质性评估。”[③]可以说，法官不仅应对科学证据的相关性进行审查，而且也应对科学证据的可靠性进行审查。首先，对科学证据形成的原理进行审查。一般而言，鉴定依据的原理是鉴定意见形成的基础。这也被视为非专业人士的认识禁区，也是鉴定人隔绝业余人士判断的门槛。这就导致法官对鉴定原理的审查被自动忽视，从而让一些并不科学、不客观的鉴定原理也可能在鉴定中大行其道，并且逃逸了法官的审查。对于如何审查科学证据鉴定依据的原理，可以包括如下方面：科学证据鉴定所依据的原理在该领域被普遍认可或者误差可以接受；科学证据的鉴定原理得到普遍检验；科学证据的鉴定技术原理在本

---

① 孙笑侠：《法律家的技能与伦理》，载《法学研究》2001 年第 4 期。

② ［德］克劳思・罗科信：《刑事诉讼法》（第 24 版），吴丽琪译，法律出版社 2003 年版，第 261 页。

③ *Developments in the Law*：*Confronting the New Challenges of Scientific*，Harvard Law Review，May，1995，Vol. 108，No. 7（May，1995），p. 1604 – 1605.

行业专门杂志公开发表，等等。其次，应当对鉴定人的鉴定技术、方法、过程进行审查。这是因为，仅靠对结果的审查是难以考察科学证据鉴定的全貌的，科学证据的结果真实性其实就直接体现在过程中。不科学、不合常理的鉴定技术及方法是难以获得准确的鉴定结果的。考查鉴定人在鉴定过程中如何适用相关的鉴定技术及方法得出科学证据，结合控辩双方对科学证据的质证，在专家辅助人的技术支持下，法官在很大程度上是能形成一个相对客观的内心判断的。[①]

（六）法官应在适用科学证据裁判的案件中充分说理，以保证科学证据的适用技术及原理经得住检验

在适用科学证据裁判的案件中，法官应对自己的裁判根据进行说理，以向当事人解释案件为何如此判决。更为重要的是，这可以为当事人及社会提供一套理解范式，那就是，在诉讼这个游戏中，每个人都要服从游戏规则，当事人有服从义务，那么法官就应有提供相应解释判决理由的义务。通过说理的方式让当事人内心接受，这也是当事人寻求司法帮助的原因，也是法官存在的重要根据所在。[②] 在适用科学证据裁判的案件中，更加应当充分说理。这是因为，除了少数的鉴定专家外，一般人对于科学证据的鉴定技术、适用原理及证明力等方面都存在理解困境，因此，对于是否或者为何在案件中采信科学证据就成为关键。法官通过对案件中的科学证据的适用进行说理，可以回答案件相关当事人的疑虑及社会公众的质疑，同时，这本身属于科学证据接受检验的制约机制。对于法官而言，应当主要针对涉及科学证据的争点进行说理，这包括鉴定主体是否适格，检材收集过程是否规范，鉴定过程是否符合法定程序，鉴定方法是否科学及符合

---

① 陈永生：《论刑事司法对鉴定的迷信及制度防范》，载《中国法学》2021 年第 6 期。

② 宋远升：《法官论》，法律出版社 2012 年版，第 55—56 页。

行业标准,科学证据与案件关联性大小程度,等等。法官对涉及科学证据的判决书充分说理可以最大限度地保证法官裁判的客观性,从而“刺穿科学证据的面纱”,发现科学证据与待证案件事实是否存在实质联系,最大限度地避免出现错案的风险。

第三编

检察组织和文化

第八章

组织行为学视角下的检察官权力运行及界限

在检察组织内部及外部的权力运作及交互活动中,检察一体是很重要的原则。在我国,并未明确检察一体作为检察机关的内部组织原则。但是,实际上却采取了检察一体的原则,这表现为检察长对检察官的指令及监督,检察官对检察长的请示、报告及服从。检察一体本质上是与检察权的统一行使分不开的。检察一体能够使追诉标准统一化,使检察机关以一体化的形式保证追诉效果。“维护检察一体之目的在于统一追诉标准及法令解释,防止检察官在办案时各行其是,造成国家法制的不统一。”①在大陆法系代表国家及我国的检察权具体运行中,体现出了上下一体、上命下从的典型特征。我国检察机关实行“检察人员承办、部门负责人审核、检察长决定”的“三级审批”制,其本意是实现检察权行使的优化,是检察一体原则的具体体现,但是,这却会导致检察权灵活机动性的萎缩。“检察官独立行使职权面临的最大障碍就是作为检察体制建构基础理论的检察一体

① 龙宗智:《论“检察一体”与检察官统一调用制度之完善》,载《中外法学》2022年第2期。

原则,因为检察一体在某种程度上就意味着检察官内部不独立。”[①]这种行政化的检察权运行的组织形式可以在一定程度上防止检察权的滥权或恣意。当然,这只是从制约承办检察官的检察权方面的考虑,实际上,如果检察权集中到检察长等权力掌控者手中,则加大了检察长的权力滥行的风险。此外,行政化色彩浓厚的三级审批制的权力行使会导致承办检察官的机械性与僵化性,让上级的意志直接作用于案件之上,从而可能会导致检察机关内部纠错机制的失灵,严重者有导致错案且责任无法明确的危险。“检察一体原则与检察官个体独立客观上存在冲突。在缺乏合适制度规制的情况下,如果过度强调检察一体原则,不仅容易导致检察权力高度集中与检察指令权的恣意行使,甚至干预司法人员依法独立办案,使检察官个体自主办案的空间受到无形挤压,不利于检察官依其‘合乎目的性’自行判断,妨碍其客观公正地行使职权,而且最终导致不同主体之间的权力界限不明、司法责任不清,办案责任制无法得以落实。”[②]这也是对之进行改革的重要原因。但是,这里存在一种检察权运行的平衡问题,如果过于强调检察权独立行使,则可能会导致其偏离法律的正常轨道而有倾覆的危险。如果过于强调检察长的指令权,则可能会导致检察权的灵活性不足。在这二者之间如何进行调控,这不仅是一种事实选择的问题,也是一种价值选择的问题。对于此,可以从各种角度进行解读并调适。实际上,这种检察权运行的冲突也是和其组织体系设置的冲突直接勾连的,因此,从组织或者组织行为学的角度进行分析,无疑也是一种切中要害的研究方法及矫正路线。

---

① 陈卫东、李训虎:《检察一体与检察官独立》,载《法学研究》2006 年第 1 期。

② 谢小剑:《检察一体化中“上命下从”的限度》,载《行政法学研究》2009 年第 4 期。

一、组织的运作效果及组织对检察权运行的影响

组织是人们为了一定目标的实现而进行合理的组织和协调,并具有一定边界的社会实体。[①] 人类个体之间的联系方式主要有两种形态:一种是合作关系;另一种就是竞争关系。[②] 通过一种具体组织的形式联合起来,其实就是通过合作来获得更好的生存或者发展能力,使得组织中的个人按照一定规则有效互动连接,从而实现组织中的个人能力更大化,这是一种理性的体现,也是高度社会化的表征,更是社会发展到一定阶段的现实需求。这种需求不仅限制于社会领域,而且在政治生活领域亦是如此。组织是社会治理日益复杂化的情况下国家不得不采取的治理方式之一,是社会治理精细化的体现。然而,组织亦具有鲜明的两面性,其在提高个人能力的同时也会使得个人的天性被压抑。组织能够提高现代社会民主运作的效率,但是,这可能是以牺牲组织成员的自由为代价的。借助于各种规章、制度或者程序,公共组织以总体利益或者公共利益的名义,不仅垄断了社会公共事务的话语权柄,而且其也将触手延伸至人们私生活中。因此,德国学者米歇尔斯指出,组织意味着专制的倾向,无论政党、专业组织或其他类似的团体,在所有的组织中贵族化的倾向都十分明显。[③] 米歇尔斯提出的"寡头统治的铁律"使人们对组织贻害政治民主产生担忧。马克斯·韦伯在积极倡导官僚组织形式的同时,也认为官僚组织会使组织成员变成灰色、阴郁的组织人。[④] 应当承认,官僚主义行政管理模式追求最大限度的理性化,但它使用的手段却起

---

① 杨洪兰、张晓蓉:《现代组织学》,复旦大学出版社 1997 年版,第 5 页。

② 张肖虎:《组织制度分析》,经济科学出版社 2012 年版,第 3 页。

③ 周雪光:《组织社会学十讲》,社会科学文献出版社 2003 年版,第 13 页。

④ 参见闫洪芹:《公共组织理论:结构、规则与行为》,北京大学出版社、北京航空航天大学出版社 2009 年版,第 22 页。

到相反的效果。它自身的功能失调大大地影响了它的规律性和有效性。莫顿在他1940年的一篇文章提出了烦琐的规章和形式化的程序中行使职能的各层职员可能会形成“官僚主义人格”的假说。他们首要任务不再是满足顾客或用户的需求,而是在规章和书面指令的迷宫中找到头绪。因此产生的最严重的功能失调是这些程序只是按照字面执行而并没有深入人心。它们失去了作为组织活动标准的作用而成为教条。由于要遵守书面规章,职员最后变得墨守成规、拘泥于细枝末节、僵化、不能灵活变通。[①] 因此,组织的存在本身就意味着二律悖反,其具有实用主义的价值,然而,组织在提供较高的效率、福利的同时,也是以相应的自由或个性化的损耗为代价的。此外,组织也可能异化为少数能够控制组织者的个人意志的产物,从而使得组织目标发生转移或替代。因此,一般而言,组织在设计之初,其会按照设计的目标运行,然而,组织领导人往往会将自己的意志加入甚至凌驾到组织之上,从而使组织被少数的组织领导者所绑架,从而出现了“目标替代”之现象,这也是组织的弊端之一。对于组织之两面特性,特别是官僚制的组织形式,韦伯认为,这将可能会导致出现“新的奴役铁笼”。在这个铁笼中,各种以价值为取向的社会行为会被威力巨大的官僚制结构所窒息,会被由形式理性化的法律和制度编织起的牢固网络所扼杀。个人没有任何抵抗的可能![②]

就组织行为学角度上而言,检察机关内部的办案团体无疑是一种组织。就一个组织而言,它必须拥有特定目标、一定资源、运作结

---

① [法]克罗戴特·拉法耶:《组织社会学》,社会科学文献出版社2000年版,第11页。

② [美]罗伯特·B.登哈特:《公共组织理论》,扶松茂、丁力译,中国人民大学出版社2011年版,第25页。

构以及与外界的互动交流。[①] 检察机关的办案团体以依法公正办案为职业目标,以检察官、检察辅助人员、检察设施等为资源依托,以法律权利义务的行使和承担作为运作框架,通过与外部机构及内设机构的互动来进行协商交流,因此,无疑其属于组织的范畴,这也是可以对其从组织或者组织行为学的角度进行分析的理论前提及基本保证。

组织行为学探讨个体、群体以及结构对组织内部行为的影响,目的是应用这些知识改善组织绩效。[②] 对于检察机关而言,其无疑也属于组织,不仅检察机关属于组织,作为检察机关首脑的检察长也属于组织,作为检察机关内部集体决策最高机构的检察委员会更是属于组织,因此,可以通过组织行为学结合检察机关特殊的运行态势进行研究。

在组织或者组织行为学中,组织可以被分为机械体系和有机体系。组织设计中,机械体系本质上是一种官僚体系,高层实施严密的、集中的控制,遵守层级原则,较多的权威层级,因而控制跨度较窄,基层几乎不参与决策;有机体系决策分权化,弹性的并且层级较少的权威结构,因而控制跨度较宽,呈现扁平化。[③] 无论是机械体系还是有机体系的组织形态,在现代国家的检察机关都能找对照物。一般而言,法、德两国的检察机关具有更加浓厚的机械体系的特征。两国都是以司法部部长作为检察权力的顶点,权力由上向下流动,呈现出金字塔形的权力布局,包括任命、管理、晋升皆取决于上级机关

---

① 杨蕊:《组织行为学视阈下独任检察官办案组织的完善》,载《天津法学》2020年第1期。

② [美]斯蒂芬·罗宾斯、蒂莫西·贾奇:《组织行为学》(第12版),李原、孙健敏译,中国人民大学出版社2008年版,第9页。

③ [美]D.赫尔雷格尔、J.W.斯洛克姆、R.W.伍德曼:《组织行为学》(第9版·上册),俞文钊、丁彪等译,华东师范大学出版社2001年版,第776页。

的权力指令。而英美法系国家检察机关具有更加浓厚的有机体系的特征,其检察官享有更高的自主程度及独立权,特别在检察官的主营业务——起诉方面其采取团队作战的模式,更加体现出灵活机动性。组织行为学意义上的现代组织进展是逐渐抛弃机械体系而选择有机体系的过程,这也可以成为我国检察机关组织体系的选择。在我国检察组织司法运作的过程中,长期具有机械体系的特性,这包括实行科层化的组织结构——上级检察机关到下级检察机关呈现出金字塔布局,以及检察长——部门负责人——承办检察官的权力逐渐缩小的趋势,主要体现为决定者不承办,承办者不决定,决定与承办相互隔离的悖论。因此,这也是确立检察组织有机体系决策机制的原因,要求在检察机关内部组织形式上,实行权责一体的决策机制,即实现从"金字塔"科层制组织形式向"扁平化"组织形式转移,这在检察组织改革中应成为一种发展趋势及导向。

二、检察机关科层制组织的发展及调适:比较法的视角

检察内部组织结构是上命下从的检察一体制还是检察权独立存在长期对立的发展过程。检察官本身兼具行政与司法双重属性,其中,行政属性要求整个检察体系形成上命下从、上下一体的金字塔形阶层结构,即施行检察一体原则,但其司法属性又要求这个阶层中的每一个个体对于上级保持相对的独立性,即奉行检察独立原则。问题是,一体与独立,本系两种对立、冲突的权力配置和运作模式,而今检察官却要集两者于一身,制度上如何平衡、协调,遂成为检察改革最大之难题,亦为检察改革永恒之主题。[①]

从检察官的历史渊源来看,其是具有行政权力浓厚背景的。可

---

① 万毅:《主任检察官制度改革质评》,载《甘肃社会科学》2014 年第 4 期。

以说，检察官本来就是行政权力外延的产物。在检察官制度诞生地的法国，在公元13世纪后期，国王菲力普四世为了扩大王权、战胜教权，改当事人自诉为主的弹劾主义诉讼模式为国家主动追诉的职权主义模式，检察官就应运而生。“在国王的权威日益扩大的时刻，从习惯中产生了一种‘专门控诉人’制度，专门控诉人客观上负责代表社会利益。人们称这些专门的控诉人为‘检察院’。”①由于检察官是直接听命于王权的，通过检察官介入刑事诉讼的过程，从而将国王的意志嵌入诉讼之中。此外，检察官可以代表国王对地方行政当局、官员进行监督，成为国王在地方的耳目。同时，检察官还被赋予对国王律令的实施予以监管和督促，以保证国王意志能够以一条鞭式的方式被服从及遵守。1789年，法国资产阶级革命胜利使检察官获得了新生，并逐渐演变为一种新型的法治制度。② 1808年，法国正式公布了《刑事诉讼法典》，这次刑事诉讼制度改革，明确采用控诉原则，原为王公财产利益执行私权追诉的家臣正式蜕变成为国家公共利益追诉犯罪并执行公诉的官吏，从而开创了现代检察官制度的先河。③ 在1808年《刑事诉讼法典》中检察官被称为“皇帝代理人”，而在1810年4月20日有关司法组织之法律中，将检察机关之组织整顿成大略如今所见之形态，并随其国体再度改为共和制后，“皇帝代理人”之名称亦变为“共和国代理人”。经过1808—1818年10多年间之改革、整顿，法国之检察制度乃告奠立：检察官在司法制度中盘踞独特且重要的一角。由此，整个司法制度中，检察官乃与狭义之司法机关之法

---

① ［法］贝尔纳·布洛克：《法国刑事诉讼法》，罗结珍译，中国政法大学出版社2009年版，第35页。

② 冯景合：《检察权以及独立行使问题研究》，吉林大学2006年博士学位论文，第15页。

③ 郝银钟：《刑事公诉权原理》，人民法院出版社2004年版，第33页。

院分庭抗礼,而成为一个司法行政机关。① 在法国检察机关内部组织体系上,驻上诉法院检察官的直属上级为驻上诉法院总检察长,而驻司法法院的助理检察官或者代理检察官的直属上级为驻司法法院的共和国检察官,检察系统的最高首长为司法部部长。② 法国的检察院体系表现为司法部部长领导下的等级化的金字塔结构。在同一检察院内部,下级服从上级,法国检察官任命程序与法官任命程序不同,驻上诉法院检察长可以根据自身的需要来组织内部机构,检察官都由上级任命,工作都由上级来衡量。③ 因此,可以看出,在法国,其检察机关在根源和现实中都具有严格的科层制的特征,也即检察机关按照上命下从检察一体的组织体系建构。至于何为检察一体,"在此依行政机关建构的组织下,上命下从,上级检察首长就下级检察官处理之检察事务,不但有指挥监督权,亦有职务收取权及职务移转权,下级检察官则有相应的服从义务,及报告义务。"④

德国检察组织形式中的检察一体直接承继法国,同时,德国结合本国的具体国情又进行了相应的调适和修正。德国检察制度的创建主要依托于各个邦国的实践。19 世纪初,德国各个邦国构建检察制度的过程中,普鲁士邦国的检察制度最具代表性并成为统一后德意志帝国检察制度的模板。⑤ 在普鲁士统一德国后,《帝国法院组织法》规定以司法部部长作为检察系统的最高首长。检察长的指令权从上到下贯彻,下级应当服从上级,检察官应当服从检察长。不过,

---

① 黄东雄:《中外检察制度比较》,文物供应社 1986 年版,第 10 页。

② 施鹏鹏、韩冠宇:《法国检察官的考核机制及其借鉴》,载《人民检察》2021 年第 13 期。

③ 刘林呐:《法国当代检察官制度改革动向及启示》,载《人民检察》2018 年第 13 期。

④ 林钰雄:《检察官论》,台北,新学林文化事业有限公司 1999 年版,第 115 页。

⑤ 邵晖:《检察一体的历史与现实》,载《国家检察官学院学报》2023 年第 1 期。

在联邦德国时期，这种上级对下级的指令权受到了检察官起诉法定原则、客观义务的挑战，从而使德国检察官不是严格执行上级指令的法律仆役，而是具有独立司法属性的检察官。司法部部长可以对检察系统享有领导权，但是，却不能介入检察官具体案件的办理。检察官遇到疑难问题时可以寻求检察长的意见，但是，其也有不服从检察长指令的权力。“无论是司法行政机关负责人的指令权，还是上级检察部门的指挥监督权，都不能任意行使，而应受到法定主义和客观义务的限制，以保证检察官在办案中的独立性。德国法律通过确立检察官的客观义务，强调真实发现和程序法治原则，对检察一体的组织体系作了一定限制。”①从历史变迁的角度来看，联邦德国致力于强调检察机关的客观义务，并将其与检察一体的组织体系相关联。具体而言，客观义务是检察一体独立性发展的关键，其作为检察一体在当下的正当性根据，为检察一体的理论内核赋予了全新意义。可以说，检察一体在德国虽然并未与检察独立形成明确的区分，但通过客观义务的引入，能保证检察机关以真实发现、程序法治为标准，而非听凭“上命下从”的指示，从而为检察机关司法职能的行使设置了一定的标准。可见，在程序视野下客观义务与检察一体相关联，后者便获得了不同于以往官僚科层制下的更大生命力。②

尽管德、法两国的检察机关的组织形式及内部权力设置存在一定的不同之处，但是，从总体发展趋势来看，两国检察组织的权力设置都是向着去行政化而奔向司法化的目标进行。在法国，检察机关虽然在组织体系上隶属于行政机关，然而，检察机关属于特殊的司法行政机关。检察官与行政权力的连接脐带在现代社会中得到有效的

---

① 陈文聪：《检察一体化问题研究》，载《法律科学》2023年第2期。

② 吴桐、王瑞剑：《“检察一体”源流考》，载《苏州大学学报（法学版）》2022年第2期。

切割。与典型的以维护政府利益为天职的行政官相比，检察官则属于社会公益的代言人及正义的代表。可以说，法国检察机关一直都是法律的守护者，有时甚至是“法律战士”。而且，检察官拥有很大的行动裁量权，在庭审中可以自由表达自己的意见，诚如一句谚语所说，“书面须服从，言语可自由。”[①]这也使法国检察官获得“站着的法官”的称誉，而法官则被称为“坐着的法官”。检察官在职位遴选、资格任免、职务保障等诸多方面与法官差别不大，同时二者也具有相对一致的法律职业伦理及信念。法国有理论界以及实务界人士确切地认为检察官属于司法官。理由有五：一是法国法律有明文规定；二是检察官与法官法律地位平等，其职位可以互相轮岗；三是考进司法官学校学习的预备法官、检察官的条件是一样的，学员毕业后，可根据自己的成绩选择当法官还是检察官；四是学术界通俗形象的描述是，司法官分为两种：法官是坐着的裁量官，检察官是站着的法官；五是在法庭上，法官、检察官都着司法服装，普通法官、检察官着黑袍、黑领带；高级法官、检察官穿黑袍、佩红领带，脖子上围白色兔毛垂至左右胸前，白毛越多表示法官、检察官的等级越高。[②] 在德国，“检察机关与法院在刑事司法的功能分配上，关系紧密，其职务，一如法官的职务，乃以法律价值为依据，即只以真实性及公正性为价值取向，而不问行政的需求如何。”[③]基于检察机关工作的特殊意义以及和法官工作方式相应的特征，检察机关应归属于德国《基本法》第 92 条意义上的司法权。检察官受指令约束性的界限、《法院组织法》第 150 条规定的检察院相对于法院的独立性、其在履行侦查时的客观义务，以

① 魏武：《法德检察制度》，中国检察出版社 2008 年版，第 11 页。

② 刘佑生：《检察权运作中的若干问题》，载《国家检察官学院学报》2008 年第 1 期。

③ [德]克劳斯·罗科信：《刑事诉讼法》（第 24 版），吴丽琪译，法律出版社 2003 年版，第 66 页。

及根据德国《刑事诉讼法》第153条及随后条款的广泛的终止诉讼的权力，都强烈说明检察机关是个司法机关。最高法院的判例也认为检察机关归属于第三种权力，是一个必要的、和法院同等的“刑事司法机关”，因此在组织上不属于一般的行政，而是归属于司法。[①] 由此观之，德国的检察官具有独特的司法官特质。在功能意义上，其承担着法律护卫者的角色，以追求法治国的目标为宗旨，因此与负有真实与公正义务的法官并无差别。在职权行使原则方面，在刑事侦查领域，检察官恪守客观法的意旨，无论是有利于犯罪嫌疑人的证据还是对其不利的证据，都应当收集。检察官并不一味以犯罪克星自居，而是以客观公正之官署为己任。虽然德国检察官在组织原则方面具有一定的行政风格，譬如下级检察官受到上级检察官指令性权力的约束，上级检察官对下级检察官具有职务移转权及替代权。然而，这些行政运作方式都具有一定的界限，检察官基于法律及良知独立办案的司法方式基本能够得以保证。因此，在实质意义上，德国检察官毋庸置疑具有司法品性。

其实，尽管检察官有检察一体的组织设计，但是，检察官不仅是个案正义的保卫者，而且也是社会宏观正义的宣导者。因为检察官从诞生之初就被赋予关注社会正义的使命。“检察官与法官不同，检察官既要想到个案的准确性，将个案与个案之间比较，又要平衡整个社会使之能够有利于法律得到统一实施。公平正义原则在检察权和审判权的表现是不一样的，法院通过个案的公正来达到法律的统一正确实施，而检察院通过社会层面的衡平来实现社会的公平正义。”[②]基于检察官与法官行事准则的“近似性”以及检察权（性质上

---

① 魏武：《法德检察制度》，中国检察出版社2008年版，第164页。

② 刘佑生：《检察权运作中的若干问题》，载《国家检察官学院学报》2008年第1期。

接近第三权,在刑事诉讼中与法官的契合程度)与司法权之"接近度",检察官在组织上归属第二权,但主要功能有朝向第三权的趋势,无论是检察官的"一般行政官说",还是检察官的"等同法官说",在上命下从上须以法定主义为界限以及在裁量范围内上命下从应有必要等方面存有共识。因为检察官与法官在工作指向(真实与正义)、行事准则(合法性与客观性)的近似性,并无质的差别,只是分工不同。①

三、我国检察机关科层制组织形式的缺失

(一)科层制组织形式会导致检察官司法责任制的落空

根据司法责任制的要求,应强调检察官的主体地位,这是检察官自主表达法律意志以及独立办案的保证。同时,司法责任意味着应当实现检察官权力和义务的一致性,有责任或者义务就应赋予相应的权力。但是,在检察机关科层制的组织模式下,决定权归于组织(以检察长等形式体现),执行权归于承办检察官,这就会导致到底谁应当对相应的法律后果承担责任的问题。可以说,检察机关这种科层制的组织模式可以有效地抵制司法责任制的效果,摊薄甚至消解相关检察长或者检察官的司法责任,从而使司法责任制形同虚设。在检察机关"三级审批制"办案组织模式下就存在这种问题。在"三级审批制"的办案模式下,指令层级过多,涉及部门负责人、分管副检察长、检察长,个别案件还涉及检察委员会,由于"审者不定,定者不审",因此无论是指令作出主体还是执行主体,其责任都较为模糊。②

---

① 陈卫东、陆而启:《检察官的角色——从组织法和诉讼法角度分析》,载《法学论坛》2005 年第 4 期。

② 郑青:《论司法责任制改革背景下检察指令的法治化》,载《法商研究》2015 年第 4 期。

这也是法律理论界及司法实务界在这方面的主要诟病之处。

（二）科层制组织形式会导致个人对组织权力的替代或者篡夺

科层制上下级之间权限分明，上命下从，强调对效率的追求。在科层制的检察组织运行中，检察长等人会借助组织的名义实现个人意志，从而导致个人对组织意志的替代或者篡改。这其实是以组织之名行个人权力之实。本来检察组织是一种公权力运行的载体，在异化时却承载了检察长个人的权力。如果检察长具有良好的法律职业技艺、公正的法律意识以及高尚的职业伦理还好，否则，检察组织就成为其私人利益或者好恶的掩护。如果检察长等人的这种权力替代产生了违法的责任，在司法追责时则会出现一系列的难题。因为检察长等人在对下级进行指令时一般并不会以书面的方式留痕，这种权力篡夺或者替代现象就可能导致执行者受到追责，而检察组织权力篡夺或者替代者却可能会安然无恙。导致这种现象的原因就是检察机关上命下从的科层制惯性的影响，使身处其中的检察官不得不被动地按照上级权力的指挥棒行事，即使知道上级的指令错误也无法纠正或者拒绝。此外，这也和法律或者法规等规范性法律文件对检察长及承办检察官的权力界限界定不明有着直接的关系。

（三）科层制组织形式导致指令权的主体缺乏承办人的司法亲历性

检察机关的主要职责是参加司法活动，依司法原则、程序行使权力，行使职权需要有一定的独立性，这就使检察权具有司法权的性质。同时，检察权不同程度地受到行政权的牵制，因此又不是完全的司法权。所以检察权兼具行政权和司法权的特性。[①] 作为一种司法

① 参见［美］琼·雅各比：《美国检察官研究》，周叶谦等译，中国检察出版社1990年版，第1页。

权，检察权的行使也与审判权一样，强调权力主体的亲历性，而承办权与决定权分离的制度安排，有违亲历性的要求。[①] 只有亲身经历办案，才能对案件形成直观的感受。在检察官司法亲历的过程中，其可以直接审查案件的证据材料，可以当面接触被告人及相关证人，可以直观感受被告人的言谈神情及肢体动作，从而更有利于检察官分析被告人涉案的心理、动机等，这对案件事实的发现或者正确判断有着重要的意义。有时候，对案件的直观感受也是一种重要的办案导引，从而检察官可以获得大量与案件事实相关的实质性内容。这能够使检察官亲自察言观色，判断被告人言词证据的真伪，这是不亲身经历案件办理的遥控指挥者难以达到的。

（四）科层制组织形式会导致检察权行使的僵化

在我国检察权的行使中，采取三级审批制的形式。在最初的制度设计上，这在很大程度上是出于对检察权膨胀风险的考虑，从而将检察官个人的检察权控制于组织的范围内——这种组织的运作可以是以检察长或者部门负责人的指令形式体现。这种严格的等级制度恰恰是行政化的典型特征。在科层制组织中，检察官属于检察一体组织原则的直接受控者。对于检察官而言，管理组织是实行无形控制的组织体，是沉默的却具有强大影响力的上司。特别在科层制高度强化的国家（如我国）更是如此，组织权力的科层制会转化为对承办检察官的强制力。

在科层制检察机关的组织模式中，检察官的检察司法活动会深陷组织环节之中，检察权也会因组织性以及管理性权力的存在而承受直接或者间接的影响力。诚然，在科层制检察机关组织模式中，组织虽然在法律上并不会直接影响检察官决定的权力，在现实中，其却

---

① 何静：《司法责任制背景下检察办案组织的优化》，载《河南财经政法大学学报》2017 年第 2 期。

实际上发挥着一定的压制性效果,检察官因而可能会异化为组织性权力的附属物。在这种科层制内部权力的运作中,承办检察官不再是具有积极主动性的主体,而是成为科层制压制下僵化的个体。这种行政性模式的权力运作的惯性,以及其采取量化的方式对检察权进行考核的方式,让承办检察官只是在这种巨大的机器运作中机械地随之运转,从而导致检察权的僵化及效率低下。

四、我国检察权组织视角的重构

在我国检察组织的调整中,检察权如何行使或者行使的限度是一个核心问题。如何在检察组织层面上规范检察权的运作,最基本的要义之一是改变目前检察行政业务和司法业务不分的现状。因为检察行政业务属于行政权力运行的范畴,采取上命下从、上下一体无可厚非。但是,对于检察司法业务,应当最大限度地遵循司法规律,按照司法规律的要求行事,这关键是在检察司法业务中去行政化,而实行司法化的检察运作,意味着要强调法定主义,以防止检察长等上级对承办检察官独立司法权的非法或者不当干涉。"在整个检察系统实行上级领导下级、下级服从上级的工作原则,是检察一体化的核心要义,也是全国检察机关之所以能够形成一个整体的关键。当然,上命下从是以各个检察机关、各个检察官的独立性为前提的。如果没有检察机关和检察官的独立性,检察一体化就失去了存在的基础。"①

因此,在我国检察组织的权力运作中,去行政化属于重要的改革目标之一。去行政化就是要通过明晰权责边界,控制行政因素对办案的影响,以提高司法效率和司法公信力。在此大背景下,上级检察

---

① 张智辉:《论检察一体化》,载《中国法学》2023年第3期。

院对下级检察院办案工作的介入,要以尊重检察官独立办案为前提,严格区分领导主体与领导对象间的职责权限,真正做到权责一致。①去行政化也是检察组织改革的牛鼻子。检察组织不应是金字塔形的,而是应向扁平化的方向发展。这就需要从审批机构的层级减少方面着手。这也是扁平化组织形式建构的应有之义。此外,去行政化也意味着把检察权放给具体的团队制检察办案单元,而不是将其控制在科层制组织形式下的检察长等手中。团队制办案模式可以有效地提升检察官办案的能动性及效率。这也是检察组织内部结构优化的重要体现。这种以主任检察官为主的办案单元实质上是围绕案件配置的组织形式,这在实现办案组织专业化的同时,也可以有效地摒除行政力量的干预。

当然,这里需要警惕的是,即使检察权可以去行政化或者相对独立,但是,检察官独立行使司法权和法官还是存在不同之处。这是因为,在法官的司法权独立行使中,还会受到审级制度的约束,而在检察权运作中,其组织形式并未提供同样的内部约束机制。可以看出,检察官和法官的独立性还是有明显区别的。“这体现为检察权与审判权不同的组织构造。如果说审判权的组织构造具有鲜明独立化和非行政化特征,那么检察权则具有上命下从、上下一体的组织构造。这种独特的组织构造不仅源于检察职能的复杂多元,更在于检察权内部缺乏与审判权类似的审级监督机制。”②可以说,检察权相对独立行使是符合司法规律的,但是,其也应受到一定的限制。这些限制包括法律限制及事实限制,同时,也包括职权限制,即在重大事项上检察官的独立行使司法权要受制于检察长或者检察委员会的约束。

---

① 葛森林等:《上下级检察院办案指导关系完善路径》,载《人民检察》2017 年第 17 期。

② 高冠宇:《检察办案组织改革的法理思考》,载《河北法学》2020 年第 3 期。

检察长无疑具有重大案件、重大事项的职务移转、职务收取和领导指挥权，这是其法律职责及权力清单中应具有的权力，除此之外，应当将司法性办案权力授予承办检察官，以满足司法规律的要求。此外，应当在检察机关内部设立专门的质量评估机构来衡量承办检察官或者办案组织案件的办理质量，以此作为奖励或者司法责任制的考核标准。这些都是对检察官相对独立司法权的约束机制。

在检察长的指令权和检察官的独立司法权发生冲突之时，应明确界定检察长及案件承办检察官的权力范围，否则，检察长就有借助行政权力之威侵蚀检察官法定权力之虞。对此，在 2017 年，最高人民检察院制定了《最高人民检察院机关检察官司法办案权力清单》。检察长基于检察一体的原则，可以对承办检察官具有指令权，但是，这种指令权不应超出权力清单的范围，同时，应符合检察指令法治化的要求，这包括基于司法追责的需要，检察长应当以书面的形式行使指令权。同时，检察指令权的行使应当符合法定的程序。这些法定程序包括检察长应在指令前听取承办检察官的意见，以及承办检察官有权对检察长的指令提出异议。这是因为，尽管检察长可能更有经验，但是，其并不一定比亲历案件查明的承办检察官更能准确地把握案件。其实，检察官对检察长的异议权也是客观义务的要求。在检察一体原则之外，还应有检察官的客观义务对之进行约束。在客观义务下，检察官不能完全像是行政官员那样服从上级，而是要根据案件的客观情况来判断检察长的指令权是否应当服从。可以说，客观义务原则不仅是对检察一体原则的限制，更是对其的一种重要补充。不仅如此，检察长的指令权也应受到起诉/不起诉法定主义原则的限制。这意味着如果法律明确规定了起诉或者不起诉的情形，检察长则不得对此予以指令，否则，就是对法定主义原则的挑战。

当然，基于检察一体原则，应当尊重检察长的法定权力。如果检察官的异议不能让发出指令的检察长同意，那么，检察长则可以通过其法定的职务收取权和移转权，把案件交给其他检察官办理，这样既满足了承办检察官异议的要求，同时，又维护了检察长指令权的效力及权威。其实，这同样也可以将错案的压力或者责任转移给行使职务收取权和移转权的检察长，唯其如此，才符合权责一体原则的要求。

在检察机关部门负责人的问题上，基于检察组织扁平化建构的需要，应当削弱或者消除检察机关部门负责人的影响，实现从内设机构为中心向检察官为中心转变。针对现行办案模式以内设机构为中心运转，“只见机构不见人”的问题，通过依法合理放权，使一线检察官成为有职有权、相对独立的办案主体。[①] 这样就形成了以承办检察官为中心，检察长（分管副检察长、检察委员会）为辅助的检察组织形式。

① 郑青：《我国检察机关办案组织研究与重构》，载《人民检察》2015 年第 10 期。

第九章

中国化检察文化建设的路径选择

何为文化？“文化”一词最早的雏形是西方拉丁文“cultura”，由动词“colere”派生而成，指的是人类为了满足自身生存需要而对自然进行的改造，如种种农耕行为、对工具的优化，以及各类人事活动譬如对植物的栽培等。[①] 在现代的汉语体系中，“文化”普遍是指以下三个含义：一是指在某一历史时期内，遗迹、遗物所代表的抽象的价值观；二是指人类所创作的财富的总和，特指精神财富；三是运用文字能力及一般知识。[②] 英国学者泰勒认为文化是包括全部的知识、信仰、艺术、道德、法律、风俗以及作为社会成员的人所掌握和接受的任何其他的才能和习惯的复合体。[③] 我国学者钱穆认为：一民族文化与历史之生命与精神，皆由其民族所处特殊之环境、所遇特殊之问题、所用特殊之努力、所获特殊之成绩，而形成一种特殊之机构。对于检察文化而言，其是在检察领域这种特殊环境所生成的历史产物。检察文化是一种文化，更是法律文化的一种，是在检察管理及检察实践中形成的检察官群体的价值理念、职业精神、思维模式、理想人格、伦

---

① 李江涛：《当代文化发展新趋势研究》，中国编译出版社 2009 年版，第 4 页。

② 谢选骏：《空寂的神殿：中国文化之源》，四川人民出版社 1987 年版，第 56 页。

③ ［英］泰勒：《文化之定义》，顾晓鸣译，载庄锡昌、顾晓鸣、顾玉深等编：《多维视野中的文化理论》，浙江人民出版社 1987 年版，第 98 页。

理观念等精神文化，以及制度文化、行为文化、物质文化的总和及其内在互动关系。检察文化并不是可有可无之物，其具有对检察官教育、激励、规范等作用。检察文化不仅可以濡化检察官的职业行为，塑造检察官内心修养，使其形成无须提醒的自觉能动的公正意识及法治理念，而且检察文化发出向外的力量也是体现司法文明、彰显司法公信力以及提升司法质效的重要推动力。

一、检察文化的支撑性理论支柱

（一）人本主义理念

人本主义是指以人为中心，强调人的地位，尊重人的尊严，关注人的幸福和发展的哲学理念。“以人为本”的科学发展观借鉴了西方人本主义哲学中的积极因素，同时又吸收了中国传统文化中“人本主义”思想的合理内核，在人类历史上第一次以国家意志和治国理念的形式，确立了“人本主义”理念在中国政治话语中的中国特色表达。① 作为检察文化的理论支柱，人本主义主要体现于两个方面，即对外和对内方面。在对外方面，检察文化中的人本主义体现于检察公益事业等检察行为运作中坚持“为民增福利、为民减负担”。当然，人本主义的检察文化也体现于检察官的主要职业活动——刑事诉讼活动中。基于人本主义理念，在刑事诉讼中，检察官与被告人及其辩护律师具有平等的法律地位。检察官在控辩活动中应对被告人的主体地位予以尊重，对辩护律师的法律地位予以保障。可以说，在与刑辩律师的关系上，检察官具有双重身份。在法律意义上，检察官依据法律与刑辩律师进行对抗，从而为法官发现案件事实提供出口。在检察文化的人本主义层面上，检察官也应对律师的控辩平等的权利予以

---

① 刘文化：《“人本主义”理念下检察文化建设之探讨》，载《湖南工业大学学报（社会科学版）》2016 年第 2 期。

实质性关照。此时，检察官就分身为第二个身份，也就是作为国家公诉机关神圣代表的身份，并以此身份及境界对刑辩律师的合法权利予以关照。

在对内方面，检察文化的人本主义体现于对检察官及检察人员的内部人文关照上。检察官或者检察人员是检察文化的创造者及推动者，再好的检察文化，离不开检察官或者检察人员贯彻到具体的检察司法实践中。这决定了检察文化的建设应以对检察官及检察人员的人文关照为手段，这不仅可以促成检察官的检察文化的生成，而且可以促成检察文化的再生，从促成检察官个体之间的有效联系及互动，到促成检察文化效应的外部释放，检察文化让检察官成为具有活力及创造性的司法主体，从而形成良性的循环。

（二）法律监督理论

由于检察机关承担法律监督职责，检察机关在国家权力系统中具有崇高地位，对于审判机关具有的监督权力是检察制度相对发达的大陆法系检察机关不可比拟的。在我国，在法律角度上，检察官具有宪法层面上的法律监督地位。易言之，在现有宪法框架内，检察机关监督警察、法院等机关的权力行使，具有宪法性意义上的法律监督权力。对于检察文化而言，其是检察司法实践的结果，更为直接地说，检察文化很大程度上是以法律监督为主体的检察实践的结果。在我国，检察官具有对刑事、民事、行政诉讼活动中的法律适用的合法性进行监督的权力。此外，检察官还可以通过对警察、司法官员职务犯罪侦查权的行使，从而保障公权力行使的规范性，这也是我国检察文化区别于英美法系国家检察文化的一个重要特征。检察官这种法律监督职业角色定位的不同，是决定我国检察文化特色的基础性根源。正是检察官具有的法律监督者的身份，使其不再是单纯的以追诉为唯一目的的进攻者，而是需要综合衡量，考虑法律的统一实施以及法律尊严的维护,从而使检察官成为法律的守护神。我国检察官的法律监督者身份使其具有不同的职业神圣的体验感。从这个角度上,可以说,检察官的法律监督者角色是检察文化的重要来源之一。

不仅如此,检察官的法律监督者的角色还衍生出其具有的客观义务。检察官客观义务是指检察官应承担的在法律实施中实现公正、真实目的的义务。检察官具有客观义务能够使其履行法治统一的任务,也可以实现维护司法公正的职责。基于此,检察官就被赋予了法律守护者等诸多高贵的、道德化的角色。检察官的这种角色定位及法律实践将会孕育成一种崇高的伦理意识,检察官从而在法治国的建构中承载了一种美德性的社会诉求。这其实就是检察文化的重要表现形式之一。

二、检察文化的功效

(一)提升司法质效

法律的生命不仅在于执行,更在于信仰。只有检察官在执行法律中具有高度的信仰,认为这就是值得其为之奉献的法律职业,才能使法律的效率得到更大程度的发挥。而检察文化就是从法律执行到有信仰的法律执行的桥梁。在检察文化的武装之下,检察官办案不仅是用力,而且用的是对法律的信仰之心。检察文化可以提升检察官的使命感,让检察官的职业荣誉得到彰显以及精神层次得以提升。如此,检察官的职业行为不仅是一种司法技术,更是一种以检察文化为依托的具有信仰的技术。检察官不再是冰冷的法律职官,在更高的层次上,也是具有英雄主义伦理的法律家。这样,检察官就会从办案的职业困倦中获得精神方面的支持,这最终会转化为检察实践中的司法质效的提升。

可以说,检察文化是一种实质上的质量控制机制。在实用主义角度上,检察文化直接影响着检察机关司法的效率。实际上,强制的司法行为并不一定能带来高效率。因为强制意味着更多的司法资源的投入。相反,以检察文化为依托的检察行为更能获得当事人或者社会公众的服从、认可,而服从或者认可显而易见是检察机关高质效司法所需要的,因为这样会更好地减少检察行为运作的障碍。

(二)巩固检察官之间的联系纽带

检察文化在巩固检察体制、加强内部凝聚力方面发挥着难以替代的作用。凝聚是指当一种价值观被检察官群体共同认可后,就会成为一种黏合剂,从人们的认识、期望、信念等各个方面进行整合沟通,达到同心同德的境界。① 在功能意义上,检察文化作用于检察官本身,这会对检察官具有濡化作用。检察官本身可能并没有感知到,但是,这种濡化过程却真实地发挥着作用。因此,检察文化可以在很大程度上优化检察官职业的内在结构,将检察官职业巩固为一种稳定的关系,并使检察官职业共同体成员由法律认同感提升至文化认同感,而检察官的集体认同可以保证检察官职业共同体成员的有效互动及效能。可以说,检察文化的发达在一定程度上决定了检察官职业的发展态势,即检察文化越是发达,那么,检察官就越能够组成一种稳定、高效的司法职业体。

(三)彰显司法公信力

司法公信力是社会公众对司法机关所作出的司法活动"普遍地信任与自愿地服从"的程度,是集体理性的判断评估。② 司法公信力

---

① 徐苏林:《检察文化的界定、结构与功能》,载《北京政法职业学院学报》2008年第1期。

② 崔丹妮、王姝:《人民法院司法公信力评估体系构建》,载《时代法学》2022年第6期。

是司法机关以自己的信用获得当事人或者社会公众认可、信服的能力。公正高效权威的司法制度建设进程中,强化司法公信力建设是关键环节。[①] 在检察领域,司法公信力既是国家权威的一种展示,同时也体现了检察机关与当事人或社会公众之间的二元关系,其反映了当事人或社会公众在心理上对检察机关的认同程度。对于司法公信力而言,其具有公共性力量的特质。当然,虽然检察机关不能离开国家强制力量的支持,但是,仅凭强力并不能带来司法公信力。司法公信力是检察机关取信于民的表现,其代表着检察机关内在的正当形象。

检察文化及其蕴含的司法公信力体现于检察权运行过程中,其中可以包括:第一,司法诚信。譬如在认罪认罚中,以国家权力作为背景的检察官能够根据控辩双方协商的条件,在提升司法效率的同时,遵守约定,获得当事人的认可。第二,司法文明。通过文明司法的方式,不仅打击了犯罪,而且以令人信服的方式打击犯罪,这无疑更有利于对犯罪者的矫正,以及更有利于对社会的保卫。第三,检察权运行公开。这可以减少检察机关的神秘性,防止检察机关和社会公众心理互相疏离。我国的检察文化是符合中国特色的法律文化,因此,应当更加贴近中国的现实而不是相反。

检察文化关乎检察机关司法公信力的呈现、修复及提升。检察文化的缺失是导致检察官社会尊荣或者司法公信力不足的重要因素。这也是应通过检察文化对检察官及检察人员进行文化调控的重要原因。

(四)体现司法文明

司法文明是体现时代进步与社会发展以及人类理性对秩序与正

---

① 庄绪龙:《司法公信力遭遇的"柔性侵蚀"困境及破解思路——以系统思维为视角》,载《法学》2023 年第 8 期。

义追求的一切司法成果。[1] 司法文明水平的高低反映了社会法律运行制度化、规范化和程序化的水平。从范围上讲,司法文明是法治文明进而是政治文明的一部分;从内容上讲,司法文明包括司法理念的文明、司法制度的文明、司法条件的文明和司法行为的文明四个方面。[2] 检察文化中的重要一环就包括检察官的司法文明。在刑事诉讼中,司法文明主要表现为检察官基于特定的角色以及承担的使命,尊重当事人的主体角色,平等对待作为职业对手的辩护律师。可以说,检察官对律师权利予以保障,并不是自降身份,而是提升了自己的形象。保障律师权利其实就是保护检察官自身的职业神圣。这体现了从司法权力至上到当事人至上理念的转化。这意味着,在刑事诉讼程序中,当事人能对自己的命运归属施加积极的影响,刑事诉讼成为当事人权利的堡垒,当事人能够通过自己的努力决定其最终诉讼命运。接受检察文化的教化,成为检察官全方位提升自身的重要路径。这不仅意味着司法方法的革新,更是司法理念变革的体现。

(五)供给约束性机制

文化代表了根据当前社会发展所形成的、被某个或多个群体共同承认和接受的行为模式,而且对认可这种模式的群体具有心理上的约束力。检察文化在检察体制多年的发展过程中,形成了对检察干警具有一定约束力的内在规范。[3] 正向的检察文化能为检察官提供一种职业伦理方面的约束。这种约束即使不规定于具体的制度中,也会潜隐性地对检察官的行为实现内在控制。此外,正向的检察

① 张中秋:《传统中国司法文明及其借鉴》,载《法制与社会发展》2016 年第 4 期。

② 张瑞萍、黄静:《司法文明背景下法学教育人才培养模式改革》,载《华北水利水电大学学报(社会科学版)》2018 年第 2 期。

③ 舒国兵:《新时代检察文化建设论纲》,载《西南民族大学学报(人文社会科学版)》2020 年第 3 期。

文化还可以为检察官提供一种高尚的行为导向，这种导向实现的过程中，检察官的行为符合正向积极的检察文化，就可以获得内心乃至外在的优化。

三、检察文化比较考察

就其渊源而言，检察官有自己独特的发展道路。在诉讼方式从自诉到公共起诉，再演变到国家公诉后，检察官才正式出现。检察官的出现是公共权力介入私人领域的体现，而这种介入的方式是通过刑事诉讼的方式达成的。在两大法系代表国家的英国和法国，在中世纪时期，检察官制度就得以确立，这以检察官承担公诉角色为标志。在英、法两国中，虽然其检察官诞生背景、职权范围以及职业价值指向不尽相同，但是，其职业的本质内核却有相近之处。在两国中，检察官都是基于消除国家政令不统一，防止司法或者其他行政权力专横而出现的。可以说，从诞生之始，检察官就是基于平衡及维护国家权力的正常运作而设计的。①

在检察文化方面，我国和两大法系代表国家英、法之间的主要区别是检察官是否具有法律监督地位，由此产生的检察文化就呈现出差异。这主要表现在：第一，在检察官的检察行为方式上，英、法两国特别是英国的检察文化更接近于进攻性文化，追诉是其主要的职业目标。而我国检察文化则更接近于衡平文化，我国检察官更易于从宏观层面上考虑案件，更注重案件的社会效果，从而兼顾追诉目的与司法政策两方面的要求，最终达到维护国家法治统一及权威的目的。第二，在检察权力构成方式上，英法两国是以分权为基础的检察文化，而我国是以检察法律监督为基础的检察文化。列宁在提出设计

---

① 宋远升：《检察官论》，法律出版社2014年版，第12页。

检察制度时,就提出了和“三权分立”权力制衡理论相区别的社会主义法律监督理论,而我国检察制度和苏联检察制度就有很强的承继关系。可以说,英、法两国是通过消极的权力制约方式来实现其目的的检察文化。而我国则是以积极的权力监督方式来实现其目的的检察文化。第三,在检察文化依托的检察权性质上,英国检察官的检察权具有行政权的性质,法国检察官的检察权具有准司法权的性质。而我国检察权则更主要体现为法律监督权。上述国家在相应的检察权基础上,就形成了不同的检察文化。第四,在检察文化的涵盖领域方面,英法两国主要属于在相对狭窄、具体领域产生影响的检察文化。而基于我国检察机关的法律监督的普遍性,其检察文化在宏观领域具有更普遍的影响。易言之,我国检察文化的影响具有多元性,而英法两国的检察文化的影响相对则主要体现为单一性。

我国检察文化和英、法两国的检察文化也具有一致性。这主要表现在:我国和英、法两国的检察文化都是以正义为核心及追求目标。法国检察官也具有客观义务。这决定了其也并不是一味地刑事追诉的国家职官,也需要具有客观正义的立场以及以此为根据进行检察权运作。在英国,即使其并没有在法律中明确规定检察官的客观义务。但是,在个案中,检察官对正义特别是程序正义的追求也是毋庸置疑的。对正义的追求即使是在检察官制度相对式微的英国也有众多拥趸。在英国,检察官最初的形成关键动机是基于维护君主利益的需要,当现代社会中的主人由君主被人民所代替,检察官也就演变成正义及人民利益的忠实保卫者。公正是法律的核心价值,更是司法理念的核心内容,随着检察制度用以维护社会公平正义的呼声日益提高,即便是在奉行当事人主义的英美法系国家,检察官的诉讼目的也不仅仅是追求胜诉,而是在一定程度上通过自己的诉讼活动实现司法正义。维护公平正义成为检察精神之命脉,更是所有检察职业群体价值信仰之基石。[①] 可以说,我国以及英法两国检察官都可以被称为社会正义的维护者。检察官的社会正义维护者的角色已经成为一种制度性要求。从这一方面,我国和英法两国的检察文化具有的共同点体现为都是以正义为核心的检察文化。

四、我国检察文化建构中的缺失

(一)作为检察文化生成环境的法治文化供给不足

法治文化是特定价值观指导下的生产方式、生活方式、社会交往、制度规范、知识体系、意识形态等的复合。法治文化作为一种法治软实力,是民主法治建设的重要理论支撑,是国家治理体系现代化的重要内容,在法治中国建设过程中发挥着不可替代的作用。[②] 法治文化主要包括作为精神文明成果的法治文化、作为制度文明成果的法治文化和作为社会行为方式的法治文化。[③] 在封建社会,我国具有悠久的人治文化传统,这是以个人作为控制主体及规范形态的文化传统。而一项文化传统具有韧性及运行惯性,一旦形成就会对整个司法运作产生长久影响。我国的人治传统文化也不例外。传统文化的消极影响在两个方面最为突出:一是传统文化缺乏对法律的信仰,几千年封建制传统社会长期形成的"重人治、轻法治"等思想观念仍时有显现;二是受"结果正义即过程正当"的唯结果论影响,个别司法人员"重实体、轻程序"的错误观念仍一定程度存在。[④] 在西方现代

---

① 朱秋卫、武燕:《中西检察文化比较研究——以文化的结构层次分析为切入点》,载《人民检察》2015年第3期。

② 刘建宁:《法治文化建设内在结构的逻辑关联性研究》,载《新时代马克思主义论丛》2022年第1期。

③ 李林:《中国语境下的文化和法治文化概念》,载《中国党政干部论坛》2012年第6期。

④ 吴金喜:《检察文化如何助推司法公信力建设》,载《检察日报》2017年12月29日,第3版。

法治文化的影响下，尽管我国现在的法治文化获得了重要的外生性资源，其也对我国的法治文化具有一定的补给作用，但是，内生的人治传统文化还具有一定的内在控制作用。人都是生活在具体的环境之中，检察官也是如此，其不过是穿着检察官制服的个人而已，因此，人治化的传统对检察文化的法治含量也是一项重要的挑战。

（二）检察官角色定位困境造成检察文化定性的漂移

如果检察官属于司法官，那么，检察文化就是司法文化，应属于奉行司法独立的检察文化。如果检察官属于行政官，那么，检察文化就是行政文化，则应属于以服从为天职的检察文化。关键是我国检察官的角色定位不明确，从而形成检察文化到底属于何种文化的困境。

应当说，在我国检察官的权力构成上，其部分具有行政权的性质。检察权与行政权在某种程度上都是执行国家法律的权力。“行政人员的责任或者职责，特别是政府的执行功能，包括政府的总体和局部的所有权力和职责的行使，它既不是立法的，也不是司法的。”“执行国家的意志的功能被称作行政。”①检察权的行政执行性一方面是由检察机关的上命下从、检察一体的组织体制所决定，组织架构在一定程度上影响着权力的行使模式。另一方面，这也由检察权自身的内在逻辑性所决定。在历史起源上，检察权的最初渊源是行政权而不是司法权。检察权是行政权改良或者变革的产物。检察权的发展过程也是从行政为主的性质向司法为主性质的演变过程，或者说是司法性质逐渐向检察官行政性质渗透的过程。从制度比较的角度进行考察，在欧陆国家，其检察官具有特征较为明显的司法角色。这在法德等国家的刑事司法制度中体现得尤为鲜明。其中既有历史

---

① ［美］F. J. 古德诺：《政治与行政》，王元译，华夏出版社1987年版，第11、41页。

承继的因素,也是国家对诉讼规律及诉讼模式认识深化的结果,意图在警察与法官一统天下的刑事诉讼格局中,导入新鲜因素。通过对检察官的引进来平衡其与警察、法官的位置及相互关系,以达至民权保障及法治国建构之目的。在功能方面,无论是法官还是检察官,同样都是法律的守护者。但是,法官是通过一种相对消极的方式来实现这种目的。对于法官而言,只要自身公正、客观、正确地适用法律,即算完成守护法律的志业。对于检察官而言,则是通过一种积极的方式来履行此使命。即其不仅本身在适用法律时应具有合法与正当性,同时也应承担平衡、调适法官与警察权力,以及防止上述二机关滥权以及保证其正确执行或者适用法律之重任。在职权配备方面,检察官其实在某些方面具备了与法官类似的司法权,其中最主要的则为检察官的起诉裁量权。[①]

(三)检察文化建设导向偏差导致其丧失重要的动力

有些法学专家认为,检察文化研究是一个虚假的命题,他们的主要理由是检察机关没有文化。事实上在检察机关内部的确存在着将检察文化庸俗化的倾向,例如,将读书活动、创建学习型检察院甚至文体活动等同于检察文化,体现了缺憾与完美的矛盾交织以及理想与现实的冲突扭曲。[②] 一些检察机关具有浓厚的功利主义思想,其认为检察官的职责就是完成各种批捕、审查起诉、公诉,或者是公益诉讼等本职工作,这是能够满足上级检察机关考核要求的硬指标,而检察文化则属于抽象的东西,无法考核,也无法量化,并且不是一朝一夕能够产生功效。这种理念上的轻视会导致实践中对检察文化建设的重视不足。

---

① 宋远升:《检察官论》,法律出版社 2014 年版,第 62—78 页。

② 李江发:《中国检察文化的历史演进与当代建构》,湘潭大学 2012 年法律史专业博士学位论文,第 7 页。

五、我国检察文化的建构

(一)在制度上借鉴域外确立检察官的司法官角色

检察文化的定位重要前提之一就是检察官角色的定位。在我国检察文化的建设中,确立检察官司法角色属于一项关键性的技术设计。检察官的司法官属性不仅是民主社会必要的制度性设计,是法治国基于治理需要而打造的社会控制器具,而且也是保证检察官独立办案空间的必要,而与行政官无论在理念还是具体权力运作上都应当进行分离。对于行政官而言,在其权力运行方式上,如身使臂,如臂使指地保证行政权力如水银泻地流畅行使,以期达到行政权力高效发挥乃是主要目的。然而,检察官如果借鉴、接纳行政官之工作机制,那么,上级的权力干预也将无孔不入,且无法定主义予以约束,这可能使检察官办案法律空间受到极大压缩,对案件的处理很可能不是法律的结果,而是行政权力的变种。可以说,检察官应以打击犯罪及维护社会正义为天职,以最大限度保卫人民的利益为福祉,而不能成为行政权力的手脚的延伸。① 因此,"欧陆德国法系设置检察官一项重要的法治国功能是:守护法律,使客观的法意旨贯通整个刑事诉讼程序,而所谓的客观的法意旨,除了追诉犯罪之外,更重要的是保护民权……简言之,检察官不是、也不该是片面追求打击罪犯的追诉狂,而是依法言法,客观公正的守护人"②。

(二)重视检察官职业伦理的建设

检察文化最基本的依托应当是检察官个体的文化,而这种个体的文化和检察官的职业伦理有着密切的勾连。只有检察官具有积极正向的职业伦理,才会生成积极的检察文化。因此,检察官职业伦理

---

① 宋远升:《检察官论》,法律出版社 2014 年版,第 67 页。
② 林钰雄:《检察官论》,法律出版社 2008 年版,第 8 页。

还可以为检察文化提供一种内在稳定的动力机制。其实,检察文化建设中很重要的理念部分就是应强调检察官伦理的建设。检察官职业伦理可以在很大程度上优化检察官职业的内在结构,将检察官职业巩固为一种稳定的关系,并使检察官职业共同体成员由法律认同感提升至伦理认同感,从而保证检察官职业共同体成员的有效互动及效能。检察官伦理虽然是无形的,但是,一旦形成正向的检察官伦理,将会对检察文化有着关键的濡化作用,其将会在潜移默化中提升检察文化的建设。

检察文化相对比较抽象,包含的面比较宽泛,如果处处下力,那么,反而处处无力。因此,应找准一个检察文化建设的抓手,而检察官职业伦理则无疑属于这个可以考虑的重要抓手。我国检察文化的建设应回到以检察官职业伦理共契为指向的目标上,回到检察官职业伦理培养—检察官心灵共契—检察文化生成的建构框架中,以高贵的职业伦理作为培育检察文化的普遍价值依据,才能更好地服务于检察文化的真正建成与发展。“检察职业道德的具体内容,高检院把它概括为八个字……而这八个字的内涵也正是检察文化的核心。”①这也说明了检察官职业伦理和检察文化之间的密切关系。同时,这也阐释了通过检察官职业伦理打通检察文化建设通道的可能性。通过检察官职业伦理的构建,从其职业伦理规范化的方面来塑造检察文化,把检察官内在的职业伦理转化为行为层面上的检察文化。

(三)检察文化建构的程序保障

应当通过专门的程序建构,规范检察官的行为,从而为检察文化生成提供程序要件。这是因为,无论如何,检察文化的核心建构要件

① 种松志:《检察文化的核心:忠诚、公正、清廉、文明》,载《检察日报》2010 年 1 月 29 日版。

之一应当落实到检察官个体身上。在检察文化程序建设方面，其中一个关键要素就是检察官具体行为的程序规范要求。这包括：在检察官办案过程中，应当以程序来控制实体，而不是相反；要坚持程序正义，符合程序要件的要求，因为程序可以使检察官的行为控制更加规范和稳定。这也是保护被追诉者的基本权利的必然要求；在检察官决定羁押时，应以司法官的角色进行裁量决定是否羁押；在扣押和处理涉案款物时应符合法定的程序规范的要求；在证据审查时，应通过非法证据排除原则实现对证据的质量控制；在律师辩护权方面，检察官应保障律师的会见权、阅卷权，等等。

（四）检察文化的组织管理制度建设

组织管理制度建设指的是设计与架构检察文化建设组织管理制度。它是检察文化建设制度创设的重要活动，具体说来，需要按照检察权配置的规律引入现代组织论的“扁平化运行模式”，以健全办案组织体系，建立司法机关职权清单制度为切入点，建立权责明晰、权责统一、监督有序、配套齐全的司法权运行机制。① 在现代化的检察文化组织管理制度建设中，在检察机关内部，在保证实现检察机关上下一体的框架下，应实现办案检察官在职权范围内的独立性。同时，应使检察官司法职权的独立性与司法责任制紧密相连。在检察官违规行使职权的责任方面，应真正实现司法责任制贯彻到实处而不是空置。在检察机关与外部行政机关的关系上，应当保证其和行政机关权力行使的相对隔离。这是符合现代检察权运行规律的制度性安排，也是检察文化生成的组织管理制度保障。

---

① 徐汉明、吴世文：《当代中国检察文化建设的制度安排与路径创新》，载《人民检察》2014 年第 17 期。

参考文献

一、著作

陈瑞华:《刑事审判原理论》,北京大学出版社 1997 年版。

[美]罗斯科·庞德:《通过法律的社会控制——法律的任务》,沈宗灵译,商务印书馆 1984 年版。

[美]理查德·A. 波斯纳:《法律的经济分析》(上),蒋兆康译,中国大百科全书出版社 1997 年版。

宋远升:《技术主义司法改革与法治现代化》,上海人民出版社 2017 年版。

陈朴生:《刑事经济学》,台北,正中书局 1975 年版。

[美]拉费弗:《刑事诉讼法》,卞建林等译,中国政法大学出版社 2003 年版。

宋远升、闵银龙:《最新国外刑事司法制度研究》,东南大学出版社 2007 年版。

[美]博西格诺:《法律之门》,邓子滨译,华夏出版社 2002 年版。

[英]彼得·斯坦、约翰·香德:《西方社会的法律价值》,王献平译,中国法制出版社 2004 年版。

[奥地利]凯尔森:《法与国家的一般理论》,沈宗灵译,中国大百科全书出版社 1996 年版。

李蓉:《刑事诉讼分权制衡基本理论研究》,中国法制出版社 2006 年版。

谢立中:《西方社会学名著提要》,江西人民出版社 1998 年版。

张敦福主编:《现代社会学教程》,高等教育出版社 2001 年版。

乐国安:《中国社会心理学研究进展》,天津人民出版社 2004 年版。

李瑜青等:《法律社会学理论与应用》,上海大学出版社 2007 年版。

胡云腾:《司法改革》,社会科学文献出版社 2016 年版。

[德]黑格尔:《哲学史讲演录》(第 1 卷),商务印书馆 1997 年版。

林端:《儒家伦理与法律文化——社会学观点的探索》,中国政法大学出版社 2002 年版。

梁漱溟:《东西文化及其哲学》,商务印书馆 1999 年版。

梁治平:《法律的文化解释》(增订本),三联书店 1998 年版。

[美]安·塞德曼、罗伯特·塞德曼:《发展进程中的国家与法律——第三世界问题的解决和制度变革》,冯玉军、俞飞译,法律出版社 2006 年版。

中华人民共和国国务院新闻办公室:《中国的司法报告》,人民出版社 2012 年版。

最高人民法院课题组:《司法改革方法论的理论与实践》,法律出版社 2011 年版。

宋远升:《法官论》,法律出版社 2012 年版。

吴英姿:《法官角色与司法行为》,中国大百科出版社 2007 年版。

瞿同祖:《瞿同祖法学论著集》,中国政法大学出版社 2004 年版。

苏力:《法治与本土资源》(修订版),中国政法大学出版社 2004

年版。

张晋藩:《中国法律的传统与近代转型》,法律出版社 1997 年版。

[美]诺内特、塞尔兹尼克:《转变中的法律与社会》,张志铭译,中国政法大学出版社 1994 年版。

乐国安:《中国社会心理学研究进展》,天津人民出版社 2004 年版。

[美]E. 博登海默:《法理学:法律哲学与法律方法》,邓正来译,中国政法大学出版社 1999 年版。

严国红:《马克思主义视域下的社会心理研究》,知识产权出版社 2013 年版。

[美]昂格尔:《现代社会中的法律》,吴玉章、周汉华译,凤凰出版传媒集团、译林出版社 2008 年版。

[德]马克斯·韦伯:《新教伦理与资本主义精神》,上海人民出版社 2010 年版。

[英]韦农·波格丹诺、邓正来主编:《布莱克维尔政治制度百科全书》,中国政法大学出版社 2011 年版。

[法]高宣扬:《当代政治哲学》(下),人民出版社 2010 年版。

[德]裴迪南·滕尼斯:《共同体与社会》,林荣远译,商务印书馆 1999 年版。

程竹汝:《司法改革与政治发展》,中国社会科学出版社 2001 年版。

孙笑侠:《程序的法理》,商务印书馆 2005 年版。

[美]E. 博登海默:《法理学:法律哲学及其方法》(修订版),邓正来译,中国政法大学出版社 2004 年版。

[美]理查德·A. 波斯纳:《法律的经济分析》(下),蒋兆康译,中国大百科全书出版社 1997 年版。

［美］本杰明·卡多佐:《司法过程的性质》,苏力译,商务印书馆2000年版。

［美］埃尔斯特、［挪］斯莱格斯塔德编:《宪政与民主》,潘勤等译,三联书店1997年版。

［美］德沃金:《法律帝国》,李常青译,中国大百科全书出版社1996年版。

宋远升:《法院论》,中国政法大学出版社2016年版。

［英］鲍曼:《共同体》,欧阳景根译,江苏人民出版社2003年版。

李格斯:《公共行政生态学》,亚洲出版社1961年版。

宋远升:《司法论》,法律出版社2016年版。

［日］棚濑孝雄:《纠纷的解决与审判制度》(修订版),王亚新译,中国政法大学出版社2004年版。

［日］田口守一:《刑事诉讼法》,张凌等译,中国政法大学出版社2010年版。

陈瑞华:《刑事辩护的理念》,北京大学出版社2016年版。

［美］亚历山大·汉密尔顿等:《联邦党人文集》,程逢如等译,商务印书馆1980年版。

［美］詹姆斯·M.伯恩斯等:《民治政府》,陆震纶等译,中国社会科学出版社1996年版。

齐延平:《人权与法治》,山东人民出版社2003年版。

［法］孟德斯鸠:《论法的精神》(上),张雁深译,商务印书馆1963年版。

江礼华、杨诚:《美国刑事诉讼中的辩护》,法律出版社2001年版。

［德］托马斯·魏根特:《德国刑事诉讼程序》,岳礼玲、温小洁译,中国政法大学出版社2004年版。

冀祥德等:《建立中国刑事辩护准入制度理论与实证研究》,中国社会科学出版社 2010 年版。

[美]约书亚·德雷斯勒等:《美国刑事诉讼法精解》(第 1 卷),吴宏耀译,北京大学出版社 2009 年版。

宋远升:《律师论》,中国政法大学出版社 2014 年版。

叶巍:《刑事诉讼中的私有财产权保障》,法律出版社 2009 年版。

樊崇义:《刑事诉讼法修改专题研究报告》,中国人民公安大学出版社 2004 年版。

陈卫东:《刑事诉讼法实施问题调研报告》,中国方正出版社 2001 年版。

宋英辉:《外国刑事诉讼法》,北京大学出版社 2011 年版。

[美]罗纳尔多·V. 戴尔卡门:《美国刑事诉讼——法律和实践》,张鸿巍等译,武汉大学出版社 2006 年版。

林钰雄:《刑事诉讼法》(上),中国人民大学出版社 2005 年版。

李蓉:《刑事诉讼分权基本理论研究》,中国法制出版社 2006 年版。

陈瑞华:《刑事诉讼的前沿问题》,中国人民大学出版社 2016 年版。

陈新民:《法治国公法学原理与实践》(上),中国政法大学出版社 2007 年版。

[美]莫蒂默·艾德勒、查尔斯·范多伦:《西方思想宝库》,吉林人民出版社 1998 年版。

赵秉志等:《国际刑法大会决议》,中国法制出版社 2011 年版。

陈永生:《刑事诉讼的宪政基础》,北京大学出版社 2010 年版。

孙长永:《探索正当程序——比较刑事诉讼法专论》,中国法制出版社 2005 年版。

[日]松尾浩也:《日本刑事诉讼法》(上),丁相顺译,中国人民大学出版社 2005 年版。

彭勃:《日本刑事诉讼法通论》,中国政法大学出版社 2002 年版。

[美]乔恩·R. 华尔兹:《刑事证据大全》,何家弘等译,中国人民公安大学出版社 1993 年版。

齐树洁:《英国证据法》,厦门大学出版社 2002 年版。

吕光:《大众传媒与法律》,商务印书馆 1981 年版。

[美]理查德·A. 波斯纳:《法律的经济分析》,蒋兆康译,中国大百科全书出版社 1997 年版。

王兆鹏:《辩护权与诘问权》,华中科技大学出版社 2010 年版。

[美]米尔建·R. 达马斯卡:《漂移的证据法》,李学军等译,中国政法大学出版社 2003 年版。

[英]麦高伟等:《英国刑事司法程序》,姚永吉等译,法律出版社 2003 年版。

[美]彼得·M. 布劳、W·理查德·斯科特:《正规组织——一个比较的方法》,夏明忠译,东方出版社 2006 年版。

[德]乌尔里希·贝克:《从工业社会到风险社会——关于人类生存、社会结构和生态启蒙等问题的思考》(上),王武龙编译,载《马克思主义与现实》2003 年第 3 期。

[英]卡尔. 波普尔:《猜想与反驳》,傅季重等译,上海译文出版社 1986 年版。

朱富美:《科学鉴定与刑事侦查》,中国民主法制出版社 2006 年版。

[美]肯尼斯·R. 福斯特等:《对科学证据的认定——科学知识与联邦法院》,王增森译,法律出版社 2001 年版。

张斌:《科学证据采信基本原理研究》,中国政法大学出版社

2012 年版。

[德]克劳思·罗科信:《刑事诉讼法》(第 24 版),吴丽琪译,法律出版社 2003 年版。

杨洪兰、张晓蓉:《现代组织学》,复旦大学出版社 1997 年版。

张肖虎:《组织制度分析》,经济科学出版社 2012 年版。

周雪光:《组织社会学十讲》,社会科学文献出版社 2003 年版。

闫洪芹:《公共组织理论:结构、规则与行为》,北京大学出版社、北京航空航天大学出版社 2009 年版。

[法]克罗戴特·拉法耶:《组织社会学》,安延译,社会科学文献出版社 2000 年版。

[美]罗伯特·B. 登哈特:《公共组织理论》,扶松茂、丁力译,中国人民大学出版社 2011 年版。

[美]斯蒂芬·罗宾斯、蒂莫西·贾奇:《组织行为学》(第 12 版),李原、孙健敏译,中国人民大学出版社 2008 年版。

[美]D. 赫尔雷格尔、J. W. 斯洛克姆、R. W. 伍德曼:《组织行为学》(第 9 版·上册),俞文钊、丁彪等译,华东师范大学出版社 2001 年版。

[法]贝尔纳·布洛克:《法国刑事诉讼法》,罗结珍译,中国政法大学出版社 2009 年版。

郝银钟:《刑事公诉权原理》,人民法院出版社 2004 年版。

黄东雄:《中外检察制度比较》,文物供应社 1986 年版。

魏武:《法德检察制度》,中国检察出版社 2008 年版。

李江涛:《当代文化发展新趋势研究》,中国编译出版社 2009 年版。

谢选骏:《空寂的神殿:中国文化之源》,四川人民出版社 1987 年版。

[英]泰勒:《文化之定义》,顾晓鸣译,载庄锡昌、顾晓鸣、顾玉深等编:《多维视野中的文化理论》,浙江人民出版社 1987 年版。

宋远升:《检察官论》,法律出版社 2014 年版。

[美]F. J. 古德诺:《政治与行政》,王元译,华夏出版社 1987 年版。

林钰雄:《检察官论》,法律出版社 2008 年版。

[美]琼·雅各比:《美国检察官研究》,周叶谦等译,中国检察出版社 1990 年版。

二、期刊

郭宗杰:《论法的效益》,载《法律科学》1995 年第 3 期。

宋远升:《侦查行为经济效益探析》,载《福建公安高等专科学校学报》2006 年第 5 期。

顾培东:《效益,当代法律一个基本价值目标》,载《中国法学》1992 年第 3 期。

时显群:《西方经济分析法学在中国》,载《现代法学》2002 年第 1 期。

陈永生、白冰:《法官、检察官员额制改革的限度》,载《比较法研究》2016 年第 2 期。

北京市海淀区人民法院课题组:《关于北京海淀全流程刑事案件速裁程序试点的调研——以认罪认罚为基础的资源配置模式》,载《法律适用》2016 年第 4 期。

马贵翔:《公正·效率·效益——当代刑事诉讼的三个基本价值目标》,载《中外法学》1993 年第 1 期。

余双彪:《诉讼经济视野中的公诉政策》,载《人民检察》2012 年第 5 期。

吴卫军、任永芳:《刑事诉讼中的效益原理——以审前程序为视角的比较分析》,载《社会科学研究》2006 年第 3 期。

刘仁文:《刑事诉讼的经济分析》,载《国家检察官学院学报》2017 年第 6 期。

范愉:《私力救济考》,载《江苏社会科学》2007 年第 6 期。

李蓉:《对法律的经济学分析》,载《国家检察官学院学报》2001 年第 4 期。

陈光中、郑旭:《追求刑事诉讼价值的平衡——英俄近年刑事司法改革述评》,载《中国刑事法杂志》2003 年第 1 期。

杨杰辉:《公正的渴求与资源的稀缺——略论刑事诉讼的经济效益价值》,载《江西社会科学》2006 年第 7 期。

陈卫东、王政君:《刑事诉讼中的司法资源配置》,载《中国法学》2000 年第 2 期。

夏锦文:《当代中国的司法改革:成就、问题与出路——以人民法院为中心的分析》,载《中国法学》2010 年第 1 期。

黄文艺:《中国司法改革基本理路解析》,载《法制与社会发展》2017 年第 2 期。

左卫民:《十字路口的中国司法改革:反思与前瞻》,载《现代法学》2008 年第 6 期。

江国华:《司法立宪主义与中国司法改革》,载《法制与社会发展》2016 年第 1 期。

孙万胜:《启迪与借鉴:从法国司法制度看中国司法改革》,载《法律适用》2003 年第 4 期。

公丕祥:《当代中国的自主型司法改革道路——基于中国司法国情的初步分析》,载《法律科学》2010 年第 3 期。

苏力:《司法改革的知识需求——波斯纳〈各行其是〉中译版

序》,载《法治现代化研究》2017 年第 1 期。

吴增基:《国民心理对中国法制现代化道路的影响及其现代价值》,载《政法论坛》2007 年第 2 期。

顾培东:《中国司法改革的宏观思考》,载《法学研究》2000 年第 3 期。

马长山:《新一轮司法改革的可能与限度》,载《政法论坛》2015 年第 5 期。

陈光中、葛琳:《刑事和解初探》,载《中国法学》2006 年第 5 期。

黄京平等:《和谐社会构建中的刑事和解——“和谐社会语境下的刑事和解”研讨会学术观点综述》,载《中国刑事法杂志》2006 年第 5 期。

侯健:《传媒与司法的冲突及其调整——美国有关法律实践述评》,载《比较法研究》2001 年第 1 期。

周旺生:《论立法法与其历史环境——关于立法法研究的一个方法论问题》,载《法学论坛》2001 年第 5 期。

雷戈:《史与法——历史研究与法律实践相关性之分析》,载《晋阳学刊》2010 年第 5 期。

朱苏力:《秋菊的困惑和山杠爷的悲剧》,载《东方》1996 年第 3 期。

杜宇:《当代刑法实践中的习惯法》,载《中外法学》2005 年第 1 期。

杨军:《我国社会心理变化与主流意识形态认同》,载《前沿》2012 年第 13 期。

夏晴:《探究司法判决与社会心理之间的良性互动》,载《山东农业工程学院学报》2015 年第 2 期。

任志安:《韦伯论中国的社会和宗教》,载《学术交流》2006 年第

11期。

蒙培元:《略谈儒家的正义观》,载《孔子研究》2011年第1期。

杨建军:《司法改革的理论论争及其启迪》,载《法商研究》2015年第2期。

宋远升:《自媒体介入刑事司法的限度》,载《中国社会科学评价》2016年第4期。

宋远升:《司法责任制的三重逻辑》,载《环球法律评论》2017年第5期。

蒋银华:《论政治体制改革背景下中国司法改革的路径选择》,载《南京社会学》2015年第12期。

章武生:《我国政治体制改革的最佳突破口:司法体制改革》,载《复旦学报(社会科学版)》2009年第1期。

姚建宗:《法律的政治逻辑阐释》,载《政治学研究》2010年第2期。

周尚君:《韦伯论技术政治及政治的实质》,载《求是学刊》2010年第2期。

宋远升:《国家、社会、职业三维视角下的律师"政治人"角色及其形塑》,载《山东大学学报(哲学社会科学版)》2014年第4期。

王峰:《司法改革从"机制调整"到"制度设计":一个法社会学的视角》,载《学海》2018年第1期。

苏力:《关于能动司法》,载《法律适用》2010年第2、3期。

江国华:《常识与理性(十):司法技术与司法政治之法理及其兼容》,载《河北法学》2011年第12期。

杨建军:《法治国家中司法与政治的关系定位》,载《法制与社会发展》2011年第5期。

徐湘林:《从政治发展理论到政策过程理论——中国政治改革研

究的中层理论建构探讨》,载《中国社会科学》2004 年第 3 期。

蒋银华:《论政治体制改革背景下中国司法改革的路径选择》,载《南京社会学》2015 年第 12 期。

申伟:《政治——社会语境中的司法》,载《理论月刊》2015 年第 1 期。

杨建军:《司法的中国特色》,载《法律科学》2013 年第 1 期。

王峰:《司法改革从“机制调整”到“制度设计”:一个法社会学的视角》,载《学海》2018 年第 1 期。

徐昕:《司法改革的顶层设计及其推进策略》,载《上海大学学报》2014 年第 6 期。

李栋:《英国普通法的“技艺理性”》,载《环球法律评论》2009 年第 2 期。

章武生:《我国政治体制改革的最佳突破口:司法体制改革》,载《复旦学报(社会科学版)》2009 年第 1 期。

王峰:《司法改革从“机制调整”到“制度设计”:一个法社会学的视角》,载《学海》2018 年第 1 期。

[美]H. 特德 · 鲁宾:《美国法院与公众》,载《环球法律评论》1981 年第 4 期。

舒国滢:《从司法的广场化到司法的剧场化——一个符号学的视角》,载《政法论坛》1999 年第 3 期。

扶摇:《司法治理与政治司法化——读赫希〈迈向司法治理:新宪政主义的起源与后果〉》,载《清华法治论衡》2011 年第 1 期。

宋远升:《自媒体介入刑事司法的限度》,载《中国社会科学评价》2016 年第 4 期。

王峰:《司法改革从“机制调整”到“制度设计”:一个法社会学的视角》,载《学海》2018 年第 1 期。

宋远升:《司法责任制的三重逻辑与核心建构要素》,载《环球法律评论》2017 年第 5 期。

李金:《中国社会组织的二元性及其问题》,载《改革》1991 年第 6 期。

胡桥:《能动司法:政治愿景与司法挑战》,载《浙江社会科学》2010 年第 10 期。

刘治斌:《司法独立性与政治性关系的历史省察》,载《陕西师范大学学报》2016 年第 3 期。

张文显:《司法改革的政治定性》,载《法制与社会发展》2014 年第 6 期。

林劲松:《美国无效辩护制度及其借鉴意义》,载《华东政法学院学报》2006 年第 4 期。

顾永忠、李竺娉:《论刑事辩护的有效性及其实现条件——兼议"无效辩护"在我国的引入》,载《西部法学评论》2008 年第 1 期。

杜鸣晓:《无效辩护运行环境分析——兼论我国刑事诉讼辩护的有效性》,载《三峡大学学报(人文社会科学版)》2015 年第 5 期。

吴纪奎:《对抗式刑事诉讼改革与有效辩护》,载《中国刑事法杂志》2011 年第 5 期。

陈瑞华:《有效辩护问题的再思考》,载《当代法学》2017 年第 6 期。

申飞飞:《美国无效辩护制度及其启示》,载《环球法律评论》2011 年第 5 期。

韩旭:《第四次〈刑事诉讼法〉修改的法治现代化期待》,载《政法论丛》2024 年第 1 期。

丁宇魁:《斯特里克兰:无效辩护标准的确立与争议》,载《中国案例法评论》2017 年第 2 期。

李本森:《美国刑事无效辩护制度及其对我国的借鉴》,载《北方法学》2016 年第 6 期。

宋远升:《非法证据排除规则的虚化与实化——以法律实用主义为指导的证据排除规则的出路》,载《证据科学》2017 年第 1 期。

杨杰辉:《无效辩护制度的正当性与建构》,载《时代法学》2019 年第 5 期。

冀祥德:《刑事辩护准入制度与有效辩护及普遍辩护》,载《清华法学》2012 年第 4 期。

陈卫东:《〈刑事诉讼法〉第四次修改前瞻》,载《政法论坛》2023 年第 6 期。

方柏兴:《刑事涉案财物的先行处置》,载《国家检察官学院学报》2018 年第 3 期。

陈醇:《非法集资刑事案件涉案财物处置程序的商法之维》,载《法学研究》2015 年第 5 期。

陈卫东:《涉案财物处置程序的完善——以审前程序为视角的分析》,载《法学杂志》2020 年第 3 期。

陈卫东、李奋飞:《论侦查权的司法控制》,载《政法论坛》2000 年第 6 期。

陈兴良:《罪刑均衡的司法体认》,载《中央检察官管理学院学报》1997 年第 2 期。

熊秋红:《刑事诉讼涉案财物处置程序检视》,载《人民检察》2015 年第 13 期。

向燕:《论刑事没收及其保全的对象范围》,载《中国刑事法杂志》2013 年第 3 期。

李蓉:《对法律的经济学分析》,载《国家检察官学院学报》2001 年第 4 期。

宋远升:《强奸案件被害人性品格证据的有限适用》,载《环球法律评论》2022 年第 4 期。

戴长林:《依法规范刑事案件涉案财物处理程序》,载《中国法律评论》2014 年第 2 期。

吴慧敏:《美国强奸盾牌规则的法理基础及实践效果》,载《人权研究》第 20 卷。

吴慧敏:《美国强奸盾牌条款的证据法分析——从密歇根州诉卢卡斯案谈起》,载《中国案例法评论》2017 年第 1 辑。

王禄生:《美国"强奸盾牌条款"评析》,载《比较法研究》2014 年第 3 期。

易延友:《英美法上品格证据的运用规则及其基本原理》,载《清华法学》2007 年第 2 期。

杨志:《性犯罪视野中的品格证据研究——以英美法为中心》,载《学术研究》2013 年第 2 期。

郭烁:《对抗秘密取证对质权属性及范围重述》,载《现代法学》2020 年第 1 期。

陈瑞华:《有效辩护问题的再思考》,载《当代法学》2017 年第 6 期。

牟绿叶:《美国有效辩护原则的当代困境》,载《北大法律评论》2017 年第 2 辑。

杨蓉:《法学研究的新视野:对法律的经济学分析》,载《国家检察官学院学报》2001 年第 4 期。

王禄生:《美国适用性品格证据之借鉴》,载《法学》2014 年第 4 期。

张继成:《论命题与经验证据和科学证据符合》,载《法学研究》2005 年第 6 期。

张南宁:《科学证据论》,载《证据科学》2019 年第 3 期。

宋远升:《DNA 证据的价值解析与法律判读》,载《中国司法鉴定》2008 年第 2 期。

史长青:《科学证据的风险及其规避》,载《华东政法大学学报》2015 年第 1 期。

宋远升:《指纹鉴定证据原理、冲突与选择》,载《中国司法鉴定》2009 年第 6 期。

樊崇义、胡志风:《美国通过可靠证据遏制刑事错案的机制考察》,载《国家检察官学院学报》2015 年第 3 期。

何家弘:《当今我国刑事司法的十大误区》,载《清华法学》2014 年第 2 期。

史长青:《科学证据的风险及规避》,载《华东政法大学学报》2015 年第 1 期。

何家弘:《当今我国刑事司法的十大误区》,载《清华法学》2014 年第 2 期。

董秀婕:《刑事技术鉴定证据价值司法现状分析》,载《东北农业大学学报(社会科学版)》2007 年第 1 期。

汪建成:《司法鉴定基础理论研究》,载《法学家》2009 年第 4 期。

杨蓉:《法学研究的新视野:对法律的经济学分析》,载《国家检察官学院学报》2001 年第 4 期。

陈邦达:《科学证据质证程序研究——基于中美两国的比较》,载《现代法学》2017 年第 4 期。

刘科学:《刑事诉讼中鉴定人出庭制度的运行现状及其改进——以 88 份裁判文书为研究样本》,载《中国应有科学》2021 年第 5 期。

张勇、钱岩:《鉴定人、有专门知识的人出庭制度构建——以天津市法院系统实践探索为基础》,载《法律适用》2018 年第 19 期。

王跃:《对质权如何适用于科学证据——Williams v. Illinois 判例及启示》,载《现代法学》2014 年第 4 期。

孙笑侠:《法律家的技能与伦理》,载《法学研究》2001 年第 4 期。

陈永生:《论刑事司法对鉴定的迷信及制度防范》,载《中国法学》2021 年第 6 期。

龙宗智:《论“检察一体”与检察官统一调用制度之完善》,载《中外法学》2022 年第 2 期。

陈卫东、李训虎:《检察一体与检察官独立》,载《法学研究》2006 年第 1 期。

谢小剑:《检察一体化中“上命下从”的限度》,载《行政法学研究》2009 年第 4 期。

杨蕊:《组织行为学视阈下独任检察官办案组织的完善》,载《天津法学》2020 年第 1 期。

万毅:《主任检察官制度改革质评》,载《甘肃社会科学》2014 年第 4 期。

施鹏鹏、韩冠宇:《法国检察官的考核机制及其借鉴》,载《人民检察》2021 年第 13 期。

刘林呐:《法国当代检察官制度改革动向及启示》,载《人民检察》2018 年第 13 期。

邵晖:《检察一体的历史与现实》,载《国家检察官学院学报》2023 年第 1 期。

陈文聪:《检察一体化问题研究》,载《法律科学》2023 年第 2 期。

吴桐、王瑞剑:《“检察一体”源流考》,载《苏州大学学报(法学版)》2022 年第 2 期。

刘佑生:《检察权运作中的若干问题》,载《国家检察官学院学报》2008 年第 1 期。

刘佑生:《检察权运作中的若干问题》,载《国家检察官学院学报》2008 年第 1 期。

陈卫东、陆而启:《检察官的角色——从组织法和诉讼法角度分析》,载《法学论坛》2005 年第 4 期。

郑青:《论司法责任制改革背景下检察指令的法治化》,载《法商研究》2015 年第 4 期。

何静:《司法责任制背景下检察办案组织的优化》,载《河南财经政法大学学报》2017 年第 2 期。

张智辉:《论检察一体化》,载《中国法学》2023 年第 3 期。

葛森林等:《上下级检察院办案指导关系完善路径》,载《人民检察》2017 年第 17 期。

高冠宇:《检察办案组织改革的法理思考》,载《河北法学》2020 年第 3 期。

郑青:《我国检察机关办案组织研究与重构》,载《人民检察》2015 年第 10 期。

刘文化:《"人本主义"理念下检察文化建设之探讨》,载《湖南工业大学学报(社会科学版)》2016 年第 2 期。

张建伟:《社会主义检察文化的思想基础与特征》,载《人民检察》2014 年第 22 期。

徐苏林:《检察文化的界定、结构与功能》,载《北京政法职业学院学报》2008 年第 1 期。

崔丹妮、王姝:《人民法院司法公信力评估体系构建》,载《时代法学》2022 年第 6 期。

庄绪龙:《司法公信力遭遇的"柔性侵蚀"困境及破解思路——以系统思维为视角》,载《法学》2023 年第 8 期。

张中秋:《传统中国司法文明及其借鉴》,载《法制与社会发展》

2016年第4期。

张瑞萍、黄静:《司法文明背景下法学教育人才培养模式改革》,载《华北水利水电大学学报(社会科学版)》2018年第2期。

舒国兵:《新时代检察文化建设论纲》,载《西南民族大学学报(人文社会科学版)》2020年第3期。

朱秋卫、武燕:《中西检察文化比较研究——以文化的结构层次分析为切入点》,载《人民检察》2015年第3期。

刘建宁:《法治文化建设内在结构的逻辑关联性研究》,载《新时代马克思主义论丛》2022年第1期。

李林:《中国语境下的文化和法治文化概念》,载《中国党政干部论坛》2012年第6期。

徐汉明、吴世文:《当代中国检察文化建设的制度安排与路径创新》,载《人民检察》2014年第17期。

三、博士论文

宋远升:《刑事强制处分权的分配与制衡》,复旦大学2010年博士学位论文。

张晓萍:《论民间法的司法运用》,山东大学2010年法理学博士学位论文。

许和隆:《冲突与互动——转型社会政治发展中的制度与文化》,苏州大学2006年政治学理论博士学位论文。

瞿郑龙:《中国法制的政治逻辑》,吉林大学2015年法理学博士学位论文。

何永福:《刑事诉讼涉案财物处置程序研究》,西南政法大学2017年博士学位论文。

刘宇平:《品格证据规则研究》,西南政法大学2007年刑事诉讼法博士学位论文。

冯景合:《检察权以及独立行使问题研究》,吉林大学 2006 年博士学位论文。

李江发:《中国检察文化的历史演进与当代建构》,湘潭大学 2012 年法律史专业博士学位论文。